W0109429

DER RENTEN-FAHRPLAN

DER RENTEN-FAHRPLAN

Früher aufhören, richtig planen,
mehr rausholen

Isabell Pohlmann

INHALTSVERZEICHNIS

RENTE GESTERN,
HEUTE UND IN ZUKUNFT

Für Sie als Versicherte in der gesetzlichen Rentenversicherung ändern sich immer wieder die Rahmenbedingungen: Zuletzt brachte das Reformpaket um die „Mütterrente" und die „abschlagsfreie Rente mit 63" entscheidende Veränderungen. Umso wichtiger ist für Sie, den Überblick zu behalten: Wie funktioniert das System gesetzliche Rente? Welche Folgen haben die jeweiligen Gesetzesänderungen für Sie, und welche Handlungsspielräume bleiben, damit Sie aus Ihrer Rente das Beste machen können?

WAS WIRD AUS MEINER RENTE?

Über kaum ein Thema wurde seit der Bundestagswahl im Herbst 2013 so intensiv diskutiert wie über die Rente und das Reformpaket, das zum 1. Juli 2014 in Kraft getreten ist. Vor allem die Regelungen für eine neue „Rente mit 63" beschäftigten Politiker, Arbeitsmarktexperten und Bürger. Kaum eine Woche, in der in den Nachrichten oder Fernseh-Talkshows nicht über die Gesetzesänderungen gesprochen wurde: Wie gerecht ist die Rentenreform? Woher soll das Geld dafür kommen? Wie lange können diese Regelungen überhaupt Bestand haben?

Neue Gesetze – viele Fragen
Je nach Alter ist die Ausgangssituation beim Thema Rente ganz unterschiedlich. Vor allem unter vielen Jüngeren macht sich Unsicherheit breit: Wie lange werde ich arbeiten müssen, ehe ich in den Ruhestand gehen darf? Bekomme ich in 20 oder 30 Jahren überhaupt noch eine Gegenleistung für meine Rentenbeiträge von heute? Und wenn ja: Wie wird der Lebensstandard aussehen, den ich mir von den Zahlungen aus der Rentenkasse leisten kann?

Und die Rentner von heute und diejenigen, deren Ruhestand kurz bevorsteht? Für sie haben die jüngsten Gesetzesänderungen neue Fragen aufgeworfen, zum Beispiel: Welche Möglichkeiten ergeben sich für einen vorzeitigen Ruhestand? Wann kann ich gehen und was kostet mich das? Oder: Wie bekomme ich das Geld, das mir dank der neuen Regeln zur „Mütterrente" tatsächlich zusteht?

Anders als bei den Jüngeren dürfte die Unsicherheit über die finanzielle Absicherung zumindest bei einem Großteil der älteren Versicherten nicht so ausgeprägt sein. Denn finanziell steht die große Mehrheit der Ruheständler heute ganz gut da. Männer in den alten Bundesländern erhalten im Durchschnitt eine gesetzliche Altersrente von 1 005 Euro und in den neuen Bundesländern von 1 073 Euro. Frauen im Westen bekommen im Schnitt 508 Euro, im Osten 730 Euro.

Dabei bleibt es aber in der Regel nicht, denn für die meisten kommen weitere Einnahmen dazu – etwa Betriebsrenten, private Renten sowie Einnahmen aus Vermietung und Verpachtung, sodass das monatliche Haushaltseinkommen häufig deutlich höher liegt. Für einen eher geringen Anteil der Rentner sieht es allerdings finanziell nicht so rosig aus – ihnen bleibt im letzten Schritt womöglich nur, staatliche Grundsicherung zu beantragen (ausführlich siehe Seite 158). Derzeit ist die Zahl der Antragsteller zwar mit einem Anteil von etwa 2 Prozent nicht sehr hoch, doch unklar ist, wie viele etwa aus Scham oder Unwissenheit darauf verzichten, ihren Anspruch geltend zu machen.

Rente in Zukunft: Sicher, aber wie hoch?

Die Bundesregierung geht davon aus, dass die Ausgaben für die Grundsicherung in den kommenden Jahren deutlich steigen – aufgrund der steigenden Anzahl der Älteren in der Gesamtbevölkerung. Die OECD, die Organisation für Entwicklung und Zusammenarbeit in Europa, prognostizierte schon 2012, dass die Zahl derer, die von ihrer gesetzlichen Rente nicht leben können, steigen wird. Das Risiko der Altersarmut in Deutschland wachse. Dieses Risiko einzudämmen werde eine der entscheidenden Aufgaben in der Zukunft sein.

Grundsätzlich gilt: Die Versicherten, die heute Beiträge an die Rentenkasse zahlen, haben einen verfassungsrechtlich geschützten Anspruch, im Alter Leistungen zu beziehen. Doch wie hoch werden diese ausfallen? Das hängt von zahlreichen Faktoren ab. Denn die Situation der gesetzlichen Rentenversicherung wird nicht einfacher: Zwar sind deren Kassen derzeit noch gut gefüllt, aber zum einen werden die Menschen immer älter und haben damit für einen längeren Zeitraum Anspruch auf Rentenleistungen. Zum anderen kommen weniger Erwerbstätige nach, die für diese Leistungen aufkommen können.

Hintergrund dieser Problematik: Die gesetzliche Rentenversicherung basiert auf dem Generationenvertrag und funktioniert nach dem sogenannten Umlageverfahren. Die Jüngeren zahlen ihre Beiträge in die Rentenversicherung ein. Davon werden die Renten der heute Älteren ausbezahlt. So stützt die Generation, die jetzt im Berufsleben steht, die Generation, die bereits im Ruhestand ist.

Durch einen Rückgang der Geburten und den längeren Rentenbezug ist dieser Generationenvertrag jedoch gefährdet. Finanzierten im Jahr 1955 noch fünf Erwerbstätige die Leistungen für einen Rentner, müssen 2030 voraussichtlich zwei Erwerbstätige für die Zahlungen an einen Rentner aufkommen.

RENTE ALS REFORMBAUSTELLE

Wie lässt sich auf diese Entwicklung reagieren und das System Rente stabilisieren? Diese Frage beschäftigt die Politik und Experten seit vielen Jahren. Die Rentenpolitiker haben vor allem drei Möglichkeiten, sich diesen Problemen zu stellen.
1. Sie können die Beiträge erhöhen: Dann zahlen die Erwerbstätigen von heute und ihre Arbeitgeber mehr Geld in die Kassen ein, um davon die Leistungen der Rentner zu finanzieren.
2. Sie begrenzen die Rentensteigerungen: Dann profitieren die Ruheständler als Leistungsempfänger weniger, und im Gegenzug wachsen die Ausgaben der gesetzlichen Rentenversicherung nicht so stark.
3. Sie können das Renteneintrittsalter erhöhen: Dann zahlen die Erwerbstätigen länger ein, und die Auszahlungen der Leistungen starten später.

All diese Möglichkeiten wurden in den vergangenen Jahren mehr oder weniger häufig genutzt. Zahlreiche Gesetzesreformen haben das Gesicht der gesetzlichen Rentenversicherung zum Teil deutlich verändert. Eine entscheidende Neuerung ist zum Beispiel Anfang 2012 in Gang gekommen. Seither steigt das Renteneintrittsalter schrittweise von 65 auf 67 Jahre. Für alle, die 1964 oder später geboren sind, bedeutet das: Sie haben erst ab dem 67. Geburtstag Anspruch auf die reguläre Altersrente.

Auch die Beitragssätze für die gesetzliche Rentenversicherung sind in der Vergangenheit immer wieder verändert worden. Bei Einführung der gesetzlichen Rente 1957 befand sich der Beitragssatz zunächst bei 11 Prozent und stieg dann auf 14 Prozent. Derzeit liegt er bei 18,9 Prozent, könnte 2015 aber etwas sinken.

Durch weitere Veränderungen ist es außerdem dazu gekommen, dass das Rentenniveau insgesamt sinkt. Eingeführt wurde die gesetzliche Rente 1957 als dynamische Rente. Sie sollte jährlich entsprechend den Lohnsteigerungen erhöht werden. Seit der Rentenreform 2004 wird bei der Berechnung der Rentenanpassungen der sogenannte Nachhaltigkeitsfaktor berücksichtigt. Er führt dazu, dass Rentensteigerungen auch davon beeinflusst werden, wie sich die Zahl der Beitragszahler im Verhältnis zu der der Rentner entwickelt. Anders ausgedrückt: Wenn die Zahl der Rentner weiter steigt, fallen die Rentenerhöhungen kleiner aus oder entfallen sogar ganz. Das passierte erstmals 2004 und in den Folgejahren noch einige weitere Male. Sinken darf der Rentenwert nach der aktuell geltenden gesetzlichen Regelung allerdings nicht.

Zuletzt im Juli 2014 gab es wieder bessere Nachrichten für die Rentner – eine Rentensteigerung von 1,67 Prozent in den alten und 2,53 Prozent in den neuen Bundesländern.

Veränderung in die andere Richtung
Parallel zur Rentenerhöhung brachte der Sommer 2014 aber auch eine Art Kehrtwende zu den vorherigen Reformen – durch Einführung der abschlagsfreien Rente mit 63. Anstatt des bisherigen We-

ges, das Renteneintrittsalter weiter anzu-heben, wurde für ältere Erwerbstätige eine neue Möglichkeit geschaffen, vorzeitig in den Ruhestand zu gehen. Wenn sie mindestens 45 Beitragsjahre in der gesetzlichen Rentenversicherung nachweisen, können sie ab 63 Jahren vorzeitig in Rente gehen, ohne dass ihre Leistungen trotz des vorzeitigen Zahlungsbeginns gekürzt werden. Von dieser Gesetzesänderung können nach Angaben der Bundesregierung im ersten Jahr mehr als 200 000 Versicherte profitieren.

Gegen diese Gesetzesänderung wurde vor allem von Seiten der Arbeitgeber protestiert mit dem Argument, dass eine neue Welle von Frühverrentungen und ein damit verbundener Fachkräftemangel zu erwarten seien. Andere Experten kritisierten die Benachteiligung der jüngeren Generation, die für die neue Möglichkeit der Älteren bezahlen müsse.

Trotz aller Kritik ist diese Gesetzesänderung als Bestandteil eines Reformpakets zum 1. Juli 2014 in Kraft getreten. Wer die neuen Regeln wie für sich nutzen kann, erfahren Sie ab Seite 42.

Rentenfalle: Teilzeitjob und Arbeitslosigkeit

Unabhängig von den jüngsten Gesetzesänderungen wird es gerade für die jüngeren Generationen in Zukunft immer schwieriger werden, eine Rente zu erzielen, die über dem Niveau der staatlichen Grundsicherung liegt. Bereits jetzt muss ein Versicherter mehr als 25 Jahre lang mindestens das Durchschnittseinkommen aller Beitragszahler verdienen, um als Rentner

nicht auf Grundsicherung angewiesen zu sein. Im Jahr 2025 muss ein Durchschnittsverdiener voraussichtlich schon gut 30 Beitragsjahre vorweisen, um eine Rente knapp über der Grundsicherung zu erreichen. Zur Orientierung: Das Jahresdurchschnittseinkommen liegt 2014 bei 34 857 Euro.

Mit einem Teilzeitjob über mehrere Jahre oder bei langjähriger Arbeitslosigkeit wird das kaum zu erreichen sein: Wenn etwa eine Frau über 20 Jahre nur halbtags arbeitet, wird sie häufig unter dem Durchschnittseinkommen bleiben und entsprechend wenig Rentenbeiträge zahlen. Für Menschen, die Hartz-IV-Leistungen beziehen, fließt kein einziger Euro in den Beitragstopf. Das Risiko, auch im Alter auf staatliche Unterstützung angewiesen zu sein, ist somit für diejenigen groß, die heute auf Sozialleistungen angewiesen sind oder zu den Geringverdienern gehören.

Immer noch im Plus

Ob und mit welchen Gesetzesänderungen es letztlich gelingt, das Risiko der Altersarmut einzudämmen und dafür zu sorgen, dass die Rente auch für künftige Generationen eine verlässliche Einnahmequelle ist, bleibt abzuwarten.

Bei allen Schwierigkeiten und aller Verunsicherung darf eines aber nicht vergessen werden: Noch immer sind die Leistungen der gesetzlichen Rente für viele Menschen hierzulande die sichere Basis für die Versorgung im Alter. Fast 90 Prozent aller Erwerbstätigen haben heute Ansprüche auf Leistungen aus der Rentenkasse, heißt es von Seiten der Deutschen Rentenversicherung. Nach diesen Informationen ist die gesetzliche Rente derzeit die Quelle von beinahe zwei Dritteln des Einkommens der älteren Bevölkerung.

Und auch für die künftigen Rentner bleibt die Rente ein wichtiger Posten, sie können weiter mit einer positiven Rendite rechnen. 2013 hat die Deutsche Rentenversicherung zum Beispiel folgende Werte ermittelt: Für einen ledigen Mann, der Anfang 2040 in Rente gehen wird, ergibt sich demnach immer noch eine Rendite von 3 Prozent. Für eine ledige Frau liegt die Rendite bei Rentenbeginn 2040 sogar bei 3,4 Prozent. Sie ist höher aufgrund der höheren Lebenserwartung.

Auch wenn die Renditen im Laufe der Jahre gesunken sind und deutlich niedriger ausfallen als früher, können sie noch mit denen der sicheren Geldanlagen von Banken und privaten Versicherungsunternehmen mithalten. Das gilt umso mehr, da die Beiträge zur gesetzlichen Rentenversicherung den Mitgliedern nicht nur einen Anspruch auf die finanzielle Versorgung im Alter sichern, sondern zusätzliche Leistungen wie eine Hinterbliebenenversorgung und den Schutz im Fall von Erwerbsminderung. Auch die Übernahme der Kosten für Rehabilitation und Wiedereingliederung in den Job etwa nach einer schweren Erkrankung gehören zum Leistungskatalog der gesetzlichen Rentenversicherung.

Den Anspruch auf diesen Leistungskatalog erwerben Sie sich als Versicherter unabhängig davon, ob Sie bei Versicherungsbeginn kerngesund oder krank sind, ob Sie erst Mitte 30 oder Mitte 40 sind

RENDITE DER GESETZLICHEN RENTENVERSICHERUNG

Die Beiträge in die Rentenkasse bringen immer noch eine Rendite von 3 Prozent oder mehr. Für Frauen liegt sie aufgrund der höheren Lebenserwartung höher als für Männer.

Renteneintritt	Alter bei Renteneintritt	Rendite (in Prozent)
MÄNNER (LEDIG)		
01.01.2012	65	3,2
01.01.2020	66	3,1
01.01.2030	67	3,0
01.01.2040	67	3,0
FRAUEN[1]		
01.01.2012	65	3,8
01.01.2020	66	3,6
01.01.2030	67	3,4
01.01.2040	67	3,4

1) Die für Frauen ermittelten Renditen entsprechen in etwa denen für verheiratete Männer.
Quelle: Deutsche Rentenversicherung Bund, 2013

oder bereits älter als 50 Jahre. Das ist bei privaten Versicherungen zum Schutz vor Erwerbsunfähigkeit oder zur Absicherung der Familie für den Todesfall anders. Hier spielen Alter und Gesundheitszustand eine entscheidende Rolle. Es kann Ihnen sogar passieren, dass Sie etwa nach einer schweren Erkrankung gar keinen Vertrag bei einem Versicherer bekommen, um sich vor dem Verlust Ihrer Arbeitskraft zu schützen. Auch deshalb gilt: Die gesetzliche Rente hat immer noch einiges zu bieten, von dem auch jüngere Versicherte profitieren können. Die Vorteile sollten Sie nicht geringschätzen – und versuchen, aus den geltenden Regelungen das Beste zu machen, um keine Ansprüche zu verschenken.

IHR PERSÖNLICHER RENTEN-FAHRPLAN

Die gesetzliche Rentenversicherung – ob Sie nun an die Zukunft und Sicherheit des Angebots glauben oder daran zweifeln – wird die meisten von Ihnen fast das gesamte Leben begleiten: zunächst als Beitragszahler, dann als Leistungsempfänger. Sie sind an zahlreiche Vorgaben und Regelungen gebunden. Daran können Sie nichts ändern. Dennoch wird es während Ihres Erwerbslebens und noch im Ruhestand Situationen geben, in denen Sie selbst etwas für Ihre Rente tun können:

Wenn Sie sich für die eine oder andere Richtung entscheiden, können Sie sich bestimmte Ansprüche sichern, höhere Leistungen erreichen oder unnötige Einbußen vermeiden.

In manchen Fällen genügt es sogar, sich zu informieren und einen Antrag zu stellen, um später von einer höheren Rente zu profitieren.

Beispiel: Susanne Reimann möchte Landschaftsarchitektin werden. Nach dem Abitur bekommt sie aber nicht sofort einen Studienplatz. Also macht sie erst einmal drei Jahre eine Ausbildung zur Gärtnerin und arbeitet danach zwei Jahre in diesem Beruf. Während der fünf Jahre zahlt sie Beiträge in die Rentenkasse. Nach dem Studium arbeitet sie als Landschaftsarchitektin und muss aus der Rentenkasse austreten, weil Landschaftsarchitekten wie Ärzte oder Rechtsanwälte eigene Versorgungswerke haben, in die sie einzahlen. Ein Jahr nach dem Austritt bekommt sie im Jahr 2003 Zwillinge.

Was passiert nun mit ihrem Anspruch auf Kindererziehungszeiten? Das Versorgungswerk rechnet Kindererziehungszeiten nicht an, und von der Rentenkasse bekommt sie 2003 die Auskunft, dass sie keinen Anspruch mehr hat, weil sie ausgetreten ist. Sie ärgert sich gründlich und schließt das Thema dann für sich ab.

Nur durch Zufall erfährt sie, dass es 2008 ein Urteil gegeben hat: Auch Mitglieder in Versorgungswerken haben seitdem ein Anrecht auf Kindererziehungszeiten aus der Rentenkasse – solange ihr Versorgungswerk keine vergleichbare Leistung anbietet. Und vorausgesetzt, sie wissen von dem Anspruch und beantragen ihn bei der Rentenkasse!

Für Susanne Reimann bedeutet dieses Wissen rund 170 Euro mehr Rente im Monat. Wenn sie die Rente 20 Jahre bezieht, sind das über 40 000 Euro, mit denen sie sich ihren Ruhestand verschönern kann.

Nichts verschenken!

Auch wenn nicht jeder gleich 170 Euro im Monat herausholen kann, lohnt es sich in jedem Fall zu prüfen, wie es um Ihre Ansprüche steht. Weil die Rente monatlich auf Ihr Konto fließt, werden selbst aus kleineren Mehrbeträgen leicht große Summen, wenn Sie sie 10 oder 20 Jahre beziehen. Wenn Sie sich zum Beispiel durch eine vernünftige Verteilung der Kindererziehungszeit oder durch eine genaue Planung Ihres Frühruhestands monatlich 30 Euro mehr Rente sichern als ohne gute Vorbereitung, bringt Ihnen das in 20 Jahren Ruhestand immerhin ein Plus von 7 200 Euro.

Deshalb erklären wir in diesem Ratgeber nicht nur, welche Leistungsansprüche Sie haben und welche gesetzlichen Vorgaben Sie dafür erfüllen müssen, sondern stellen ganz besonders die Situationen in den Fokus, in denen Sie Entscheidungsmöglichkeiten haben, die Ihnen mehr Rente bringen oder Sie Rente kosten könnten, wie beispielsweise:

■ Was bringt es für die Rente, wenn ich meine Arbeitszeit aufstocke, und was verliere ich, wenn ich Stunden reduziere?

■ Welche Folgen für meine Rente hat es, wenn ich zwei Jahre im Ausland arbeite?
■ Unter welchen Voraussetzungen kann ich vorzeitig in Rente gehen?
■ Wie soll ich auf das Angebot des Arbeitgebers für eine Abfindung reagieren, wenn ich als älterer Arbeitnehmer kaum eine Chance auf einen neuen Job habe?
■ Wie viel kann ich neben der Rente dazuverdienen, ohne einen Teil meiner Ansprüche zu verschenken?

Ab Seite 21 geben wir Ihnen einen grundlegenden Überblick zur Rentenversicherung und ihren Leistungen insgesamt. Da sich die gesetzlichen Regelungen und Handlungsspielräume mit Ihrem Alter ändern, unterscheiden wir für Ihren Renten-Fahrplan drei Lebensabschnitte:

Station 1: Sie stehen am Anfang oder mitten im Berufsleben: Verglichen mit Älteren ist es für Sie dann besonders schwierig zu kalkulieren, ob und was die Rentenbeiträge Ihnen im Alter bringen. Angefangen beim ersten Job bis hin zu möglichen Wechseln in der „Erwerbsbiografie", greifen wir wichtige Fragen und Entscheidungen auf. Aber auch private und familiäre Veränderungen werden eine große Rolle spielen (ab Seite 65).

Station 2: Sie nähern sich dem Ruhestand: Ab etwa Mitte bis Ende 50 taucht der Gedanke an die Rente meist häufiger auf. Wie lange arbeite ich noch? Was kostet es mich, früher in Rente zu gehen? Wie schaffe ich einen möglichst fließenden Übergang in den Ruhestand? Die Themen Stundenreduzierung und Altersteilzeit werden eine Rolle spielen, aber auch die Regelungen für einen Job neben einer vorgezogenen Altersrente. Dazu greifen wir auch die Frage auf: Was kann ich tun, wenn die Gesundheit nicht mehr mitspielt? Wie steht es dann um meine Leistungsansprüche? Mehr ab Seite 105.

Station 3: Sie sind Ruheständler: Das reguläre Eintrittsalter für die Rente – also für viele derzeitige Ruheständler noch 65 Jahre, für künftige ab 65 aufwärts bis 67 Jahre – ist erreicht, die gesetzliche Altersrente fließt. Doch nicht immer reicht das Geld, um davon leben oder sich die liebgewonnenen kleinen Extras nebenbei leisten zu können. Deshalb stellen wir unter anderem vor, welche Bedingungen für Nebenjobs als Rentner gelten und was Ihnen von der Rente eigentlich bleibt, nachdem alle Abzüge abgerechnet sind. Auch Themen wie ein längerer Auslandsaufenthalt und die Absicherung der Angehörigen greifen wir auf (ab Seite 143).

Für jeden dieser drei Lebensabschnitte stellen wir in einem separaten Kapitel zunächst rechtliche Grundlagen vor und zeigen Ihnen im Folgekapitel anhand von Beispielfragen die Handlungsmöglichkeiten.

Zwar kann dieser Ratgeber eine individuelle Rentenberatung nicht ersetzen: Viele Antworten hängen vom jeweiligen Einzelfall, dem persönlichen Einkommen und den bisher erworbenen Rentenansprüchen ab. Aber mithilfe dieses Buches haben Sie die Möglichkeit, entscheidende Fragestellungen für sich herauszufiltern, um diese anschließend zum Beispiel im direkten Beratungsgespräch mit der gesetzlichen Rentenversicherung oder mit einem unabhängigen Rentenberater zu klären, sodass Sie das Beste aus Ihrer persönlichen Situation herausholen können.

Eine Übersicht mit Ansprechpartnern und Kontaktdaten finden Sie auf Seite 180.

DIE SICHERE BASIS ERGÄNZEN

Das vielseitige Leistungspaket der gesetzlichen Rentenversicherung bildet weiterhin die Basis für Ihre Absicherung und die Ihrer Familie. Trotzdem werden Sie nicht umhinkommen, sich ergänzend aus eigener Kraft um Ihre Vorsorge zu kümmern – zusätzlich für das Alter zu sparen, sich für das Risiko der Erwerbsunfähigkeit abzusichern und Ihre Angehörigen zu schützen für den Fall, dass Sie sterben.

Je früher Sie sich um die zusätzliche Absicherung kümmern, desto besser. Je

jünger Sie etwa beim Abschluss einer Risikolebensversicherung zum Schutz Ihrer Familie sind, desto günstiger bekommen Sie den Vertrag. Und als junger Sparer, der sich im Alter finanziell besser stellen will, haben Sie mehr Zeit, um bis zum Rentenbeginn das notwendige zusätzliche Finanzpolster aufzubauen, sodass kleinere Sparraten ausreichen, um ans Ziel zu kommen.

Wir gehen davon aus, dass Ihnen im Ruhestand etwa 80 Prozent des letzten Nettogehalts zur Verfügung stehen sollten, um Ihren Lebensstandard in etwa halten zu können. Allein mit dem Geld aus der gesetzlichen Rente werden Sie das nicht schaffen.

DIE RENTENLÜCKE BERECHNEN
Wie viel Geld wird Ihnen im Alter voraussichtlich fehlen, um Ihren Lebensstandard zu halten? Wie viel müssen Sie heute sparen, um das gewünschte zusätzliche Polster zu erreichen? Um die Rentenlücke und den zusätzlichen Finanzbedarf zumindest grob zu ermitteln, helfen zwei Finanztest-Rechner, die Sie kostenlos unter www.test.de/rentenluecke und www.test.de/finanzbedarf anfordern können.

Private Altersvorsorge
Für die zusätzliche finanzielle Vorsorge eignen sich an erster Stelle die Produkte, bei denen Sie mit staatlicher Hilfe sparen können. Erste Wahl ist für viele ein Riester-Vertrag. Die Riester-Rente wurde 2002 eingeführt und soll den Bürgern helfen, die Lücken der gesetzlichen Rentenversicherung zu schließen. Wer „riestert", erhält jedes Jahr staatliche Zulagen und kann außerdem von Steuervorteilen profitieren. Die Riester-Vorsorge kann somit eine lohnende Investition für viele Vorsorgesparer sein.

Allerdings lohnt sich diese Vorsorge nicht nur für Sie, sondern auch für die Anbieter der Finanzbranche: Versicherer, Banken, Fondsgesellschaften und Bausparkassen. Denn für den Vertragsabschluss fallen meist Kosten an – die Kunden müssen auch für Provisionen und Verwaltungsausgaben der Anbieter mit

bezahlen. Deshalb steht die Riester-Rente häufig in der Kritik.

Trotzdem gilt: Als persönliches Vorsorge-Investment ist es in den allermeisten Fällen deutlich vorteilhafter, einen Riester-Vertrag abzuschließen als ein herkömmliches Altersvorsorge-Produkt, in das Sie ohne staatliche Unterstützung einzahlen müssen. Entscheidend ist allerdings, dass Sie sich nicht einfach so für „irgendein" Riester-Produkt entscheiden, sondern für einen Vertrag, der zu Ihnen passt. Wenn Sie zum Beispiel planen, in Zukunft in ein Eigenheim zu investieren, kann ein Riester-Bausparvertrag interessant sein. Wenn Sie noch jung sind und viel Zeit für die Altersvorsorge haben, können Sie mit einem geförderten Fondssparplan noch eine Menge erreichen. Dieser ist hingegen für ältere Anleger nicht mehr so gut geeignet.

Weitere Möglichkeiten der finanziellen Vorsorge für das Alter mit staatlicher Unterstützung sind die Betriebsrente und ein Rürup-Vertrag. Die wichtigsten Eigenschaften dieser Produkte fasst die Tabelle auf der folgenden Seite zusammen.

Ergänzend können zahlreiche weitere Formen des Sparens zum Einsatz kommen: Fondssparpläne, Sparanlagen der Banken, die eigene Immobilie. Egal wie Sie sich entscheiden – jedes Anlageprodukt hat Vor- und Nachteile. Wenn Sie zum Beispiel regelmäßig Geld in einen Aktienfonds einzahlen, besteht die Chance, hohe Renditen zu erzielen. Die Manager des Fonds investieren Ihre eingezahlten Beiträge in verschiedene Aktiengesellschaften, sodass Sie profitieren können, wenn diese erfolgreich am Markt agieren

DIE PASSENDE VORSORGE MIT FÖRDERUNG

Riester-, Rürup- und betriebliche Verträge bieten zwar hohe staatliche Förderung, sie sind aber nicht für jeden gleich gut. Ein Rürup-Vertrag ist zum Beispiel nur für diejenigen geeignet, die dauerhaft gut verdienen.

Art der Förderung in der Ansparphase	Belastung im Alter	Geeignet für

RIESTER-VERTRAG

■ Staatliche Zulagen ■ Eventuell Steuervorteil	Auszahlung voll steuerpflichtig, aber meist sozialabgabenfrei.	Alle, die Anspruch auf die Förderung haben. Besonders attraktiv für Familien mit Kindern und dank des Steuervorteils auch für kinderlose Gutverdiener.

BETRIEBLICHE ALTERSVORSORGE

■ Steuerersparnis ■ Ersparnis von Sozialabgaben	Auszahlung steuer- und sozialabgabenpflichtig.	Arbeitnehmer, vor allem wenn sich der Arbeitgeber finanziell beteiligt.

RÜRUP-RENTE

■ Steuerersparnis	Auszahlung voll steuerpflichtig, aber meist sozialabgabenfrei.	Selbstständige und Arbeitnehmer, die sicher sind, die Beiträge auf Dauer aufbringen zu können, besonders attraktiv für Ältere und bei hohem Steuersatz.

PRIVATE RENTENVERSICHERUNG

■ Keine Förderung	Geringe Besteuerung und meist keine Sozialabgaben.	Alle, die sich eine sichere Zusatzeinnahme im Alter sichern müssen oder wollen, um die geförderte Vorsorge zu ergänzen.

und die Aktien an Wert gewinnen. Gleichzeitig bedeutet die Investition aber ein Risiko, denn der Kurs der Fondsanteile kann auch an Wert verlieren und Verluste bringen. Umgekehrt: Sparanlagen der Banken sind sehr sicher, erzielen dafür aber in der Regel nur eine mäßige Rendite.

Der große Vorteil einer klassischen privaten Rentenversicherung ist ebenfalls die Sicherheit: Schließlich kann sich der Kunde darauf verlassen, im Alter auf jeden Fall eine Rente aus diesem Vertrag ausgezahlt zu bekommen. Dafür ist das Angebot eher unflexibel. Der Kunde bindet sich zum Teil über viele Jahre. Kann er irgendwann die Beiträge nicht mehr aufbringen und will kündigen, drohen enorme Verluste.

Dieser erste Überblick zeigt, wie wichtig es ist, bei der Altersvorsorge nicht alles auf eine Karte zu setzen. Entscheidend ist, dass jeder Sparer neben der gesetzlichen Rente die Vorsorgestrategie für sich findet und die Produkte miteinander kombiniert, die ihm die nötige Sicherheit und Flexibilität bieten und zu seinen finanziellen Spielräumen passen. Die Checkliste auf Seite 18 zeigt Ihnen einige entscheidende Schritte, um Ihre eigene Vorsorge aufzubauen.

In diesem Ratgeber geht es darum, wie Sie Ihre gesetzliche Rente optimieren können. Es würde den Rahmen sprengen, abseits dieser grundlegenden Informationen tiefer auf die Möglichkeiten der privaten Altersvorsorge einzugehen. Deshalb bleibt uns an dieser Stelle nur, auf andere Medien und Quellen zu verweisen, in denen Sie zahlreiche Hinweise für Ihre persönliche Vorsorgestrategie finden (siehe Kasten Seite 19).

Wichtige Versicherungsverträge

Nicht nur fürs Alter sollten Sie vorsorgen, sondern auch, um Ihre Angehörigen für den Fall zu schützen, dass Sie sterben. Dafür ist eine Risikolebensversicherung erste Wahl. Guten und günstigen Schutz bekommen Sie für wenige Hundert Euro im Jahr. Wenn Sie zum Beispiel im Alter von Anfang/Mitte 30 einen Vertrag mit einer Laufzeit von 20 Jahren abschließen, aus dem Ihre Familie im Todesfall 150 000 Euro bekommt, können Sie den Schutz ab knapp 100 Euro im Jahr erhalten. Das Geld ist hervorragend investiert, denn im Ernstfall ist die Versicherungsleistung eine wichtige Ergänzung zur Hinterbliebenenversorgung aus der gesetzlichen Rentenversicherung.

Eine private Versicherung sollten Sie außerdem abschließen, um sich für den Fall der Berufs- oder Erwerbsunfähigkeit zu schützen. Fällt aufgrund einer Erkrankung oder eines Unfalls Ihr regelmäßiges Einkommen weg, wird es für Sie und Ihre Familie sehr schwierig, finanziell klarzukommen. Dagegen können Sie sich am besten mit einer privaten Berufsunfähigkeitsversicherung schützen, die Ihnen dann eine regelmäßige Rente auszahlt. Die gesetzliche Rentenversicherung springt unter bestimmten Voraussetzungen zwar auch ein, aber zum Leben dürfte die Leistung von im Schnitt deutlich unter 1 000 Euro im Monat kaum reichen.

Eine private Berufsunfähigkeitsversicherung ist allerdings nicht ganz billig. Je nach Alter, Beruf und vereinbarter Rente können Jahresbeiträge von deutlich über 1 000 Euro fällig werden.

CHECKLISTE: ZIEHEN SIE BILANZ – UND SORGEN SIE VOR

Starten Sie mit der privaten Vorsorge, wenn Sie es noch nicht getan haben! Ist der Anfang geschafft, sollten Sie sich weiter regelmäßig darum kümmern:

✔ **Überblick:** Viele von Ihnen werden seit Jahren etwas für später zurücklegen: Prüfen Sie, was und wie viel Sie anlegen und ob zusätzliche Vorsorge sinnvoll und finanziell möglich ist. Nutzen Sie die Finanztestrechner (siehe Seite 15), um Ihren Bedarf zu ermitteln. Nehmen Sie die Renteninformation, die Ihnen einmal im Jahr zugeschickt wird, als Basis für Ihre weitere Planung. Mit den dort genannten Werten können Sie ungefähr einschätzen, welche Versorgungslücke im Alter droht (siehe Seite 77).

✔ **Weitere Ersparnisse:** Heften Sie die Standmitteilungen, die Sie beispielsweise über Ihre betriebliche Altersvorsorge oder die Riester-Rente erhalten, nicht achtlos ab, sondern nutzen Sie die Informationen, um einen Überblick über den aktuellen Stand Ihres Vorsorgepolsters zu gewinnen. Seien Sie realistisch, wenn Sie andere Vermögenswerte in Ihre Vorsorgeplanung einbeziehen: So bietet zwar eine eigene Immobilie Sicherheit, dass Sie auch im Alter keine Miete zahlen müssen. Andererseits: Je älter Ihr Haus wird, desto eher können Kosten für Reparaturarbeiten auf Sie zukommen.

✔ **Kalkulation:** Wie viel Altersvorsorge können Sie sich in Ihrer derzeitigen finanziellen Situation überhaupt leisten? Diese Frage sollten Sie sich regelmäßig stellen – egal ob Sie neu mit der Altersvorsorge beginnen oder bereits für später sparen. Geld für die Altersvorsorge abzuzweigen ist zwar wichtig, noch wichtiger ist aber erst einmal, dass Sie für die Gegenwart ausreichend abgesichert sind – Privathaftpflicht-, Risikolebens- und Berufsunfähigkeitsversicherung sind Policen, die zu Ihrem eigenen Schutz und dem Ihrer Familie nicht fehlen sollten. Das Geld, das Sie in diese Verträge investieren, steht Ihnen nicht zur Verfügung, um es in Geldanlage- und Vorsorgeprodukte zu stecken.

✔ **Produktauswahl:** An erster Stelle sollten Sie die Möglichkeiten der vom Staat geförderten Vorsorge, zum Beispiel in Form eines Riester-Vertrags oder einer Betriebsrente, nutzen. Überstürzen Sie den Abschluss nicht. Nehmen Sie sich Zeit, um den passenden Vertrag zu finden. Bei allen Vorsorgeprodukten, egal ob staatlich gefördert oder nicht, sind große Preis- und Qualitätsunterschiede die Regel.

✔ **Beiträge:** Wenn Sie sich für ein Versicherungsprodukt wie eine private Rentenpolice entscheiden, wählen Sie einen Beitrag, den Sie voraussichtlich bis zum Rentenalter aufbringen können. Eine Kündigung oder Beitragsfreistellung eines solchen Vertrags ist mit erheblichen Einbußen verbunden.

INFO Gut informiert vorsorgen

Allein das Themengebiet „gesetzliche Rente" ist so komplex, dass es einen ganzen Ratgeber füllt. Ergänzende Themen wie die Chancen und Risiken der privaten Altersvorsorge oder den Versicherungsschutz zur Absicherung der Angehörigen stellen wir deshalb an dieser Stelle nur in Ansätzen vor. Weiterlesen können Sie trotzdem: Unter www.test.de finden Sie Antworten auf zahlreiche Fragen zur finanziellen Vorsorge für den Ruhestand, etwa zur Riester- und Rürup-Rente. Auch die verschiedenen Anlageprodukte, die darüber hinaus für Sie infrage kommen können, werden mit ihren Chancen und Risiken vorgestellt. Aktuelle Testergebnisse finden Sie außerdem in den monatlich erscheinenden Ausgaben der Zeitschrift „Finanztest".

Nutzen Sie die Internetseite auch, um Ihren Versicherungsbedarf zu überprüfen – etwa mit dem kostenlosen Versicherungscheck (www.test.de/versicherungscheck). Mehr erfahren Sie auch im „Versicherungs-Ratgeber", den Sie im Handel oder unter www.test.de/shop erwerben können.

DIE LEISTUNGEN IM ÜBERBLICK

Die gesetzliche Rentenversicherung wird Sie vom ersten Arbeitstag an bis zum Ruhestand begleiten – erst als Beitragszahler, dann als Leistungsempfänger. Wir zeigen Ihnen, wofür Sie überhaupt jeden Monat Beiträge zahlen oder Ihr ganzes Arbeitsleben lang eingezahlt haben: In diesem Kapitel erhalten Sie einen Überblick über sämtliche Leistungen der Rentenversicherung und darüber, unter welchen Voraussetzungen Sie sie bekommen.

WIE ERRECHNEN SICH DIE RENTENANSPRÜCHE?

Armin A. arbeitet von der Ausbildung an über 40 Jahre immer im selben Unternehmen. Bernd B. absolviert zuerst eine Ausbildung in einem Handwerksbetrieb, dann studiert er, übernimmt danach vorübergehend eine Stelle als Angestellter, ehe er den Sprung in die Selbstständigkeit wagt. Corinna C. arbeitet nach ihrer Ausbildung weitere zwölf Jahre angestellt, bekommt dann ein Kind und bleibt für zwei Jahre zu Hause. Danach steigt sie mit einer Teilzeitbeschäftigung wieder in den Beruf ein.

Was bedeuten diese unterschiedlichen Lebensläufe für die Rente?

Vor allem beeinflussen natürlich die Beiträge, die die Erwerbstätigen allein oder zusammen mit ihrem Arbeitgeber in die Rentenkasse zahlen, die Rentenhöhe. Je nach Höhe der geleisteten Beiträge er-

werben sie sogenannte Entgeltpunkte, die dann im Alter addiert und in monatliche Rentenleistungen umgerechnet werden (siehe Seite 32). Doch für die persönliche Rentenrechnung spielen daneben auch Phasen ohne eigene Beiträge eine Rolle – zum Beispiel die Zeiten nach der Geburt eines Kindes, Phasen der Arbeitslosigkeit oder der gesundheitsbedingten Arbeitsunfähigkeit. Auch wenn Sie in diesen Phasen nicht selbst in die Rentenkasse einzahlen, erhöhen sie Ihre Rentenansprüche (siehe Tabelle Seite 22).

Aus allen Mitgliedszeiten in der gesetzlichen Rentenversicherung wird für Sie Ihr persönlicher Leistungsanspruch ermittelt. Dabei beeinflussen die einzelnen Phasen die Rentenhöhe auf unterschiedliche Weise.

In Zeiten, in denen Sie selbst, Ihr Arbeitgeber oder eine andere Institution Beiträge zahlen, erhöht sich direkt Ihr Anspruch auf finanzielle Leistungen. Andere Zeiten helfen Ihnen, sich überhaupt einen Rentenanspruch zu sichern: Auch die „beitragsfreien Zeiten" zählen mit, wenn zu klären ist, ob Sie die geforderte „Wartezeit" für eine Rente erfüllen, und sie können den Rentenanspruch erhöhen.

BEITRAGSZEITEN (ZEITEN, IN DENEN BEITRÄGE AN DIE RENTENKASSE FLIESSEN)

Pflichtbeiträge	Angestellte, Arbeiter
	Bestimmte Selbstständige, zum Beispiel Handwerksmeister für mindestens 18 Jahre sowie Mitglieder der Künstlersozialkasse
	Geringfügig Beschäftigte
	Auszubildende, Fachschüler
	Eltern in der Kindererziehungszeit
	Bezieher von Arbeitslosengeld I und bei Arbeitsunfähigkeit
	Wehr- und Ersatzdienst, Bundesfreiwilligendienst
	Pflegepersonen (nicht erwerbsmäßig)
Freiwillige Beiträge	Selbstständige, die nicht pflichtversichert sind
	Hausfrauen/-männer
	Im Ausland Beschäftigte

BEITRAGSFREIE ZEITEN (ZEITEN, DIE MITZÄHLEN, OBWOHL KEINE BEITRÄGE FLIESSEN)

Anrechnungszeiten	Krankheit
	Bezieher von Arbeitslosengeld II und Arbeitssuchende
	Schwangerschaftszeiten
	Schulbesuch/Studium
Zurechnungszeiten	Zeit ab Eintritt einer Erwerbsunfähigkeit (früheres Recht: Berufsunfähigkeit) bis zum 62. Lebensjahr (früher: bis zum 60. Lebensjahr)
Ersatzzeiten	Militärdienst, Internierung, Verfolgung
Berücksichtigungszeiten	Kindererziehung bis zum zehnten Lebensjahr

Ehe Leistungen fließen, muss allerdings eine Grundvoraussetzung erfüllt sein: Sie müssen genügend Versicherungszeiten, sogenannte Wartezeiten, gesammelt haben, um überhaupt einen Anspruch auf bestimmte Leistungen wie die Altersrente oder die Erwerbsminderungsrente zu haben. Auch hier zählt nicht jede Lebensphase in gleichem Maß. Für die Erwerbsminderungsrente etwa reichen längere Zeiten mit freiwilligen Beiträgen oft nicht für einen Rentenanspruch (siehe Seite 50).

WICHTIGE STATIONEN IM LEBENSLAUF

Einen ersten Überblick, welche Phasen in Ihrer Berufslaufbahn Ihnen nach derzeitigem Recht wie viel für die Rente bringen und mit welchen Rentenbeiträgen Sie rechnen müssen, gibt die folgende Kurzübersicht. Da es in der Vergangenheit zahlreiche Gesetzesänderungen rund um die gesetzliche Rente gegeben hat, können für ältere Versicherte noch andere Vorgaben gelten.

Besuch von Schule und Fachschule ab dem 17. Lebensjahr

Früher wirkten sich Schul- und Hochschulzeiten direkt auf die Höhe der Rente aus. Seit 2009 ist das nicht mehr der Fall. Die Schul- und Hochschulzeiten können allerdings als sogenannte Anrechnungszeiten dazu beitragen, dass Sie einen Anspruch auf eine Altersrente für schwerbehinderte Menschen oder für langjährig Versicherte haben, die Ihnen erlauben, früher in Rente zu gehen (siehe Tabelle Seite 43). Bis zu acht Jahre dieser Phase können auf die Wartezeit von 35 Jahren angerechnet werden, die für den Bezug dieser Renten erfüllt sein muss. Angerechnet werden die Zeiten auch, wenn Sie im Ausland studiert haben.

Besuchen Sie dagegen eine Fachschule – etwa, wenn Sie sich zur pharmazeutisch- oder medizinisch-technischen Assistentin ausbilden lassen –, erhöhen diese Zeiten grundsätzlich direkt die Rente.

Besondere Dienste – freiwilliges Engagement

Für den Wehr- und Zivildienst, der bis Mitte 2011 verpflichtend war, mussten die Dienstleistenden keine eigenen Beiträge an die Rentenversicherung zahlen, obwohl sie in dieser Zeit versicherungspflichtig waren. Die Beiträge hat der Bund übernommen. Die Dienstleistenden wurden zuletzt so gestellt, als hätten sie 60 Prozent der Bezugsgröße verdient (früher 80 Prozent). Das ist eine fiktive Rechengröße, die jedes Jahr neu festgelegt wird und sich am Durchschnittseinkommen orientiert.

Auch diejenigen, die heute freiwilligen Wehrdienst leisten, am Bundesfreiwilligendienst teilnehmen oder etwa ein freiwilliges soziales Jahr absolvieren, sind versicherungspflichtig, müssen aber nicht selbst Sozialabgaben zahlen. Für den freiwilligen Wehrdienst gelten die gleichen Regeln wie früher für den Pflichtdienst. Wenn Sie dagegen am Bundesfreiwilligendienst teilnehmen, überweist der Arbeitgeber Rentenbeiträge entsprechend Ihrem Einkommen.

Beschäftigt als Auszubildender in einem Betrieb

Auszubildende sind wie andere Angestellte auch pflichtversichert in der gesetzlichen Rentenversicherung. Liegt ihr Einkommen bei höchstens 325 Euro im Monat, muss der Chef aber sämtliche Sozialabgaben übernehmen. Die Beiträge und damit auch die Rentenansprüche während dieser Zeit sind aufgrund des niedrigen Gehalts eher gering. Deshalb werden die Auszubildenden etwas besser gestellt – ihr Punktekonto wird nach einer Bewertung ihrer gesamten Versicherungszeiten aufgestockt. So können sie für maximal drei Jahre pro Ausbildungsjahr bis zu 0,75 Entgeltpunkte sammeln – also insgesamt bis zu 2,25 Entgeltpunkte.

 ### BEI DER ARBEITSAGENTUR MELDEN

Wenn Sie nach Ende der Schulzeit nicht gleich den erhofften Ausbildungs- oder Studienplatz finden, aber weiter danach suchen, sollten Sie sich auch mit Blick auf die Rente bei der Arbeitsagentur melden – selbst wenn Sie keinen Anspruch auf Arbeitslosengeld haben. Diese Zeit in der Warteschleife zählt als Anrechnungszeit für die Rente, sodass sie helfen kann, die Voraussetzungen für eine Rente zu erfüllen. Auf die Höhe der Altersrente hat sie aber, wenn überhaupt, nur minimale Auswirkungen. Bei der Erwerbsminderungsrente kann der Vorteil deutlicher ausfallen.

Studium und nebenbei jobben

Bafög, finanzielle Unterstützung durch die Eltern oder ein Stipendium reichen nicht? Wenn Sie neben der Uni jobben, können Sie meist alles oder zumindest viel von dem, was Sie brutto verdienen, auch netto behalten. Keine Sozialabgaben zahlen Sie für einen befristeten Aushilfsjob. Wenn Sie derzeit in den Semesterferien für maximal zwei Monate arbeiten, können Sie so viel verdienen, wie Sie wollen, und müssen keine Sozialabgaben zahlen, bekommen dafür aber auch nicht zusätzliche Punkte für die Rente angerechnet. Ab 2015 kann ein solcher abgabenfreier Aushilfsjob auch bis zu drei Monate dauern.

Mehr zu dauerhaften Nebenjobs lesen Sie in den folgenden Abschnitten.

Beschäftigt als Minijobber

Für einen Minijob, in dem Sie regelmäßig nicht mehr als 450 Euro monatlich verdienen, übernimmt der Arbeitgeber die Beiträge zur Krankenversicherung. Die Grenze von 450 Euro gilt erst seit Anfang 2013. Zu dem Zeitpunkt hat sich auch für die Rentenversicherung bei Minijobs etwas geändert: Der Arbeitgeber überweist 15 Prozent Rentenbeitrag (bei einer Beschäftigung im Privathaushalt 5 Prozent), Sie zahlen die fehlenden 3,9 Prozent Ihres Einkommens (im Privathaushalt 13,9 Prozent) bis zum vollen Rentenbeitrag. Damit sind Sie pflichtversichert in der gesetzlichen Rentenversicherung und haben Anspruch auf sämtliche Leistungen.

Sie können sich auch dafür entscheiden, darauf zu verzichten, die Beiträge Ihres Arbeitgebers aus eigener Tasche auf-

INFO Sozialversicherungsausweis

Sobald Sie Ihre erste versicherungspflichtige Beschäftigung – zum Beispiel eine betriebliche Ausbildung oder ein langes Praktikum – beginnen, verlangt Ihr Arbeitgeber einen Sozialversicherungsausweis, den Sie beim Rentenversicherer beantragen müssen. In manchen Branchen gibt es diesen Ausweis heute nicht mehr. Stattdessen erhalten Sie ein Begrüßungsschreiben der Deutschen Rentenversicherung, auf dem Sie Ihre Versichertennummer finden.

zustocken. Das hat allerdings einige Nachteile, denn Sie setzen zum Beispiel auf Dauer den gesetzlichen Schutz für den Fall von Erwerbsminderung aufs Spiel.

Diese Regeln gelten für alle, die seit 2013 einen Minijob angenommen haben oder noch annehmen. Wer seine geringfügige Beschäftigung früher begonnen hat, kann bei den alten Regeln bleiben. Das bedeutet: Er ist nicht grundsätzlich in der Pflicht, den Rentenbeitrag aufzustocken, sondern kann aus freien Stücken entscheiden, ob er einen Teil des Einkommens in die Rentenkasse zahlt.

Beschäftigt als Angestellter – Verdienst über 450 bis maximal 850 Euro im Monat

Der Arbeitgeber zahlt für das Einkommen der versicherungspflichtigen Mitarbeiter den üblichen Beitragsanteil von derzeit 9,45 Prozent ein. Die Angestellten müssen bei einem Einkommen in dieser „Gleitzone" nur einen reduzierten Beitrag zahlen. Der Beitragssatz steigt bei einem Verdienst über 450 bis 850 Euro stufenweise an. Die Beschäftigungszeiten zählen immer eins zu eins für die Wartezeiten mit, die Sie für die verschiedenen Formen der Altersrente erfüllen müssen. Die Höhe der

Rentenansprüche richtet sich danach, wie viel Beiträge Sie und Ihr Arbeitgeber gemeinsam im Verhältnis zum Durchschnitt aller Versicherten eingezahlt haben.

Beschäftigt als Angestellter – Verdienst über 850 Euro im Monat

Die Arbeitnehmer sind pflichtversichert in der gesetzlichen Rentenversicherung und zahlen gemeinsam mit ihrem Arbeitgeber 18,9 Prozent des beitragspflichtigen Einkommens in die Rentenversicherung ein – beide gleich viel, also je 9,45 Prozent. Beiträge werden allerdings nur bis zur sogenannten Beitragsbemessungsgrenze fällig. Diese liegt beispielsweise 2014 in den alten Bundesländern bei 71 400 Euro, in den neuen Bundesländern bei 60 000 Euro im Jahr.

Mit ihren Beiträgen erwerben die Beschäftigten je nach Einkommenshöhe einen bestimmten Rentenanspruch. Je mehr sie verdienen und einzahlen, desto höher fällt er aus.

Selbstständige Tätigkeit

Viele Selbstständige sind nicht versicherungspflichtig in der gesetzlichen Rentenversicherung. Das gilt aber zum Beispiel

INFO Einbußen im Lauf der Jahre

Frühere Jahrgänge profitieren bei der Berechnung ihrer Rente noch von manchen Regelungen, die im Lauf der Jahre abgeschafft wurden, zum Beispiel:

■ Bei allen, die bis Ende 2004 in Rente gingen, wurden Studium und Schulbesuch nach Vollendung des 17. Lebensjahres so berücksichtigt, dass dadurch auf jeden Fall die Rente erhöht wurde.

■ Die ersten drei Berufsjahre waren für viele Versicherte mehr wert: Heute wird das Punktekonto nur für Zeiten der Berufsausbildung in einem Betrieb aufgestockt. Wer bis Ende 2004 in Rente ging, bekam die Aufstockung für die ersten drei Jahre einer versicherungspflichtigen Beschäftigung bis zum 25. Lebensjahr – egal ob es sich um eine Ausbildung im Betrieb handelte oder das Gehalt im ersten richtigen Job gering war.

■ Wer in der Zeit von 1992 bis 1997 arbeitslos war, konnte unter bestimmten Voraussetzungen für Rentenverluste wegen Arbeitslosigkeit einen kleinen Aufschlag für sein Versicherungskonto bekommen.

■ Für junge Männer, die bis einschließlich 1999 ihren Wehrdienst geleistet haben, wurden die Beiträge an die Rentenkasse so bemessen, als hätten sie 80 Prozent des Durchschnittseinkommens verdient. Seit 2000 sind es nur noch 60 Prozent.

nicht für Handwerksmeister, Lehrer, Hebammen und freiberufliche Journalisten. Sie müssen Pflichtbeiträge an die Rentenkasse leisten (Handwerksmeister zumindest für 18 Jahre).

Selbstständige ohne Versicherungspflicht können mit freiwilligen Rentenbeiträgen ihren Rentenanspruch im Alter erhöhen und sich bestimmte Leistungen wie den Anspruch auf Maßnahmen zur Rehabilitation sichern. Nur für ältere Selbstständige können freiwillige Beiträge auch ausreichen, um sich einen Anspruch auf eine Erwerbsminderungsrente zu sichern. Selbstständige ohne Versicherungspflicht können sich aus der Rentenversicherung aber auch komplett verabschieden. Oder sie stellen freiwillig einen Antrag auf Pflichtversicherung. Dann müssen sie Beiträge zahlen, können sich aber den Anspruch auf sämtliche Renten sichern und darüber hinaus zum Beispiel die Vorteile der Riester-Rente nutzen.

Es gab vor einigen Jahren Pläne, alle Selbstständigen zur Altersvorsorge zu verpflichten. Diese wurden jedoch bisher nicht in die Tat umgesetzt.

Arbeitslosigkeit

In der Zeit, in der ein Anspruch auf Arbeitslosengeld I besteht, übernimmt die Arbeitsagentur die Beiträge für die Rentenversicherung. Für die Beitragshöhe werden 80 Prozent des bisherigen Einkommens des Arbeitslosen zugrunde gelegt, sodass die Einbußen bei der Rente zumindest vorübergehend nicht so hoch ausfallen. Eine vorübergehende Arbeitslosigkeit kann außerdem angerechnet werden, wenn Sie überlegen, vorzeitig mit 63 ohne Abschläge in Rente zu gehen (siehe Seite 42).

Für Empfänger von Arbeitslosengeld II und Arbeitsuchende, die keine Leistungen beziehen, weil sie selbst oder ihr Partner ein zu hohes Einkommen haben, werden jedoch keine Beiträge entrichtet. Die Zeiten werden aber als Wartezeit anerkannt und helfen, die Voraussetzungen für bestimmte Rentenansprüche zu erfüllen. Wegen der fehlenden Beitragszahlungen kann der Anspruch aber sehr gering sein.

Längere Krankheit

Manchmal lässt die Gesundheit keine Wahl: Sie fallen für längere Zeit – womöglich mehrere Monate – beruflich aus. Für Sie als Angestellten zahlt der Arbeitgeber in der Regel bis zu 42 Tage den Lohn weiter. Danach springt die Krankenkasse mit Krankengeld ein, wenn Sie gesetzlich versichert sind. Während Sie dieses Krankengeld beziehen, fließen weiterhin Beiträge an die Rentenkasse – die Krankenkasse zahlt die Beiträge so, als würden Sie 80 Prozent Ihres bisherigen Einkommens beziehen.

Etwas schwieriger ist die Situation, wenn Sie privat krankenversichert sind. Denn sobald die Lohnfortzahlung durch den Arbeitgeber endet, fallen Sie aus der gesetzlichen Rentenversicherung raus. Das können Sie vermeiden, wenn Sie bei der Rentenversicherung einen Antrag auf Pflichtversicherung stellen. Dann müssen Sie während der Krankheitsphase nach Ende der Lohnfortzahlung durch den Ar-

beitgeber selbst die Rentenbeiträge komplett entrichten. Gerechnet wird wie für gesetzlich Krankenversicherte: Zugrunde gelegt werden 80 Prozent Ihres letzten Einkommens. 18,9 Prozent davon zahlen Sie als Rentenbeitrag. Wenn Sie vorher 5 000 Euro brutto im Monat verdient haben, wären das 756 Euro (80 Prozent von 5 000 Euro = 4 000 Euro, davon 18,9 Prozent). Das ist eine Menge Geld, dennoch ist der Antrag auf die Pflichtversicherung sinnvoll, denn so vermeiden Sie eine Lücke in der Rentenversicherung.

Außerdem: Wenn Sie keine Pflichtbeiträge zahlen und Ihre Krankheit länger als 18 Monate dauern sollte, können keine Anrechnungszeiten wegen Krankheit für Ihr Rentenkonto berücksichtigt werden. Das kann sich nicht nur bei der Höhe der Rentenleistungen bemerkbar machen. Die Monate fehlen Ihnen auch, wenn Sie beispielsweise als „langjährig Versicherter" frühzeitig in Rente gehen wollen und eine Wartezeit von mindestens 35 Jahren vorweisen müssen. Achten Sie deshalb darauf, dass Sie beim privaten Versicherer das Krankentagegeld wenn möglich so hoch vereinbaren, dass Sie davon die Rentenbeiträge während einer Krankheit entrichten können.

Pflege eines Angehörigen

Wer neben der Pflege eines Angehörigen nicht mehr als 30 Stunden in der Woche arbeitet, hat Anspruch auf Rentenpunkte, da die Pflegekasse Rentenbeiträge übernimmt. Auch wenn Sie als Hausfrau oder -mann ohne sonstige Beschäftigung einen Angehörigen pflegen, haben Sie Anspruch darauf, denn Sie werden als pflegende Person versicherungspflichtig. Die Pflegekasse übernimmt dann die Sozialabgaben für ein fiktives Einkommen aus Ihrer pflegerischen Tätigkeit. Wie viel Rentenansprüche Sie auf diese Weise erwerben, zeigt die Tabelle auf Seite 95.

Voraussetzung ist allerdings immer, dass Sie nicht erwerbsmäßig pflegen. Als erwerbsmäßig gilt Pflege in der Regel dann, wenn Sie als Gegenleistung eine Summe erhalten, die höher als das Pflegegeld ist, das die Pflegekasse zahlt.

Damit Ihnen die Rentenpunkte gutgeschrieben werden, sollten Sie sich an die Kranken- beziehungsweise Pflegekasse der zu betreuenden Person wenden.

Beruflicher Auslandsaufenthalt

Wenn Sie zum Beispiel nur vorübergehend von Ihrem Arbeitgeber in ein anderes Land entsendet werden, bleiben Sie häufig im System der deutschen gesetzlichen Rentenversicherung pflichtversichert. Dann zahlen Sie und Ihr Arbeitgeber weiter hierzulande Sozialabgaben. Haben Sie dagegen einen Arbeitsvertrag eines Unternehmens im Ausland bekommen, landen Sie in vielen Fällen auch im Sozialversicherungssystem des Landes. Die genauen Regelungen sind in Sozialversicherungsabkommen festgelegt, die Deutschland mit zahlreichen Staaten geschlossen hat. Rentenansprüche, die Sie durch die Arbeit im Ausland erwerben, erhöhen grundsätzlich Ihren gesamten Rentenanspruch.

Falls Sie in ein Land gehen, mit dem Deutschland kein Abkommen geschlossen hat, können Sie Versicherungspflicht in Deutschland beantragen. Angenommen, ein Angestellter eines Automobilkonzerns wechselt in das Partnerunternehmen in Mexiko. Wenn er einen Arbeitsvertrag des mexikanischen Unternehmens erhält und unter das dortige Versicherungsrecht fällt, besteht die Möglichkeit, dass sein früherer deutscher Arbeitgeber für ihn die Pflichtbeiträge zur Rentenversicherung in Deutschland übernimmt. Das kann für beide Seiten interessant sein, etwa wenn die Rückkehr ins deutsche Unternehmen geplant ist.

Altersteilzeit

Wenn Sie sich in Altersteilzeit befinden, sind Sie weiter versicherungspflichtig und übernehmen gemeinsam mit dem Arbeitgeber die Beiträge zur gesetzlichen Rentenversicherung und allen anderen Zweigen der Sozialversicherung. Das gilt auch, falls Sie sich für das Blockmodell entschieden haben und in der zweiten Hälfte der vereinbarten Altersteilzeitphase bereits von der Arbeit freigestellt sind.

Der Arbeitgeber stockt Ihr Gehalt während der Altersteilzeit auf – die Sozialabgaben für diesen zusätzlichen Betrag muss er allein bezahlen. Es sei denn, in Ihrem Fall fördert die Arbeitsagentur noch die Altersteilzeit. Dann übernimmt sie einen Teil der zusätzlichen Ausgaben.

Arbeiten neben der Rente, wenn Sie vorzeitig in den Ruhestand gegangen sind

Anspruch auf eine Altersrente haben Sie im Regelfall ab dem Alter von 65 bis 67 Jahren – je nach Geburtsjahr. Wenn Sie

INFO **Beitragsfreie Zeiten: Eine Rechnung für sich**

Neben den Phasen, die wir im Kurzüberblick beschreiben, gibt es weitere Zeiten, die für die Rente mitzählen: Sie werden beispielsweise schwerkrank und fallen für längere Zeit im Job aus. Sie gehen in den Mutterschutz, oder Sie verlieren Ihren Job und haben nach einem Jahr keinen Anspruch mehr auf Arbeitslosengeld. Durch solche Phasen sollen Ihnen bei der Rente keine gravierenden Nachteile entstehen. Deshalb unternimmt der Rentenversicherer für diese Phasen die sogenannte Gesamtleistungsbewertung. Kurz gesagt bedeutet das: Er ermittelt die durchschnittlichen Rentenansprüche, die Sie während der Beitragszeiten (also etwa im Job) erreicht haben, und setzt diesen Wert unter Berücksichtigung von Höchstgrenzen auch für die beitragsfreien Zeiten an (also etwa für den Bezug von Krankengeld oder während der Arbeitslosigkeit, wenn keine Pflichtbeiträge für Sie gezahlt werden). Sammeln Sie als Beitragszahler beispielsweise im Jahr durchschnittlich 1,2 Entgeltpunkte (0,1 Punkte im Monat), wird dieser Anspruch bei der Mutterschutzfrist berücksichtigt. Sammeln Sie im Schnitt nur 0,8 Entgeltpunkte, bekommen Sie auch in der Mutterschutzfrist entsprechend weniger Punkte gutgeschrieben.

vor Erreichen dieser Regelaltersgrenze eine Rente bekommen und diese mit einem Minijob aufbessern, hat der Verdienst keinen Einfluss auf die Höhe Ihrer Rente.

Wenn Sie auf Dauer mehr als 450 Euro monatlich verdienen, wird Ihre Rente jedoch anteilig gekürzt (siehe Seite 122).

Als versicherungspflichtiger Angestellter müssen Sie und Ihr Arbeitgeber Beiträge für Kranken- und Pflegeversicherung sowie für die Arbeitslosen- und Rentenversicherung zahlen. Bis 850 Euro Monatsgehalt zahlen Sie selbst aber nur einen reduzierten Beitragssatz, während der Arbeitgeber den vollen Satz zahlt. Sie erwerben durch Ihren Nebenjob zusätzliche Entgeltpunkte, die Ihrem Rentenkonto zugeschlagen werden. Das müssen Sie aber beim Rentenversicherer beantragen.

Für die ausgezahlte Rente fallen für Sie Beiträge zur Kranken- und zur Pflegeversicherung an. Für gesetzlich Versicherte richtet sich der Beitrag nach der Höhe ihres Einkommens, privat Versicherte zahlen unabhängig vom Einkommen.

Arbeiten neben der Rente nach Erreichen der Regelaltersgrenze

Wenn Sie die Altersgrenze für eine Rente erreicht haben – also irgendwann zwischen dem 65. und 67. Geburtstag – und einen Minijob antreten, muss Ihr Arbeitgeber weiter pauschal 15 Prozent des Verdienstes als Rentenversicherungsbeitrag (bei einem Job im Privathaushalt 5 Prozent) zahlen.

Verdienen Sie als Angestellter mehr, bleibt das ohne Folgen für Ihre Rente – sie wird nicht gekürzt. Wenn Sie über 450 Euro monatlich verdienen, gehen von Ihrem Gehalt allerdings noch Beiträge zur gesetzlichen Kranken- und Pflegeversicherung ab. Von den Beiträgen zur Arbeitslosen- und zur Rentenversicherung sind Sie nach Erreichen der Regelaltersgrenze befreit.

Ihr Arbeitgeber überweist hingegen für Ihren Verdienst unabhängig von Ihrem Alter seinen Beitragsanteil für den Sozialversicherungsschutz – er zahlt also auch weiter an die Rentenkasse. Diese Beiträge bringen Ihnen selbst aber kein Plus bei der Rente mehr – sie gehören der Gemeinschaft aller Versicherten.

 AN DER BEITRAGSZAHLUNG GEHINDERT

Auch Phasen, in denen Sie beispielsweise als Bürger der ehemaligen DDR zu Unrecht in Haft waren, oder Zeiten der Flucht nach Ende des Zweiten Weltkriegs gehen für die Rente nicht verloren. Als sogenannte Ersatzzeiten zählen sie sowohl für die Wartezeit, die Sie für die einzelnen Renten erfüllen müssen, als auch für die Rentenhöhe mit. Wenn Sie nicht sicher sind, ob etwa im Zuge des Mauerfalls alles richtig berücksichtigt wurde, sollten Sie sich Unterstützung von Experten holen – entweder bei einem Rentenberater oder einem Fachanwalt für Sozialrecht.

PARTNERSCHAFT UND CO.: FAMILIENLEBEN UND RENTE

Auch Veränderungen im Privatleben beeinflussen Ihren Rentenanspruch. Die Zeiten der Kindererziehung und die Kinderberücksichtigungszeiten sind dafür ein gutes Beispiel. Für ein ab 1992 geborenes Kind erhält die Mutter drei Jahre Kindererziehungszeiten gutgeschrieben, für ein früher geborenes Kind zwei Jahre. Bis Mitte 2014 gab es für die älteren Kinder nur ein Jahr Erziehungszeit, doch diese Regelung wurde im Zuge des jüngsten Reformpakets unter dem Stichwort „Mütterrente" zu Gunsten der Erziehenden geändert (siehe auch Kasten Seite 39).

Während der Erziehungszeit ist die Frau pflichtversichert und bekommt pro Jahr annähernd einen Entgeltpunkt gutgeschrieben. Selbst wenn sie diese Zeit im Ausland verbringt, kann sie unter bestimmten Voraussetzungen die Kindererziehungszeiten erhalten.

Hat die Frau in der Erziehungszeit bereits wieder ein eigenes Einkommen, bekommt sie die Rentenansprüche für die Erziehungszeit obendrauf – aber nur bis zu einer bestimmten Grenze. Einer Mutter, die bereits kurz nach der Geburt wieder sehr gut verdient, kann es daher passieren, dass sie von dem Zuschuss für die Erziehungszeit gar nicht oder nur minimal profitiert (siehe Seite 96).

Zusätzlich erhält die Mutter nach der Geburt grundsätzlich zehn Jahre als Berücksichtigungszeit. Diese Zeit dient in erster Linie dazu, Rentenansprüche auf-rechtzuerhalten. Sie wird zum Beispiel auf die Wartezeiten für die vorzeitige Rente ab 63 – egal ob mit Abschlägen oder ohne – sowie auf die Altersrente für schwerbehin-derte Menschen angerechnet. Sie kann außerdem die Rentenhöhe beeinflussen. Denn wenn eine Frau zum Beispiel ab dem vierten Jahr nach Geburt ihres Kin-des unterdurchschnittlich verdient, etwa weil sie nur wenige Stunden arbeitet, wird ihr Rentenanspruch während dieser Be-rücksichtigungszeit aufgestockt (siehe Seite 97).

Wenn nicht die Mutter, sondern der Va-ter von den Kindererziehungszeiten oder -berücksichtigungszeiten profitieren soll, müssen die Eltern dies ausdrücklich im Vorfeld beim Rentenversicherer beantra-gen. Rückwirkend können die Erziehungs-zeiten nur für maximal zwei Monate über-tragen werden. Wenn zunächst die Mutter die Erziehungszeiten bekommen hat, kann im Anschluss auch der Vater von den Be-rücksichtigungszeiten profitieren.

Leben als Paar

Auch eine Eheschließung bleibt oft nicht ohne Folgen für die Rente, ebenso wie eine Scheidung. Viele Ehepaare und gleichgeschlechtliche eingetragene Le-benspartner haben die Möglichkeit, ein Rentensplitting zu vereinbaren. Das be-deutet, dass während der Ehe erworbene Rentenansprüche partnerschaftlich auf-geteilt werden.

Soll zum Beispiel die schlechter für das Alter abgesicherte Ehefrau mehr Sicher-heit bekommen, ist es möglich, dass die Rentenansprüche ihres Mannes zum Teil auf ihr Rentenkonto übertragen werden. Darauf können sich Partner verständigen, wenn sie jeweils mindestens 25 Jahre an rentenrechtlichen Zeiten in der Rentenver-sicherung nachweisen. Wollen sie das Splitting der erworbenen Rentenansprü-che, müssen beide Partner eine überein-stimmende Erklärung abgeben.

Stirbt ein Partner, bevor das Paar diese Erklärung abgegeben hat, kann der Hin-terbliebene das Splitting noch allein bean-tragen und damit auf Dauer auf die Wit-wen- oder Witwerrente verzichten. Das kann sich zum Beispiel für Frauen oder Männer lohnen, die selbst im Berufsleben stehen. Denn ihr eigenes Einkommen würde auf eine Witwenrente angerechnet, sodass diese womöglich gekürzt werden würde. Entscheiden sie sich für das Ren-tensplitting, haben sie zwar keine Renten-ansprüche als Hinterbliebene, erhöhen aber mit den von ihrem Partner übertrage-nen Rentenansprüchen ihr eigenes Punk-tekonto für die Rente im Alter. Insgesamt kann ihnen das finanziell mehr bringen (siehe Seite 102).

Die während der Ehe erworbenen Ren-tenansprüche spielen auch im Zuge einer Scheidung eine Rolle. Wenn die Partner vertraglich nichts anderes vereinbart ha-ben, werden die Ansprüche aus der ge-setzlichen Rentenversicherung partner-schaftlich aufgeteilt. Das gilt auch für sämtliche anderen Versorgungsansprü-che, etwa aus einer Riester-Rente. Dieser Versorgungsausgleich ist wichtiger Be-standteil des Scheidungsverfahrens (siehe ab Seite 100).

DIE RENTENHÖHE:
IN MEHREREN SCHRITTEN ZUM ERGEBNIS

Aus allen Versicherungszeiten, die Sie im Lauf der Jahre sammeln, baut sich Ihr individueller Anspruch auf Rentenleistungen auf. Deren Höhe wird nach der sogenannten Rentenformel berechnet, in der mehrere Faktoren berücksichtigt werden. Sie lautet:

Entgeltpunkte	
Zugangsfaktor	x
Rentenartfaktor	x
aktueller Rentenwert	x
monatliche Rente	=

Die Rentenformel im Einzelnen

Die Rentenformel klingt erst einmal kompliziert, lässt sich aber einfach erklären, wenn man sich die einzelnen Komponenten anschaut, aus denen sie sich zusammensetzt:

Die Entgeltpunkte

Jeder Versicherte erwirbt im Laufe seiner Erwerbstätigkeit Entgeltpunkte – egal, ob er selbst Pflichtbeiträge oder freiwillige Beiträge an die Rentenversicherung zahlt oder ob es sich um beitragsfreie Zeiten wie Kindererziehungszeiten handelt. Je mehr Entgeltpunkte er am Ende des Arbeitslebens gesammelt hat, desto höher fällt seine Rente aus.

Am einfachsten ist dies am Beispiel eines Angestellten nachzuvollziehen: Lebt er in den alten Bundesländern und verdient im Jahr 2014 das Durchschnittseinkommen aller Erwerbstätigen in Deutschland in Höhe von 34 857 Euro brutto, zah-

len er und sein Arbeitgeber zusammen 18,9 Prozent davon an die Rentenversicherung: Das macht knapp 6 590 Euro im Jahr. Diese Rentenbeiträge bringen dem Erwerbstätigen für das Jahr 2014 genau einen Entgeltpunkt für sein Rentenkonto.

Verdient unser Angestellter exakt das Doppelte – 69 714 Euro –, kommt er auf zwei Entgeltpunkte für das Jahr 2014. Verdient er lediglich 60 Prozent des Durchschnittseinkommens – rund 20 900 Euro im Jahr –, werden ihm 0,6 Entgeltpunkte für das Jahr 2014 auf seinem Rentenkonto gutgeschrieben.

Der Wert für das Durchschnittseinkommen 2014 steht allerdings noch nicht endgültig fest. Er kann im Nachhinein noch etwas abweichen, wenn sämtliche Einkommensdaten ausgewertet sind.

Etwas anders sieht die Rechnung für einen Arbeitnehmer in den neuen Bundesländern aus. Die in jedem Jahr anhand des Einkommens ermittelten Entgeltpunkte werden noch mit einem Umrechnungsfaktor multipliziert. Dieser Faktor liegt im Jahr 2014 vorläufig bei 1,1873. Mit diesem Zusatzfaktor soll der Nachteil ausgeglichen werden, der heute noch beim Lohnniveau zwischen Ost und West besteht. Umgerechnet bedeutet das: Um für 2014 genau einen Entgeltpunkt zu bekommen, muss ein Arbeitnehmer in Leipzig oder Chemnitz nicht 34 857 Euro im Jahr verdienen, sondern nur knapp 29 360 Euro. Hat er in den neuen Bundesländern 34 857 Euro verdient, werden seinem Ren-

tenkonto für 2014 genau 1,1873 Entgeltpunkte gutgeschrieben.

Den Umrechnungsfaktor, der jährlich
variiert, gibt es für jedes vergangene Jahr.
Wenn Sie einen Großteil Ihres Arbeitslebens in der ehemaligen DDR verbracht
haben, trägt dieser Zusatzfaktor also auch
dazu bei, dass sich der Rentennachteil,
der sich aus den vergleichsweise niedrigen Gehältern in der DDR ergeben würde,
nicht zu sehr auswirkt.

Wie die Übersicht zu wichtigen Statio-
nen im Berufsleben ab Seite 23 zeigt, gibt
es Entgeltpunkte aber nicht nur für Zeiten,
in denen Sie als Angestellter gemeinsam
mit Ihrem Arbeitgeber Pflichtbeiträge an
die Rentenversicherung geleistet haben.
Auch für die Zeiten der Arbeitslosigkeit,
der Kindererziehung oder für den Bundesfreiwilligendienst werden Ihrem Rentenkonto Entgeltpunkte gutgeschrieben. Ihr
Punktekonto wächst ebenfalls, wenn Sie
zum Beispiel als Selbstständiger nur freiwillige Beiträge in die Rentenkasse zahlen.

UMRECHNUNGSFAKTOR NICHT FÜR FREIWILLIGE BEITRÄGE

Bei freiwilligen Beiträgen gibt es den Umrechnungsfaktor nicht. Es macht daher
keinen Unterschied, ob Sie in den alten
oder den neuen Bundesländern wohnen,
wenn Sie zum Beispiel als Selbstständiger
freiwillige Rentenbeiträge leisten. Die entsprechenden Entgeltpunkte werden immer so berechnet, als hätten Sie Ihren
Wohnsitz in den alten Ländern. Hingegen
wird beim Anspruch während der Arbeitslosigkeit und bei Pflichtbeiträgen, die Sie
als Selbstständiger gezahlt haben, der

Umrechnungsfaktor in den neuen Ländern zugunsten der Versicherten berücksichtigt.

Der Zugangsfaktor

Im Zugangsfaktor schlägt sich nieder,
ob ein Versicherter pünktlich – also bei
Erreichen der regulären Altersgrenze –
in Rente geht oder früher oder später.

Für alle Versicherten, die genau pünktlich in Rente gehen, liegt dieser Faktor bei
1,0. Wenn also beispielsweise ein 1951
geborener Angestellter im Alter von 65
Jahren und 5 Monaten seine erste Altersrente bezieht, steht für ihn die 1,0 in der
Rentenformel. Geht er dagegen schon früher in Rente, muss er häufig für jeden Monat vor der Altersgrenze einen Abschlag
von 0,3 Prozent auf den Rentenanspruch
in Kauf nehmen. Ausnahme: Er erfüllt die
Bedingungen für die „neue" abschlagsfreie Rente mit 63 (siehe Seite 42). Dann
entgeht er den Abschlägen.

Erfüllt er die Voraussetzungen für die
neue Rente nicht, ergibt sich folgender
Wert: Ginge unser 1951 geborener Arbeitnehmer nicht mit 65 Jahren und 5 Monaten in Rente, sondern bereits mit 64 Jahren und 5 Monaten, läge sein Zugangsfaktor nicht bei 1,0, sondern bei 0,964 (Zugangsfaktor 1 minus 0,036). Umgekehrt
gilt: Würde er länger arbeiten und die erste Rente im Alter von 66 Jahren und 5
Monaten beziehen, bekäme er für jeden
Monat über der Altersgrenze einen Zuschlag von 0,5 Prozent. Bei zwölf Monaten Mehrarbeit wären das 6 Prozent. Sein
Zugangsfaktor läge dann nicht bei 1,0,
sondern bei 1,06.

DIE RENTENSTEIGERUNGEN DER LETZTEN ZEHN JAHRE

Jahr	Rentenanpassung alte Bundesländer (in Prozent)	Rentenanpassung neue Bundesländer (in Prozent)
2004	0	0
2005	0	0
2006	0	0
2007	0,54	0,54
2008	1,10	1,10
2009	2,41	3,38
2010	0	0
2011	0,99	0,99
2012	2,18	2,26
2013	0,25	3,29
2014	1,67	2,53

Quelle: Deutsche Rentenversicherung Bund

Der Rentenartfaktor

Wie hoch der dritte Faktor in der Rentenformel ausfällt, hängt davon ab, um welche Art von Rente es sich handelt. Je mehr eine Rente zur Sicherung des Lebensunterhalts beitragen soll, desto höher ist der Rentenartfaktor. Für die Altersrente liegt er bei 1,0. Bei 1,0 liegt er ebenfalls für die Rente wegen voller Erwerbsminderung. Für die Rente bei teilweiser Erwerbsminderung beträgt der Faktor dagegen nur 0,5.

Der aktuelle Rentenwert

Der aktuelle Rentenwert ist der finanzielle Gegenwert, den Rentner für jeden gesammelten Entgeltpunkt erhalten. Seit Mitte 2014 liegt er bei 28,61 Euro in den alten und bei 26,39 Euro in den neuen Bundesländern.

Wer zum Beispiel im November 2014 auf seinem Rentenkonto 40 Entgeltpunkte stehen hat und nun pünktlich im Alter von zum Beispiel 65 Jahren und drei Monaten in den Ruhestand geht, kommt in den alten Bundesländern auf 40 x 28,61 Euro, also 1 144,40 Euro, und in den neuen Bundesländern auf 40 x 26,39 Euro, also 1 055,60 Euro Rente.

Um diesen Rentenwert geht es auch, wenn in den Medien von einer Rentenerhöhung die Rede ist: Im Sommer 2014 wurde zum Beispiel in den alten Bundesländern der Rentenwert von 28,14 Euro auf eben 28,61 Euro erhöht. Das entspricht einem Plus von etwa 1,67 Prozent (siehe Tabelle links). Eine erneute Rentenerhöhung wird es voraussichtlich zum 1. Juli 2015 geben.

INFO   **Abschlag bis ans Lebensende**

Längst nicht alle Berufstätigen erfüllend die Bedingungen, um nach den neuen gesetzlichen Vorgaben mit 63 abschlagsfrei in Rente gehen zu können. Wenn Sie trotzdem darüber nachdenken, frühzeitig in Rente zu gehen, sollten Sie vor Ihrer Entscheidung eines bedenken: Den Abschlag von 0,3 Prozent für jeden Monat des vorzeitigen Rentenbeginns tragen Sie Ihr ganzes Rentnerleben mit sich herum.

In einem Jahr werden aus dem Minus von zum Beispiel 30 Euro Monatsrente 360 Euro. Auch ohne Rentensteigerungen sind es nach zehn Jahren bereits 3 600 Euro. Lassen Sie sich deshalb unbedingt beraten: Nutzen Sie das kostenlose Angebot der Deutschen Rentenversicherung und lassen Sie sich in einer Beratungsstelle ausrechnen, was Sie ein frühzeitiger Arbeitsausstieg auf Dauer kostet. Adressen von Beratungsstellen finden Sie unter www.deutsche-rentenversicherung.de. Sie können auch die gebührenfreie Service-Hotline 0 800/1000 4800 nutzen.

Was am Ende herauskommt

Jedes Jahr erhalten Sie eine Information darüber, mit welcher Rente Sie nach derzeitigem Stand rechnen können. Unser fiktives Beispiel von Lisa Meyer, heute im Alter von Mitte 30, zeigt, wie ein Punktekonto und der entsprechende Rentenanspruch aussehen können (siehe Seite 36).

Anhand der Rentenformel können Sie sich auch selbst einen Überblick verschaffen, womit Sie in etwa rechnen können und was Sie zum Beispiel ein frühzeitiger Renteneintritt kosten wird. Suchen Sie sich am besten aus den aktuellen Rentenunterlagen heraus, wie viele Entgeltpunkte Sie bisher erworben haben, und rechnen Sie anhand Ihres Einkommens zumindest grob hoch, wie viele Punkte bis Rentenbeginn noch dazukommen könnten. Mithilfe des aktuellen Rentenwerts können Sie dann kalkulieren, welche Rente sich letztlich ergibt:

Beispiel: Ein Angestellter aus Köln, der am 4. Januar 1950 geboren wurde, erreicht im Mai 2015 die Altersgrenze für die Regelaltersrente – er muss bis zu seinem 65. Geburtstag plus vier Monate arbeiten. Zu diesem Zeitpunkt weist er 43 Jahre in der gesetzlichen Rentenversicherung nach. In all diesen Jahren hat er immer das Durchschnittseinkommen aller Versicherten verdient. Daraus ergibt sich ein Rentenanspruch von derzeit 1 230,23 Euro jeden Monat:

Entgeltpunkte		43
Zugangsfaktor	x	1
Rentenartfaktor	x	1
aktueller Rentenwert	x	28,61 Euro
monatliche Rente	**=**	**1 230,23 Euro**

Diese Rente kann er ab Juni 2015 beziehen. Er erreicht die Altersgrenze zwar schon am 4. Mai, doch die erste Rente wird frühestens im Folgemonat gezahlt.

JEDER PUNKT ZÄHLT FÜR DIE RENTE

Die Anzahl der Entgeltpunkte bildet die Basis dafür, wie hoch die Rente ausfallen wird. Dass auch jüngere Versicherte von diesem System profitieren können, zeigt unser Beispiel von Lisa Meyer, die Ende 2014 ihren 37. Geburtstag feiert.

PUNKTESTAND: 3,25

Lisa Meyer schließt ein Studium an. In Nebenjobs verdient sie zwischen 400 und 800 Euro monatlich. Während ihr Arbeitgeber volle Sozialabgaben zahlt, muss sie nur reduzierte Beiträge leisten. Trotzdem erwirbt sie durch die Jobs Rentenansprüche. In ihren Uni-Jahren bis Ende 2004 kommt sie so auf einen zusätzlichen Entgeltpunkt.

Lisa Meyer wird im Dezember 1977 geboren. Ihre Mutter bekommt zwei Entgeltpunkte[2] für ihr Rentenkonto gutgeschrieben.

1977   1996   1999   2005

Nach dem Abitur beginnt Lisa Meyer eine dreijährige Ausbildung. Sie wird so gestellt, als verdiene sie jeweils 75 Prozent des Durchschnittseinkommens. Das macht pro Jahr 0,75 Entgeltpunkte.

PUNKTESTAND: 2,25

Ab Anfang des Jahres hat Lisa Meyer ihren ersten richtigen Job. Drei Jahre lang verdient sie das Durchschnittseinkommen, dann vier Jahre lang 40 Prozent über dem Durchschnitt. So sammelt sie zunächst dreimal 1 Punkt pro Jahr, dann viermal 1,4 Punkte pro Jahr.

PUNKTESTAND: 11,85

1) Der Wert eines Entgeltpunktes beträgt seit dem 1. Juli 2014 im Westen 28,61 Euro und im Osten 26,39 Euro.
2) 58,02 Entgeltpunkte ergeben zurzeit im Westen etwa 1 660 Euro und im Osten 1 531 Euro.

PUNKTESTAND: 38,52

Ab 2018 verdient Lisa Meyer in einem neuen Job 50 Prozent über dem Durchschnitt. Das bringt ihr 1,5 Punkte pro Jahr. 2029 lässt sie sich von ihrem Mann scheiden. Da er während der Ehe 4,3 Entgeltpunkte mehr gesammelt hat als sie, bekommt sie zusätzlich noch 2,15 Punkte als Versorgungsausgleich.

PUNKTESTAND: 17,25

Nach Hochzeit und Geburt ihrer Tochter bleibt Lisa Meyer ab Anfang 2012 drei Jahre zu Hause. Während der Kindererziehungszeit wird sie so gestellt, als habe sie das Durchschnittseinkommen verdient. Das bringt insgesamt drei Entgeltpunkte. 2015 arbeitet Lisa Meyer Teilzeit und sammelt einen weiteren Punkt, 2016 arbeitet sie Vollzeit und erwirbt erneut 1,4 Entgeltpunkte.

12   2017   2029   2044

Lisa Meyer wird 67 und erreicht damit die Altersgrenze für die Regelaltersrente. Bis 2040 hat sie wie vorher auch 50 Prozent über dem Durchschnitt verdient und 1,5 Punkte pro Jahr gesammelt. Bis Ende 2044 hat sie dann Stunden reduziert und nur noch 0,75 Punkte pro Jahr gesammelt. Die erste Rente bekommt sie im Januar 2045 ausgezahlt.

PUNKTESTAND: 58,02 [2]

Lisa Meyer ist das ganze Jahr arbeitslos. Die Arbeitsagentur überweist für sie die Rentenbeiträge. Sie stellt Lisa Meyer so, als hätte sie 80 Prozent ihres letzten Verdienstes. Anstatt der 1,4 Entgeltpunkte bleiben ihr somit 1,12 Punkte für das Jahr 2017.

PUNKTESTAND: 18,37

Da der Angestellte aus Köln seit mehr als 35 Jahren in die Rentenkasse eingezahlt hat, hätte er auch früher in Rente gehen können: Er erfüllt die Voraussetzung für die „Altersrente für langjährig Versicherte" (siehe Seite 45). Hätte er sich für den vorzeitigen Ruhestand entschieden, brächte ihm das aber bis ans Lebensende ein Minus für die Rente.

Angenommen, er will schon ein halbes Jahr früher – im Dezember 2014 – die erste Rente beziehen. Dann würde seine Rente aus zwei Gründen für ihn niedriger ausfallen: Zum einen käme er statt der 43 nur auf 42,5 Versicherungsjahre, in denen er durchschnittlich verdient hat. Das fehlende halbe Jahr führt bereits zu einem etwas niedrigeren Rentenanspruch, da weniger Entgeltpunkte zusammenkommen.

Dabei bleibt es allerdings nicht, denn von diesem niedrigeren Wert muss ihm der Rentenversicherer noch insgesamt 1,8

Prozent abziehen – 0,3 Prozent für jeden Monat der vorgezogenen Rente. In dem Fall hätte der Mann bei Rentenbeginn im Dezember 2014 nach den derzeitig geltenden Werten einen Rentenanspruch von 1 194,04 Euro:

Entgeltpunkte		42,5
Zugangsfaktor	x	0,982
Rentenartfaktor	x	1
aktueller Rentenwert	x	28,61 Euro
monatliche Rente	**=**	**1 194,04 Euro**

Das halbe Jahr vorzeitiger Ruhestand kostet ihn somit 36,19 Euro Monatsrente. Die Monatsrente – egal ob verfrüht oder zum regulären Zeitpunkt bezogen – wird zwar mit der nächsten Rentenerhöhung etwas steigen. Den Rentenabschlag von 0,3 Prozent pro Monat des vorgezogenen Rentenbeginns wird der ehemalige Angestellte trotzdem auf Dauer nicht los (siehe Kasten Seite 35).

SPÄTER VERSORGT: DIE ALTERSRENTE

Geht es um die Leistungen der gesetzlichen Rentenversicherung, führt der erste Gedanke fast immer in Richtung „Versorgung im Alter". Kein Wunder, ist die Altersrente doch die Leistung, auf der die Mehrzahl der Deutschen ihre Absicherung im Ruhestand aufbaut. Immerhin knapp 17,7 Millionen Menschen bezogen Ende 2013 in Deutschland eine Altersrente.

Für die Versorgung im Alter gibt es aber nicht nur „die eine Rente". Entscheidend ist zwar häufig die sogenannte Re-

gelaltersrente, doch wenn bestimmte Voraussetzungen erfüllt sind, können die Versicherten auch andere Renten beziehen und zum Teil deutlich früher aus dem Berufsleben ausscheiden.

Rund um die Altersrente hat es in den vergangenen Jahren häufig Diskussionen gegeben. Längere Zeit standen vor allem die Regelungen in der Kritik, die sich unter dem Titel „Rente mit 67" zusammenfassen lassen: Seit 2012 steigen die Altersgrenzen für den Rentenbeginn stufenweise an, wie die Tabellen auf den folgenden Seiten zeigen. Das heißt aber nicht, dass alle Versicherten erst mit 67 Jahren in den Ruhestand gehen dürfen.

Zuletzt war es aber nicht mehr das steigende Renteneintrittsalter, um das sich die Diskussionen drehten, sondern die Möglichkeiten für die „Rente mit 63", die im Zuge des großen Reformpakets ins Leben gerufen wurde (siehe Kasten unten).

Der „Normalfall": Regelaltersrente

Die Regelaltersrente ist quasi der Normalfall. Über viele Jahre galt: Wer mindestens 65 Jahre alt ist und eine Mindestversicherungszeit – die „Wartezeit" – von 5 Jahren aufweisen kann, hat Anspruch auf diese Rente. Für die geforderte Wartezeit zählen zum Beispiel die Jahre mit, in denen Angestellte gemeinsam mit ihrem Arbeitgeber in die Rentenkasse eingezahlt haben. Aber auch andere Phasen wie die Kindererziehungszeiten und Zeiten mit freiwilligen Beiträgen werden dafür angerechnet.

Die Altersgrenze für diese Altersrente wird seit Anfang 2012 schrittweise auf 67 Jahre angehoben (siehe Tabelle Seite 40). Davon sind alle Versicherten betrof-

---

INFO   **Mehr als „Rente mit 63": Das Rentenpaket 2014**

Die Neuerungen bei der „Altersrente für besonders langjährig Versicherte" – also die „Rente mit 63" – waren nur eine der großen Neuregelungen im Sommer 2014. Auch andere Gesetzesänderungen sorgen dafür, dass Versicherte mehr Leistungen aus der gesetzlichen Rentenversicherung erwarten können als bisher:

■ Mütterrente: Die Erziehung von Kindern, die vor 1992 geboren wurden, wird nun bei der Rente besser honoriert. Dem Elternteil, der die Erziehungsarbeit übernommen hat, werden nun grundsätzlich zwei Jahre Erziehungszeit anerkannt und dementsprechend bis zu zwei Entgeltpunkte pro Kind auf dem Rentenkonto gutgeschrieben. Bisher war es nur ein Punkt. Diese Änderung hat nicht nur Auswirkungen auf die Altersrente, sondern zum Beispiel auch auf die Höhe einer Erwerbsminderungsrente (siehe Seite 47). Sie kann sich außerdem für einen ehemaligen Ehepartner bezahlt machen: Im Zuge des Versorgungsausgleichs stehen ihm nach einer Scheidung womöglich mehr Ansprüche zu (siehe Seite 140).

■ Erwerbsminderungsrente: Die Zurechnungszeit wurde von 60 auf 62 Jahre angehoben. Was das genau bedeutet, lesen Sie auf Seite 47. Diese Gesetzesänderung hat zur Folge, dass neu beantragte Erwerbsminderungsrenten durchschnittlich im Monat um etwa 40 Euro höher ausfallen.

■ Reha-Budget: Die finanziellen Mittel, die für Rehabilitationsleistungen zur Verfügung stehen, werden aufgestockt.

Die Regelaltersrente gibt es in Zukunft erst mit 67 Jahren. Erwerbstätige, die zwar keine 45, aber mindestens 35 Versichertenjahre nachweisen, können als „langjährig Versicherte" weiter mit 63 in Rente gehen. Dafür wird ihre Rente aber auf Dauer um bis zu 14,4 Prozent gekürzt.

Geburtsjahr	Regelaltersrente[1]: vorgesehener Rentenbeginn im Alter von	Rente für „langjährig Versicherte"[1]: Rentenabschlag (in Prozent) bei Rentenbeginn zum 63. Geburtstag
1947	65 Jahren + 1 Monat	7,2
1948	65 Jahren + 2 Monaten	7,2
1949	65 Jahren + 3 Monaten	7,5 bis 8,1[2]
1950	65 Jahren + 4 Monaten	8,4
1951	65 Jahren + 5 Monaten	8,7
1952	65 Jahren + 6 Monaten	9,0
1953	65 Jahren + 7 Monaten	9,3
1954	65 Jahren + 8 Monaten	9,6
1955	65 Jahren + 9 Monaten	9,9
1956	65 Jahren + 10 Monaten	10,2
1957	65 Jahren + 11 Monaten	10,5
1958	66 Jahren	10,8
1959	66 Jahren + 2 Monaten	11,4
1960	66 Jahren + 4 Monaten	12,0
1961	66 Jahren + 6 Monaten	12,6
1962	66 Jahren + 8 Monaten	13,2
1963	66 Jahren + 10 Monaten	13,8
ab 1964	67 Jahren	14,4

1) Unter bestimmten Voraussetzungen, etwa bei Altersteilzeitregelungen, können Sie die Regelaltersrente weiter mit 65 Jahren beziehen und die „Rente für langjährig Versicherte" im Alter von 65 Jahren ohne Abschläge kassieren. Für einige Geburtsjahrgänge ist sogar ein Rentenbeginn vor dem 63. Geburtstag möglich.
2) Je nach Geburtsmonat. Januar 1949: 7,5 Prozent, Februar 1949: 7,8 Prozent, März bis Dezember 1949: 8,1 Prozent.   Quelle: Deutsche Rentenversicherung

Um zwei Jahre steigt auch die Altersgrenze für eine Rente für schwerbehinderte Menschen an. Möglich ist, bis zu drei Jahre vor dem pünktlichen Rentenbeginn die Leistungen zu beziehen. Wer den frühestmöglichen Termin nutzt, büßt 10,8 Prozent Rentenansprüche ein. Einige Ausnahmen sind auch hier möglich, etwa wenn bis Ende 2006 Altersteilzeit vereinbart wurde.

Geburtstag	Vorgesehener Rentenbeginn	Frühestmöglicher Rentenbeginn
bis 1951	63 Jahre	60 Jahre
Januar 1952	63 Jahre + 1 Monat	60 Jahre + 1 Monat
Februar 1952	63 Jahre + 2 Monate	60 Jahre + 2 Monate
März 1952	63 Jahre + 3 Monate	60 Jahre + 3 Monate
April 1952	63 Jahre + 4 Monate	60 Jahre + 4 Monate
Mai 1952	63 Jahre + 5 Monate	60 Jahre + 5 Monate
Juni bis Dezember 1952	63 Jahre + 6 Monate	60 Jahre + 6 Monate
1953	63 Jahre + 7 Monate	60 Jahre + 7 Monate
1954	63 Jahre + 8 Monate	60 Jahre + 8 Monate
1955	63 Jahre + 9 Monate	60 Jahre + 9 Monate
1956	63 Jahre + 10 Monate	60 Jahre + 10 Monate
1957	63 Jahre + 11 Monate	60 Jahre + 11 Monate
1958	64 Jahre	61 Jahre
1959	64 Jahre + 2 Monate	61 Jahre + 2 Monate
1960	64 Jahre + 4 Monate	61 Jahre + 4 Monate
1961	64 Jahre + 6 Monate	61 Jahre + 6 Monate
1962	64 Jahre + 8 Monate	61 Jahre + 8 Monate
1963	64 Jahre + 10 Monate	61 Jahre + 10 Monate
ab 1964	65 Jahre	62 Jahre

fen, die 1947 oder später geboren wurden. Ausnahmen gibt es bei frühzeitig vereinbarter Altersteilzeit oder für entlassene Mitarbeiter im Bergbau. Nach den aktuellen Regelungen können zum Beispiel Versicherte, die Geburtsjahrgang 1950 sind, frühestens mit 65 Jahren und 4 Monaten ihre erste Regelaltersrente beziehen. Versicherte, die 1964 oder später geboren wurden, haben erst im Alter von 67 Jahren Anspruch auf die Regelaltersrente.

Ohne Abschlag früher in Rente: „Rente mit 63"

Versicherte, die besonders lang gearbeitet und dementsprechend über einen sehr langen Zeitraum in die Rentenkasse eingezahlt haben, sollen belohnt werden: Wenn sie nicht bis 65 oder länger arbeiten wollen, sondern schon mit 63 Jahren aus dem Erwerbsleben ausscheiden, sollen sie dafür nicht mit Rentenabschlägen bestraft werden. Denn bisher galt im Normalfall: Bezieht jemand zum Beispiel mit 63 Jahren bereits seine erste Rente, muss er mit Abschlägen von 0,3 Prozent für jeden Monat des vorgezogenen Rentenbeginns rechnen. Das soll Versicherten, die 45 Jahre oder mehr in die Rentenkasse eingezahlt haben, nun nicht mehr passieren. Mit dem Argument, deren Lebensleistung besser anerkennen zu wollen, hat die Bundesregierung die „Rente mit 63", im Fachjargon „Altersrente für besonders langjährig Versicherte", eingeführt. Mehr zum jüngsten Reformpaket siehe Kasten auf Seite 39).

Einige besondere Bedingungen sind mit dieser neuen abschlagsfreien Rente

aber doch verbunden: Zum einen gilt der Rentenbeginn mit 63 nur für bestimmte Jahrgänge – das Eintrittsalter steigt je nach Geburtsjahrgang stufenweise von 63 auf 65 Jahre an (siehe Tabelle rechts). Für alle, die ab 1964 geboren sind, startet die Rente ohne Abschläge frühestens mit 65. Außerdem zählen nicht alle in der Rentenversicherung zurückgelegten Zeiten für die geforderte Wartezeit von 45 Jahren mit. Vor allem um diesen Punkt war in der Gesetzgebung gerungen worden. Herausgekommen ist letztlich eine Vielzahl von Regelungen, unter anderem:

1. Für die geforderten 45 Versicherungsjahre zählen natürlich die Pflichtbeitragszeiten mit, die aufgrund einer angestellten Beschäftigung entstanden sind.
2. Auch Pflichtbeiträge, die Selbstständige geleistet haben, werden anerkannt.
3. Haben Versicherte hingegen freiwillige Beiträge an die Rentenkasse gezahlt, zählen diese nur mit, wenn sie mindestens auch 18 Jahre Pflichtbeiträge an die Rentenkasse gezahlt haben.
4. Zeiten, in denen jemand einen Angehörigen nicht erwerbsmäßig gepflegt hat, zählen mit, ebenfalls Kinderberücksichtigungszeiten bis zum zehnten Lebensjahr des Kindes sowie der Wehr- und Zivildienst und Ersatzzeiten (siehe Seite 30).
5. War jemand vorübergehend arbeitslos, wird auch diese Phase in der Regel auf die 45 Jahre Wartezeit angerechnet, wenn er in der Zeit Arbeitslosengeld I bezogen hat.
6. Komplizierter wird es aber, wenn die Arbeitslosigkeit kurz vor Rentenbeginn lag: Hat jemand in den letzten zwei Jahren vor Rentenbeginn noch Arbeitslosengeld I

Die abschlagsfreie „Altersrente für besonders langjährig Versicherte" wird ab 63 Jahren ausgezahlt, aber nur für die Jahrgänge bis 1952. Für jüngere Jahrgänge steigt auch das Eintrittsalter
für diese Rente stufenweise an – bis auf 65 Jahre.

Geburtsjahr	Altersgrenze
bis 1952	63 Jahre
1953	63 Jahre und 2 Monate
1954	63 Jahre und 4 Monate
1955	63 Jahre und 6 Monate
1956	63 Jahre und 8 Monate
1957	63 Jahre und 10 Monate
1958	64 Jahre
1959	64 Jahre und 2 Monate
1960	64 Jahre und 4 Monate
1961	64 Jahre und 6 Monate
1962	64 Jahre und 8 Monate
1963	64 Jahre und 10 Monate
ab 1964	65 Jahre

Quelle: Deutsche Rentenversicherung

bezogen oder zahlt er freiwillige Beiträge während der Zeit der Arbeitslosigkeit, zählt diese Phase nur dann für die geforderten 45 Jahre mit, wenn der Arbeitgeber in die Insolvenz gegangen ist oder sein Geschäft komplett aufgegeben hat. So soll verhindert werden, dass Versicherte und ihr Arbeitgeber eine „Lösung" finden, nach der Angestellte bereits im Alter von 61 aus dem Job ausscheiden, sich zwei Jahre arbeitslos melden und dann mit 63 vorzeitig in Rente zu gehen.
7. Zeiten, in denen Arbeitslosengeld II (Hartz IV) oder die frühere Arbeitslosenhilfe geflossen sind, bleiben bei der Wartezeit komplett außen vor.

8. Nicht für diese Rentenform berücksichtigt werden zum Beispiel auch Schul- oder Hochschulzeiten sowie Zeiten, die im Zuge des Versorgungsausgleichs übertragen wurden.

Erfüllt ein Versicherter die zeitlichen Vorgaben für die Altersrente für besonders langjährig Versicherte noch nicht pünktlich zum 63. Geburtstag, sondern zum Beispiel erst ein halbes Jahr später, kann er zu dem Zeitpunkt die abschlagsfreie Rente beantragen.

Gesetzesreform verfassungsgerecht?
Kaum war das neue Gesetz im Juli 2014 in Kraft getreten, kamen die ersten Zweifel

DIE ALTERSRENTEN IM VERGLEICH

Trotz der Regelungen zur Rente mit 67 können Sie immer noch vorzeitig in Rente gehen, wenn Sie unter anderem bestimmte Wartezeiten erfüllen. Einige der Altersrenten sind aber Auslaufmodelle: die Altersrente speziell für Frauen und die Rente nach Altersteilzeit oder Arbeitslosigkeit.

Art der Rente	Altersgrenze[1]	Geforderte Wartezeit	Diese Zeiten zählen für die Wartezeit
Regelaltersrente	Sie wird seit Anfang 2012 stufenweise von 65 auf 67 Jahre angehoben (betrifft alle ab Jahrgang 1947).	5 Jahre	Beitrags- und Ersatzzeiten, Zeiten aus Minijobs, aus Versorgungsausgleich oder Rentensplitting.
Altersrente für besonders langjährig Versicherte („Rente mit 63")	Seit Juli 2014: 63 Jahre. Für alle Jahrgänge ab 1953 wird sie stufenweise auf 65 Jahre angehoben.	45 Jahre	Unter anderem Pflichtbeitragszeiten für eine versicherte Beschäftigung/Tätigkeit, Zeiten mit freiwilligen Beiträgen (wenn mindestens 18 Jahre Pflichtbeiträge gezahlt wurden), Zeiten des Bezugs von Arbeitslosengeld I (Ausnahmen Seite 42), Pflege- und Kindererziehungs- bzw. -berücksichtigungszeiten.
Altersrente für langjährig Versicherte	Sie wird seit Anfang 2012 stufenweise von 65 auf 67 Jahre angehoben (betrifft alle ab Jahrgang 1949). Früherer Rentenbeginn möglich ab Mindestalter 63 Jahre.	35 Jahre	Beitrags- und Ersatzzeiten, Zeiten aus Minijobs, Versorgungsausgleich oder Rentensplitting, auch Anrechnungs- und Berücksichtigungszeiten.
Altersrente für schwerbehinderte Menschen[2]	Sie wird seit Anfang 2012 stufenweise von 63 auf 65 Jahre angehoben (betrifft alle ab Jahrgang 1952). Früherer Rentenbeginn je nach Geburtsjahr zwischen dem 60. und 62. Lebensjahr möglich.	35 Jahre	Beitrags- und Ersatzzeiten, Zeiten aus Minijobs, Versorgungsausgleich oder Rentensplitting, auch Anrechnungs- und Berücksichtigungszeiten.

Art der Rente	Altersgrenze[1]	Geforderte Wartezeit	Diese Zeiten zählen für die Wartezeit
Altersrente für Frauen[3]	65 Jahre, früherer Renten-beginn ab 60 Jahren möglich.	15 Jahre	Beitrags- und Ersatzzeiten, Zeiten aus Versorgungsausgleich oder Rentensplitting und aus Minijobs.
Altersrente wegen Arbeitslosigkeit oder nach Altersteilzeitarbeit[3]	65 Jahre, früherer Renten-beginn je nach Geburtstag ab 60 Jahren möglich.	15 Jahre	Beitrags- und Ersatzzeiten, Zeiten aus Versorgungsausgleich oder Rentensplitting und aus Minijobs.

1) Ausnahmen möglich für entlassene Mitarbeiter im Bergbau und bei frühzeitig vereinbarter Altersteilzeit. 2) Grad der Behinderung von mindestens 50. Bei Versicherten bis Jahrgang 1950 reicht der Nachweis der Berufs- oder Erwerbsunfähigkeit nach dem bis 31.12.2000 geltenden Recht. 3) Diese Rentenart gibt es nur noch für Versicherte, die bis Ende 1951 geboren wurden. **Quelle:** Deutsche Rentenversicherung Bund

auf, ob die Regelungen mit dem Grundgesetz vereinbar sind. Vor allem die Vorgaben zur Anrechnung von Arbeitslosenzeiten sehen Experten kritisch: Ist es rechtens, dass eine Arbeitslosigkeit kurz vor Rentenbeginn auf die geforderte Wartezeit angerechnet wird, wenn der Arbeitgeber insolvent wird, aber nicht, wenn er dem Angestellten betriebsbedingt kündigt? Experten erwarten, dass diese Frage bald die Sozialgerichte beschäftigen wird. Es bleibt abzuwarten, wie es hier weitergeht.

Mit Abschlag früher in Rente: Rente für langjährig Versicherte

Die 45 Versicherungsjahre erreichen Sie nicht? Trotzdem haben Sie die Möglichkeit, sich vorzeitig aus dem Berufsleben zu verabschieden und früher als gesetzlich vorgesehen eine Altersrente zu beziehen. Aber wie für andere Formen der Frührente gilt dafür: Sie müssen einige Voraussetzungen erfüllen.

Eine Möglichkeit für den früheren Rentenbeginn ist die „Altersrente für langjährig Versicherte". Für diese Rente wird mit einer Wartezeit von 35 Jahren deutlich mehr verlangt als für die Regelaltersrente – aber zehn Jahre weniger als für die „Altersrente für besonders langjährig Versicherte". Bei dieser Rentenform lag die Altersgrenze bis Ende 2011 bei 65 Jahren, doch es war möglich, schon bis zu zwei Jahre früher aus dem Beruf auszuscheiden. Der frühzeitige Ausstieg sorgte aber auf Dauer für ein Minus von bis zu 7,2 Prozent auf die Rentenleistungen (0,3 Prozent x 24 Monate, siehe Seite 33).

Ähnlich wie bei der Regelaltersrente steigt seit Anfang 2012 die Altersgrenze für die Rente für langjährig Versicherte stufenweise von 65 auf 67 Jahre an. Wenn ein Versicherter die 35 Jahre Wartezeit angesammelt hat, kann er trotzdem weiter ab dem 63. Geburtstag in Rente gehen. Dafür muss er jedoch nun bis zu

INFO Bergleute haben ihre Sonderregelungen

Für ehemalige Mitarbeiter im Bergbau gelten in der gesetzlichen Rentenversicherung besondere Regeln. So gibt es beispielsweise die Altersrente für langjährig unter Tage Beschäftigte, wenn sie eine Wartezeit von 25 Jahren mit ständigen Arbeiten unter Tage erfüllt haben. Hier galt lange die Altersgrenze von 60 Jahren, doch auch diese wird seit Anfang 2012 schrittweise angehoben – auf 62 Jahre. Für die Rentenberechnung spielen zusätzliche Faktoren eine Rolle: So können die Versicherten zum Beispiel zusätzliche Entgeltpunkte aufgrund der besonderen Belastung durch ihre Tätigkeit bekommen – die sogenannte Knappschaftsausgleichsleistung. Die wichtigsten Informationen für diese besondere Versichertengruppe bekommen Sie beim Rentenversicherer Knappschaft Bahn-See unter www.knappschaft-bahn-see.de (Tel. 0 800/1 00 04 80 80, zu erreichen montags bis donnerstags 7.30 bis 19.30 Uhr, freitags 7.30 bis 15.30 Uhr, rentenversicherung@kbs.de).

14,4 Prozent größere Abschläge in Kauf nehmen als früher (siehe Tabelle Seite 40). Über Vertrauensschutzregelungen sind aber Ausnahmen möglich: Wenn Sie zum Beispiel vor 1955 geboren wurden und vor 2007 mit Ihrem Arbeitgeber Altersteilzeit vereinbart haben, können Sie weiter mit 65 Jahren die Rente „für langjährig Versicherte" ohne Abschläge beziehen. Je nach Geburtsjahrgang kann zudem ein Rentenbeginn mit 63 Jahren möglich sein – dann aber mit Abschlägen.

Rente für Schwerbehinderte

Schon deutlich vor dem 65. Geburtstag können Sie in Rente gehen, wenn Sie einen Grad der Behinderung (GdB) von mindestens 50 sowie eine Wartezeit in der gesetzlichen Rentenversicherung von 35 Jahren vorweisen. Die normale Altersgrenze für eine abschlagsfreie Rente für schwerbehinderte Menschen lag bis Ende 2011 bei 63 Jahren. Diese Grenze wird aber seit Anfang 2012 ebenfalls stufenweise angehoben – auf 65 Jahre. Von der Anhebung betroffen sind in der Regel Versicherte, die ab 1952 geboren wurden.

Trotzdem können Sie bereits bis zu drei Jahre vor dieser Grenze in den Ruhestand gehen (bis Ende 2011 ab dem 60. Geburtstag, seit Anfang 2012 schrittweiser Anstieg auf 62 Jahre). Dafür müssen Sie allerdings womöglich deutliche Abstriche bei der Rentenhöhe in Kauf nehmen: bis zu 10,8 Prozent (siehe Tabelle Seite 41).

Einige Altersrenten nur noch für bestimmte Jahrgänge

Durch die Gesetzesänderungen zur Rente mit 67 laufen zwei Formen der Altersrente aus, die über viele Jahre Bestand hatten:

- die Altersrente für Frauen und
- die Altersrente wegen Arbeitslosigkeit oder nach Altersteilzeitarbeit.

Diese Renten können Sie nur noch beziehen, wenn Sie bis Ende 1951 geboren wurden. Wenn Sie als Frau zum Beispiel 1950 geboren wurden, haben Sie die Möglichkeit, schon vor dem 65. Geburtstag in Rente zu gehen – Sie hätten bereits ab 60 Jahren gehen können. Eine Voraussetzung für diese Form der vorzeitigen Rente ist, dass Sie eine Wartezeit von 15 Jahren haben. Dazu müssen Sie ab dem 40. Lebensjahr mehr als zehn Jahre an Pflichtbeitragszeit vorweisen können.

Für die Rente nach Altersteilzeit oder Arbeitslosigkeit gilt ebenfalls eine Wartezeit von 15 Jahren. Mehr zu diesen Renten siehe Tabelle Seite 45.

RENTEN BEI MINDERUNG DER ERWERBSFÄHIGKEIT

Wiederholter Bandscheibenvorfall, allergische Reaktion auf wichtige Arbeitsmaterialien, eingeschränkte Einsatzmöglichkeiten nach schwerer Krebserkrankung: Wenn die Gesundheit nicht mehr mitspielt und Versicherte beruflich zurückstecken müssen oder gar nicht mehr arbeiten können, sollen sie nicht mit leeren Händen dastehen. Deshalb gibt es die Absicherung für den Fall der geminderten Erwerbsfähigkeit.

Die Renten wegen verminderter Erwerbsfähigkeit können Versicherte bis zu dem Zeitpunkt bekommen, an dem sie die Altersgrenze für die Regelaltersrente erreichen. Im Anschluss erhalten sie automatisch ihre Altersrente. Wollen Sie, dass Ihre Erwerbsminderungsrente früher in die Altersrente umgewandelt wird, müssen Sie dies beantragen.

Keine Sorge: Sollten die Berechnungen der Rentenversicherung ergeben, dass Ihre Altersrente niedriger ausfällt als die bereits ausgezahlte Erwerbsminderungsrente in den letzten 24 Monaten vor Beginn der Altersrente, müssen Sie keine Verluste fürchten. In dem Fall bleibt Ihnen als Altersrente der Betrag, den Sie vorher als Erwerbsminderungsrente erhalten haben.

Rente zunächst häufig befristet

Als Versicherter können Sie Anspruch auf eine Rente wegen voller oder teilweiser Erwerbsminderung haben. Für ältere Versicherte ist außerdem eine Rente aus Anlass der Berufsunfähigkeit möglich. Grundsätzlich gilt: Die Renten, die bei verminderter Erwerbsfähigkeit gezahlt werden, sind in der Regel zunächst einmal auf drei Jahre befristet – es könnte ja sein, dass sich der Gesundheitszustand des Rentenempfängers doch wieder verbessert. Meist wird die Befristung zweimal wiederholt, sodass die Rente bis zu neun Jahre fließt, ehe sie auf Dauer gezahlt wird. Nur in Ausnahmefällen ist es möglich, von Anfang an eine dauerhafte Rentenzahlung zu erhalten.

◤ WEITERZAHLUNG FRÜH GENUG BEANTRAGEN

Die befristete Erwerbsminderungsrente fließt nicht automatisch weiter auf Ihr Konto: Sie müssen früh genug einen Antrag stellen, wenn die Rente auch nach Ablauf der Frist gezahlt werden soll. Dafür nutzen Sie das Formular R120, oder Sie schreiben zunächst formlos an den Rentenversicherer, der sich dann mit erneuten Fragen an Sie wendet. Am besten stellen Sie den Antrag vier Monate vor Fristende beim Rentenversicherer.

Zurechnungszeit zum Vorteil von jungen Versicherten

Die ausgezahlten Leistungen im Fall von Erwerbsminderung sind nicht überragend. Ihre Höhe hängt wie bei der Altersrente vor allem von der Höhe der geleisteten Versicherungsbeiträge und den so erworbenen Entgeltpunkten ab. Durchschnittlich lagen die Renten im Jahr 2013 in den alten Bundesländern bei 733 Euro im Monat für Männer und 669 Euro im Monat

INFO Wann die Rentenzahlung beginnt

Befristete Renten werden frühestens ab dem siebten Monat nach Eintritt der Erwerbsminderung gezahlt. Unbefristete Renten können dagegen ab dem ersten Monat fließen – gegebenenfalls rückwirkend. Voraussetzung ist wie bei der Altersrente auch, dass Sie den Antrag bei der Rentenversicherung stellen. Damit Sie pünktlich an Ihr Geld kommen, sollten Sie die befristete Rente spätestens im siebten Monat beantragen, die unbefristete Rente spätestens drei Monate nach Beginn der Erwerbsminderung. Nach dem Antrag setzt die Rentenversicherung das Prüfverfahren in Gang – dazu gehört unter anderem, dass sie die Unterlagen über Ihren Gesundheitszustand einholt und eigene ärztliche Untersuchungen anordnet. Finanziell abgesichert sind viele in den sechs Monaten bis Rentenbeginn zum Beispiel über das Krankengeld der gesetzlichen Krankenversicherung. Fehlt ein solcher Anspruch, bleibt als ein finanzieller Ausweg womöglich nur der Antrag auf Hartz-IV-Leistungen.

für Frauen. In den neuen Ländern waren es 665 Euro im Monat für einen Mann und 714 Euro für eine Frau.

Tritt die Erwerbsunfähigkeit ein, wenn Sie noch jung sind, zählen für die Rentenhöhe nicht nur die bereits gezahlten Beiträge. Sonst wäre die ausgezahlte Erwerbsminderungsrente noch niedriger, als sie es ohnehin schon ist. Die „Zurechnungszeit" sorgt dafür, dass betroffene Versicherte, die noch keine 62 Jahre alt sind, finanziell besser gestellt werden – ihre Erwerbsminderungsrente wird so hochgerechnet, als hätten sie bis zum 62. Geburtstag gearbeitet und entsprechend Rentenbeiträge eingezahlt. Wie hoch die Ansprüche insgesamt sind, wird auf Basis des Einkommens im bisherigen Erwerbsleben des Versicherten ermittelt.

Der 62. Geburtstag als Stichtag für die Zurechnungszeit gilt erst neuerdings für neu beantragte Renten. Bis zum Sommer 2014 wurde die Rente nur bis zum 60. Geburtstag hochgerechnet.

Neu ist außerdem die Günstigerprüfung: Günstigerprüfung heißt, entweder werden die Ansprüche weiterhin auf Basis des gesamten Einkommens ermittelt. Oder: Bei der Berechnung der Rentenhöhe wird das Einkommen aus den vergangenen vier Jahren vor Beginn der Erwerbsunfähigkeit außen vor gelassen. Davon können diejenigen profitieren, bei denen die Erwerbsunfähigkeit nicht von jetzt auf gleich eingetreten ist, sondern am Ende einer längeren Entwicklung steht. Haben sie in den Jahren zuvor aufgrund gesundheitlicher Probleme zum Beispiel Arbeitszeit reduziert oder weniger Überstunden gemacht, fiel das Einkommen in dieser Zeit niedriger aus. Dieses – häufig schleichende – Minus soll den Rentenanspruch nicht senken. Deshalb prüft der Rentenversicherer nun, ob es für den Versicherten günstiger ist, die letzten vier Erwerbsjahre bei der Berechnung der Rentenhöhe außen vor zu lassen.

Ob mit oder ohne Zurechnungszeit: Diese Rentenzahlungen werden nicht ausreichen, um davon den Lebensstandard zu halten. Deshalb ist es unbedingt zu empfehlen, zusätzlich eine private Berufsunfähigkeitsversicherung abzuschließen (siehe Seite 17). Doch auch wenn die Leistungen aus der gesetzlichen Rentenversicherung begrenzt sind: Besser als nichts sind sie allemal. Das gilt vor allem für diejenigen, die sich einen privaten Versicherungsschutz nicht leisten können oder die ihn etwa aufgrund von Vorerkrankungen gar nicht erst bekommen. Für den Fall bildet die gesetzliche Rente zumindest eine Art Sicherheitsnetz.

Reicht die Rentenleistung nicht aus, um den Lebensunterhalt zu bestreiten, dürfen Sie nebenbei dazuverdienen, wenn die Gesundheit eine gewisse Beschäftigung zulässt. Welche Grenzen Sie dabei beachten müssen, lesen Sie auf Seite 139. Darüber hinaus bleibt im letzten Schritt die Möglichkeit, ergänzende Sozialleistungen (Grundsicherung) zu beantragen.

◥ HÖHERE HÜRDEN SEIT 2001

Die Renten wegen voller oder teilweiser Erwerbsminderung sind 2001 an die Stelle der gesetzlichen Renten wegen Erwerbs- und Berufsunfähigkeit getreten. Den Unterschied zeigen die folgenden Passagen. Kurz gesagt, führte die Gesetzesreform vor allem für jüngere Erwerbstätige dazu, dass die Hürden für den Bezug einer Rente aufgrund gesundheitlicher Einschränkungen deutlich höher sind. Davon ist betroffen, wer nach dem 1. Januar 1961 geboren wurde.

Sie sind bis zum 1. Januar 1961 geboren

Sollten Sie berufsunfähig werden, sind Sie klar im Vorteil gegenüber jüngeren Versicherten. Denn für Sie gilt trotz der Reform von 2001 altes Recht. Das bedeutet: Sind Sie nicht mehr in der Lage, sechs Stunden täglich in Ihrem Hauptberuf oder einem zumutbaren vergleichbaren Beruf zu arbeiten, haben Sie bereits einen Rentenanspruch. Sind Sie beispielsweise Tischler und können diesen Beruf wegen Ihrer Rückenbeschwerden nicht mehr ausüben, haben Sie Anspruch auf die Berufsunfähigkeitsrente – selbst wenn Sie als Büroangestellter in der Schreinerei oder als Pförtner noch einsatzfähig wären. Es reicht bereits, dass die Fähigkeiten für den erlernten oder einen mehr als zehn Jahre ausgeübten Beruf eingeschränkt sind.

Von den Gesetzesänderungen sind außerdem all jene nicht betroffen, die bereits am 31. Dezember 2000 Anspruch auf eine der damaligen Renten wegen Berufs- oder Erwerbsunfähigkeit hatten. Für sie gilt das frühere Recht ebenfalls weiter.

Sie sind am 2. Januar 1961 oder später geboren

Anders sieht es aus, wenn Sie später geboren sind. Dann haben Sie keinen Anspruch auf eine gesetzliche Rente wegen Berufsunfähigkeit mehr, nur noch auf eine

Rente wegen Erwerbsminderung. Eine Rente wegen voller Erwerbsminderung bekommen Sie aber erst, wenn Sie gesundheitlich nicht mehr in der Lage sind, mindestens drei Stunden pro Tag in irgendeiner Form erwerbstätig zu sein. Eine Rente wegen teilweiser Erwerbsminderung kann fließen, wenn Sie zwar mehr als drei Stunden täglich arbeiten können, aber weniger als sechs Stunden. Ihre Rente ist dann allerdings nur halb so hoch wie bei voller Erwerbsminderung.

▸ KEINE CHANCE AUF EINEN JOB? MEHR RENTE MÖGLICH

Die Ärzte bestätigen Ihnen, dass Sie mehr als drei, aber keine sechs Stunden arbeiten können. Unter den Voraussetzungen steht Ihnen nur die Rente wegen teilweiser Erwerbsminderung zu. Aber: Wenn Sie arbeitslos sind und keine Möglichkeit haben, eine Teilzeitbeschäftigung im Rahmen von drei bis sechs Stunden zu bekommen, gelten Sie als voll erwerbsgemindert. Dann erhalten Sie doch die volle Erwerbsminderungsrente – aber befristet.

Um eine Erwerbsminderungsrente bekommen zu können, reicht es nicht aus, wenn Sie in Ihrem bisher ausgeübten Beruf nicht mehr arbeiten können. Voraussetzung ist, dass Sie gar keiner Erwerbstätigkeit mehr in dem zeitlich geforderten Umfang nachgehen können. Um im Beispiel von oben zu bleiben: Ein Tischler, der nicht mehr handwerklich tätig sein kann, könnte vielleicht noch Büroarbeiten übernehmen oder eben als Pförtner arbeiten. Erst wenn ihn auch solche Alternativen gesundheitlich überfordern, hat er Anspruch auf eine Rente wegen Erwerbsminderung.

Strenge Vorgaben für alle

Unabhängig davon, ob Sie bis zum 1. Januar 1961 geboren wurden oder danach, gibt es weitere Vorgaben zu beachten.

Für alle Renten wegen verminderter Erwerbsfähigkeit galt bis Ende 2011 eine Altersgrenze von 63 Jahren. Wer bei Auszahlung der Rente noch jünger war, musste Abschläge hinnehmen – 0,3 Prozent für jeden Monat, maximal 10,8 Prozent. Seit Anfang 2012 steigt auch für diese Renten die Altersgrenze stufenweise an: Bis zum Jahr 2024 wird sie von 63 auf 65 Jahre angehoben (siehe Tabelle rechts).

Damit aber noch nicht genug an Vorgaben für den Bezug der gesetzlichen Erwerbsminderungsrente: Als weitere Voraussetzung gilt, dass der Versicherte im Regelfall in den fünf Jahren vor Eintritt des Ernstfalls mindestens drei Jahre Pflichtbeiträge an die gesetzliche Rentenversicherung geleistet haben muss.

Das kann zum Beispiel für junge Angestellte zu einem Problem werden: Wenn etwa ein Berufseinsteiger gleich nach drei Monaten in seinem ersten Job so schwer erkrankt, dass er nicht mehr arbeiten kann, hätte er keinen Anspruch auf Leistungen aus der gesetzlichen Rentenversicherung, weil er die geforderte Wartezeit von fünf Jahren inklusive der drei Jahre Pflichtbeiträge nicht erfüllt.

Nur unter bestimmten Bedingungen gibt es die Möglichkeit einer vorzeitigen Wartezeiterfüllung – zum Beispiel nach

Seit Anfang 2012 steigt auch die Altersgrenze für die Erwerbsminderungsrente stufenweise an. Wer zum Beispiel 2015 erwerbsunfähig wird und bei Rentenbeginn noch keine 63 Jahre und 9 Monate alt ist, muss für jeden Monat des früheren Beginns auf 0,3 Prozent Rente verzichten – maximal auf 10,8 Prozent. Der maximale Abschlag von 10,8 Prozent wird für alle fällig, die drei Jahre früher oder davor Erwerbsminderungsrente beantragen.

Zeitpunkt des Rentenbeginns	Erwerbsminderungsrente ohne Abschlag bei Zahlungsbeginn im Alter von ...
Bis Ende 2011	63 Jahren
Januar 2012	63 Jahren und 1 Monat
Februar 2012	63 Jahren und 2 Monaten
März 2012	63 Jahren und 3 Monaten
April 2012	63 Jahren und 4 Monaten
Mai 2012	63 Jahren und 5 Monaten
Juni bis Dezember 2012	63 Jahren und 6 Monaten
2013	63 Jahren und 7 Monaten
2014	63 Jahren und 8 Monaten
2015	63 Jahren und 9 Monaten
2016	63 Jahren und 10 Monaten
2017	63 Jahren und 11 Monaten
2018	64 Jahren
2019	64 Jahren und 2 Monaten
2020	64 Jahren und 4 Monaten
2021	64 Jahren und 6 Monaten
2022	64 Jahren und 8 Monaten
2023	64 Jahren und 10 Monaten
ab 2024	65 Jahren

einem Arbeitsunfall oder für Berufseinsteiger, wenn sie in den ersten sechs Jahren nach Ende einer Ausbildung voll erwerbsgemindert geworden sind und in den letzten zwei Jahren vorher mindestens ein Jahr Pflichtbeiträge geleistet haben.

Um die Voraussetzung der drei Pflichtbeitragsjahre zu erfüllen, bekommen auch bestimmte Lebensphasen, in denen Sie selbst keine Beiträge an die Rentenkasse zahlen, eine besondere Bedeutung. Melden Sie sich zum Beispiel unbedingt arbeitslos, auch wenn Sie keinen Anspruch auf finanzielle Unterstützung durch die Arbeitsagentur haben und Ihnen andere Leistungen wie Hartz IV etwa aufgrund der Höhe des Einkommens Ihres Partners nicht zustehen.

Herausforderung für viele Selbstständige

Auch für Selbstständige können die Voraussetzungen für den Rentenanspruch zum Hindernis werden: Wenn Sie aufhören, Pflichtbeiträge an die gesetzliche Rentenversicherung zu zahlen, verlieren Sie mit der Zeit den Anspruch auf die gesetzliche Erwerbsminderungsrente. Das ist kein schwerwiegendes Problem, wenn Sie mit einer privaten Versicherung zum Schutz vor Berufs- oder Erwerbsunfähigkeit vorgesorgt haben. Doch wenn privater Schutz fehlt, sollten Sie prüfen lassen, wie Sie zumindest die gesetzliche Absicherung behalten:

■ Möglichkeit 1: Sie stellen freiwillig einen Antrag auf Pflichtmitgliedschaft. Dann sind Sie weiter pflichtversichert in der gesetzlichen Rentenversicherung –

mit allen Rechten und Pflichten. Das heißt, Sie müssen den vollen Beitragssatz zahlen, sichern sich damit aber den Anspruch auf die Erwerbsminderungsrente und natürlich auch auf eine höhere Rente im Alter.

Allerdings: Wenn ein Selbstständiger einmal den Antrag auf Pflichtmitgliedschaft gestellt hat, gibt es kein Zurück mehr. Die Pflichtmitgliedschaft gilt so lange, wie der Versicherte diese selbstständige Tätigkeit ausübt.

■ Möglichkeit 2: Als älterer Selbstständiger müssen Sie unter Umständen nicht gleich einen Antrag auf Pflichtmitgliedschaft stellen. In bestimmten Fällen reicht es, jeden Monat einen – deutlich niedrigeren – freiwilligen Beitrag an die Rentenkasse zu zahlen.

Den Schutz für den Fall der Erwerbsminderung können Sie mit freiwilligen Beiträgen aufrechterhalten, wenn Sie bereits vor dem 1. Januar 1984 die geforderte Wartezeit von mindestens fünf Jahren in der gesetzlichen Rentenversicherung erfüllt hatten. Als zweite Voraussetzung gilt, dass Sie seit Anfang 1984 jeden Monat mit rentenrechtlichen Zeiten belegen können.

Tipp: Wenn Sie keinen privaten Versicherungsschutz für den Fall der Erwerbsminderung oder Berufsunfähigkeit haben, lassen Sie sich unbedingt von der gesetzlichen Rentenversicherung beraten, wie Sie weiter vorgehen sollen, um sich zumindest die gesetzliche Basisabsicherung für den Ernstfall zu sichern. Dieser Schutz ist immerhin besser, als ohne jegliche Absicherung dazustehen.

RENTEN ZUR ABSICHERUNG DER HINTERBLIEBENEN

Die dritte wichtige Leistung der gesetzlichen Rentenversicherung ist die Absicherung von Hinterbliebenen. Stirbt der oder die Versicherte, kann der Witwer oder die Witwe eine Rente bekommen, und zwar in der Regel, wenn das Paar für mindestens ein Jahr verheiratet war. Das gilt sowohl für Ehepartner als auch seit 2005 für eingetragene Lebenspartner. Der Einfachheit halber werden wir im Laufe des Textes nur von „Ehepartnern" und von „Witwenrente" sprechen.

Auch Kinder stehen im Falle des Todes ihrer Eltern nicht mit ganz leeren Händen da. Das Besondere an der Witwen- und Waisenrente im Vergleich zur Alters- und Erwerbsminderungsrente: Ihre Höhe hängt nicht davon ab, welche Ansprüche der Empfänger der Leistungen durch eigene Beiträge an die Rentenkasse erworben hat, sondern von den Rentenansprüchen des Verstorbenen. Von diesen wird die Höhe der Hinterbliebenenrente abgeleitet. Sie liegt für Kinder bei 10 oder 20 Prozent, für Ehepartner zwischen 25 und 60 Prozent des Rentenanspruchs des Verstorbenen. War der Verstorbene allerdings noch keine 63 Jahre alt, werden vor der Auszahlung der Witwen- oder der Waisenrente noch 0,3 Prozent pro Monat – maximal 10,8 Prozent – abgezogen.

Damit Ehepartner oder Kinder überhaupt eine Hinterbliebenenrente erhalten können, muss der Verstorbene in der Regel bereits eine Wartezeit von fünf Jahren auf seinem Rentenkonto haben. Davon sind jedoch Ausnahmen möglich: Ist er zum Beispiel infolge eines Arbeitsunfalls ums Leben gekommen, haben die Angehörigen auch einen Rentenanspruch, wenn er erst einen Beitragsmonat in der Rentenversicherung vorweisen konnte.

◤ SONDERFALL ERZIEHUNGSRENTE

Anders als bei der Witwenrente hängt bei der sogenannten Erziehungsrente die Höhe nicht von den Beiträgen des Verstorbenen ab. Geschiedene Partner können sie beantragen, wenn sie noch ein Kind erziehen (siehe Seite 61).

INFO **Mindestens ein Jahr Ehe**

Die Ehe muss im Regelfall mindestens ein Jahr vor dem Tod des Versicherten geschlossen worden sein, damit sein Partner Anspruch auf eine Witwenrente hat. Abweichungen von dieser Vorgabe sind allerdings möglich, zum Beispiel wenn der Versicherte durch einen Unfall plötzlich verstorben ist – der Tod also nicht vorhersehbar war. Wenn die Rentenversicherung Ihnen die Zahlung einer Witwenrente aufgrund zu kurzer Ehe verweigert, sollten Sie sich Rat bei einem Experten holen, zum Beispiel bei einem Fachanwalt für Sozialrecht oder einem Rentenberater, um in Ihrem persönlichen Fall die Ansprüche zu klären.

Die Witwen- und Witwerrente

Wie viel Rente steht dem hinterbliebenen Ehepartner zu? Das hängt von verschiedenen Faktoren ab – zum einen von der Höhe der Rentenansprüche des Verstorbenen. Hatte er bereits eine eigene Rente bezogen, wird dieser Wert zugrunde gelegt. Bekam er noch keine eigene Rente, werden die bisher erworbenen Entgeltpunkte noch um die Zurechnungszeit aufgestockt (siehe auch Seite 47). Zum anderen spielen zum Beispiel das Alter der Partner und der Zeitpunkt der Eheschließung eine Rolle.

Anders ist das in den ersten drei Monaten nach dem Monat, in dem der Versicherte gestorben ist. In dieser Zeit erhalten Sie als Hinterbliebener grundsätzlich 100 Prozent der Rente, auf die der Verstorbene zum Zeitpunkt seines Todes Anspruch hatte. In diesem „Sterbevierteljahr" spielt es auch keine Rolle, ob und in welcher Höhe Sie eigene Rentenansprüche oder eigenes Einkommen haben. Ihr Einkommen wird in dieser ersten Zeit nach dem Tod des Partners noch nicht auf die Hinterbliebenenrente angerechnet. Das ändert sich aber nach Ablauf des Sterbevierteljahrs.

Große oder kleine Witwenrente?

Die erste Unterscheidung, die dann ansteht, ist die zwischen der großen und der kleinen Witwenrente. Für diese Zuordnung spielen auch die Gesetzesänderungen im Zuge der „Rente mit 67" eine Rolle, denn seit Anfang 2012 steigt auch die Altersgrenze für die große Witwenrente stufenweise an:

Anspruch auf die große Witwenrente haben Sie,

■ wenn Sie in dem Jahr, in dem Ihr Ehepartner stirbt, die Altersgrenze in der Tabelle rechts erreicht haben

■ oder wenn Sie erwerbsgemindert oder nach dem bis Ende 2000 geltenden Recht berufs- oder erwerbsunfähig sind

■ oder solange Sie ein eigenes Kind oder ein Kind des verstorbenen Ehepartners erziehen, das noch keine 18 Jahre alt ist. Kümmern Sie sich um ein behindertes Kind, spielt das Alter keine Rolle.

Erfüllen Sie diese Voraussetzungen, stehen Ihnen als Witwe oder Witwer 55 oder 60 Prozent der Rente zu, auf die Ihr verstorbener Partner Anspruch gehabt hätte oder die er bereits bezogen hat.

Der Unterschied – 55 oder 60 Prozent – rührt daher, dass es Anfang 2002 eine Gesetzesreform bei der Hinterbliebenenversorgung gab. Wer unter das alte Recht fällt, hat Anspruch auf 60 Prozent, wer unter das neue fällt, nur noch auf 55 Prozent.

Das alte Recht gilt entweder

■ wenn der Ehepartner bereits vor dem 1. Januar 2002 gestorben ist oder

■ wenn der Ehepartner zwar nach dem 31. Dezember 2001 gestorben ist, Sie aber vor dem 1. Januar 2002 geheiratet haben und ein Ehepartner vor dem 2. Januar 1962 geboren ist.

Beispiel: Wenn Sie und Ihre Frau, die am 31. Oktober 1960 geboren wurde, am 10. September 1996 geheiratet haben, fallen Sie bei der Hinterbliebenenrente auf jeden Fall unter das alte Recht. Daran ändert sich auch nichts, wenn Ihre Partnerin zum Beispiel erst im Jahr 2014 gestorben

NEUE ALTERSGRENZEN FÜR DIE „GROSSE WITWENRENTE"

Bis Ende 2011 konnten Hinterbliebene die große Witwenrente erhalten, wenn sie zum Zeitpunkt des Todes ihres Partners mindestens 45 Jahre alt waren. Diese Grenze steigt seit Anfang 2012 an.

Todesjahr des Versicherten	Neue Altersgrenze für die große Witwenrente
2012	45 Jahre und 1 Monat
2013	45 Jahre und 2 Monate
2014	45 Jahre und 3 Monate
2015	45 Jahre und 4 Monate
2016	45 Jahre und 5 Monate
2017	45 Jahre und 6 Monate
2018	45 Jahre und 7 Monate
2019	45 Jahre und 8 Monate
2020	45 Jahre und 9 Monate
2021	45 Jahre und 10 Monate
2022	45 Jahre und 11 Monate
2023	46 Jahre
2024	46 Jahre und 2 Monate
2025	46 Jahre und 4 Monate
2026	46 Jahre und 6 Monate
2027	46 Jahre und 8 Monate
2028	46 Jahre und 10 Monate
ab 2029	47 Jahre

ist. Wurden Sie selbst zum Beispiel am 3. Februar 1962 geboren, haben Sie Anspruch auf die große Witwerrente. Das wären die 60 Prozent der bisher erworbenen Rentenansprüche Ihrer Ehefrau.

Gilt für Sie als Witwer hingegen das neue Recht, zum Beispiel weil Sie und Ihre verstorbene Partnerin erst im Jahr 2009 geheiratet haben, liegt der Anspruch auf die große Witwerrente bei 55 Prozent. Wenn Sie aber Kinder unter drei Jahren erziehen, erhalten Sie zusätzlich noch einen Kinderzuschlag. Diesen gibt es für die Hinterbliebenen nach altem Recht nicht.

Rentenkürzungen je nach Einkommen

Die große Witwenrente wird unbefristet bezahlt – egal ob das alte oder das neue Recht gilt. Aber eigene Renten und Einkommen werden auf sie angerechnet – zwar nicht komplett, doch je nachdem, wie viel Rente Sie im Ruhestand selbst beziehen oder wie viel Sie jeden Monat noch selbst verdienen, kann es sein, dass die Hinterbliebenenrente gekürzt wird.

Wenn der Rentenversicherer den Anspruch auf eine Witwen- oder Waisenrente ermittelt, berücksichtigt er Ihr Einkommen. Ihr Gehalt aus einer angestellten Beschäftigung wird nach Abzug eines Freibetrags zu 40 Prozent angerechnet. **Beispiel:** Renate Kaufmann wohnt in den alten Bundesländern. Sie erhält im Monat 600 Euro Witwenrente und verdient 3 000 Euro brutto. Sie darf derzeit Einkommen bis 755,30 Euro im Monat haben, ohne dass ihre Rente gekürzt wird. Um ihr Einkommen zu ermitteln, kürzt der Rentenversicherer ihren Bruttoverdienst im ersten

Schritt pauschal um 40 Prozent für Steuern und Sozialabgaben. Von diesem „nettoisierten" Einkommen von 1 800 Euro zieht er den Freibetrag ab (1 800 Euro minus 755,30 Euro). Übrig bleiben 1 044,70 Euro.

40 Prozent von diesem Betrag rechnet der Rentenversicherer auf die Hinterbliebenenrente an, sodass Frau Kaufmann eine Rentenkürzung von 417,88 Euro hinnehmen muss und ihr von der Witwenrente letztlich nur 182,12 Euro im Monat bleiben.

Hätte sie nur ein Bruttoeinkommen von 1 500 Euro im Monat, würde der Rentenversicherer ebenfalls zunächst 40 Prozent davon abziehen. Übrig bleiben im ersten Schritt 900 Euro nettoisiertes Einkommen und nach Abzug des Freibetrags von 755,30 Euro 144,70 Euro. 40 Prozent von diesem Wert – knapp 58 Euro – zieht der Rentenversicherer von der Witwenrente ab, sodass ihr am Ende rund 542 Euro Witwenrente im Monat bleiben.

❗ MINIJOB KANN FOLGEN HABEN

Ein Minijob neben einer Altersrente ist kein Problem: Der Verdienst ändert nichts an der Rentenhöhe. Bei einer Witwenrente kann das anders sein. Haben Sie neben dem Minijob weiteres Einkommen, zum Beispiel eine eigene Altersrente, werden die Posten addiert. Kommen Sie über den Freibetrag, wird Ihre Witwenrente gekürzt.

Was sonst noch angerechnet wird

Nicht nur das Gehalt wird angerechnet, sondern auch andere Posten wie Arbeitslosengeld I und Elterngeld.

Was Ihnen abgezogen wird, hängt davon ab, ob Sie unter das alte oder das neue Recht fallen. Nach altem Recht werden zum Beispiel Betriebsrenten, Kapital- und Mieteinkünfte nicht angerechnet, nach neuem Recht schon.

Für alle Witwenrenten gilt hingegen, dass zum Beispiel Erträge aus einem Riester-Vertrag, Arbeitslosengeld II, Sozialhilfe, Wohngeld, Blindengeld, Bafög und Berufsausbildungsbeihilfe nicht auf die Leistung angerechnet werden. Auch eine finanzielle Anerkennung eines Pflegebedürftigen für die pflegende Person bleibt außen vor, sofern diese nicht oberhalb des gesetzlichen Pflegegeldes liegt.

Die kleine Witwenrente

Die kleine Witwenrente fällt mit 25 Prozent abgeleitetem Rentenanspruch deutlich niedriger aus als die große Rente. Die kleine Witwenrente bekommen hinterbliebene Ehepartner, wenn sie

- die Altersgrenze für die große Witwenrente nicht erreichen (Tabelle Seite 55),
- nicht erwerbsgemindert sind
- und kein Kind erziehen.

Auch auf die kleine Witwenrente wird eigenes Einkommen angerechnet. Aber ohne eigenes Einkommen oder andere finanzielle Sicherheiten wie etwa eine Risikolebensversicherung wird sie nicht für den Lebensunterhalt reichen.

Nach Ablauf des Sterbevierteljahres, in dem Sie die volle Rente Ihres Partners erhalten, bleibt nicht allzu viel übrig:

Beispiel: Karin Meyer ist 39 Jahre alt. Ihr Mann ist 2012 mit 47 Jahren gestorben. Der Rentenversicherungsträger ermittelt inklusive der Zurechnungszeit einen Rentenanspruch von 1 100 Euro für ihren Mann.

Da er jedoch in so jungem Alter gestorben ist, werden davon 10,8 Prozent abgezogen. Aus den verbleibenden 981,20 Euro wird der Rentenanspruch abgeleitet. Frau Meyers Rente beträgt 245,30 Euro (25 Prozent von 981,20 Euro), wenn sie keine Kinder hat und nicht erwerbsgemindert ist.

Je nachdem, ob und wie viel Karin Meyer verdient, kann es sein, dass ihr von dieser Rente noch etwas weniger bleibt. Wie viel sie tatsächlich bekommt, hängt auch davon ab, ob sie in den alten oder den neuen Bundesländern lebt. Rentenkürzungen muss sie fürchten, wenn ihr Bruttoverdienst derzeit in den alten Ländern über 755,30 Euro und in den neuen über 696,70 Euro im Monat liegt.

Die kleine Witwenrente wird inklusive der drei Monate des Sterbevierteljahrs für maximal 24 Monate gezahlt, wenn das neue Rentenrecht gilt. Fallen Sie, beispielsweise weil der Termin Ihrer Hochzeit schon länger zurückliegt, noch unter das alte Recht (siehe Seite 54), haben Sie den Vorteil, dass Sie auch die kleine Witwenrente unbefristet erhalten.

 AUS DER KLEINEN WIRD DIE GROSSE RENTE

Wenn Sie wegen Ihres Alters zunächst nur Anspruch auf die kleine Witwenrente haben, im Laufe der Rentenzeit aber die Altersgrenze für die große Witwenrente erreichen (siehe Tabelle Seite 55), können Sie diese noch nachträglich bekommen. Dafür müssen Sie bei der Deutschen Rentenversicherung den Antrag auf die große Witwenrente stellen. Die Zahlung wird nicht automatisch umgestellt.

WITWENRENTEN IM VERGLEICH

Art der Rente	Anspruch: ... der Rente des verstorbenen Partners	Maximale Dauer der Zahlung
Große Witwenrente (altes Recht)	60 Prozent	Unbegrenzt
Große Witwenrente (neues Recht)	55 Prozent plus möglicher Zuschlag für Kinder unter drei Jahren	Unbegrenzt
Kleine Witwenrente (altes Recht)	25 Prozent	Unbegrenzt
Kleine Witwenrente (neues Recht)	25 Prozent	24 Monate

Besonderheiten:
Von Vorschuss bis Rentensplitting

Für die Witwenrente gilt es noch einige Besonderheiten zu beachten.

Scheidung: Selbst wenn Sie von Ihrem Ex-Partner geschieden sind, können Sie unter bestimmten Voraussetzungen Anspruch auf eine Hinterbliebenenrente haben. Eine Voraussetzung ist, dass die Ehe vor dem 1. Juli 1977 geschieden wurde. Ist das bei Ihnen der Fall, erkundigen Sie sich zum Beispiel bei der Deutschen Rentenversicherung nach eventuell bestehenden Ansprüchen.

Neue Hochzeit: Wenn Sie nach dem Tod Ihres Partners erneut heiraten, endet der Anspruch auf die Witwen- oder Witwerrente. Sie können allerdings einmalig eine Abfindung auf die Rentenansprüche bekommen. Als Abfindung gibt es das 24-Fache der Witwenrente, die Sie im vorhergehenden Jahr durchschnittlich jeden Monat erhalten haben. Wenn auch die erneute Ehe zum Beispiel nach dem Tod Ihres zweiten Partners endet, können Sie wiederum Anspruch auf die „Witwenrente nach dem vorletzten Partner" haben. Auch in der Situation sollten Sie sich unbedingt den Rat eines Experten einholen.

Mehrere Ehen: War der verstorbene Partner mehrmals verheiratet, können auch noch die anderen Ehepartner Anspruch auf eine Hinterbliebenenversorgung haben. Die Rente wird in diesem Fall unter allen Anspruchsberechtigten aufgeteilt. Sie erhalten somit lediglich einen Anteil, der auf Grundlage der Dauer Ihrer Ehe ermittelt wird.

Vorschuss: Hat Ihr verstorbener Partner bereits seine Alters- oder Erwerbsminderungsrente bezogen, können Sie innerhalb von 30 Tagen nach seinem Tod einen Vorschuss auf die Witwenrente beantragen. Diesen Antrag stellen Sie beim RentenService der Post. Wenn Sie in Deutschland leben, wenden Sie sich an die Deutsche Post AG, Niederlassung RentenService, 13497 Berlin. Telefonische Auskünfte erhalten Sie unter 0 180 6/12 45 78 (20 Cent/ Verbindung aus dem deutschen Festnetz). Mehr Informationen und auch die Kontaktdaten, falls Sie im Ausland leben, finden Sie unter www.deutschepost.de/ren tenservice sowie in der Postfiliale.

Als Vorschuss erhalten Sie das Dreifache der für den Sterbemonat gezahlten Rente. Er wird auf spätere Leistungen des Rentenversicherers angerechnet.

Rentensplitting: Unter bestimmten Voraussetzungen können Sie sich statt für die Witwenrente für das Rentensplitting entscheiden. Kurz gesagt bedeutet das, dass Ihrem Rentenkonto ein Teil der von Ihrem Partner im Lauf der Ehe erworbenen Entgeltpunkte gutgeschrieben wird. Zu den Regelungen lesen Sie mehr auf Seite 102. Wenn Sie sich für das Rentensplitting entscheiden, haben Sie danach automatisch keinen Anspruch mehr auf die Witwenrente.

Waisenrente

Eine grundlegende Absicherung sollen auch Kinder haben, für den Fall, dass sie einen Elternteil oder sogar beide Eltern verlieren. Die Vollwaisen- oder Halbwaisenrente gibt es für

- leibliche oder adoptierte Kinder,
- für Stief- und Pflegekinder, die im Haushalt des Verstorbenen gelebt haben,
- sowie für Enkel und Geschwister des Verstorbenen, die in dessen Haushalt lebten und von ihm überwiegend finanziell unterhalten wurden.

Auch wenn die Eltern geschieden oder nicht verheiratet waren, haben die Kinder Anspruch auf Waisenrente.

Waisen- oder Halbwaisenrenten werden grundsätzlich bis zum 18. Geburtstag gezahlt. Befinden sich die Kinder noch in der Ausbildung, kann die Rente derzeit auch bis zum 27. Lebensjahr fließen. Das gilt ebenfalls, wenn sie bis zu dieser Altersgrenze ein freiwilliges soziales oder ökologisches Jahr absolvieren oder eine Stelle im Bundesfreiwilligendienst übernommen haben. Für behinderte Kinder, die nicht für sich allein sorgen können, gilt auch der 27. Geburtstag als Grenze.

ÜBERGANGSPHASEN BEACHTEN

Nicht immer klappt es, dass es von einem Ausbildungsschritt gleich zum nächsten geht. Dauert etwa die Übergangsphase zwischen Abitur und Studienbeginn länger als einige Monate, kann der Anspruch auf die Waisenrente für diese Zeit entfallen. In längeren Übergangsphasen sollten Sie nachweisen können, dass Sie sich zum Beispiel um einen Ausbildungs- oder Studienplatz bemühen. Bekommen Sie vorübergehend keine Rente, finden dann aber doch den erhofften Platz, können Sie erneut einen Antrag auf Waisenrente stellen – vorausgesetzt, Sie sind noch keine 27 Jahre alt.

Abgeleiteter Rentenanspruch

Die Höhe der Waisen- oder Halbwaisenrente hängt davon ab, welchen Rentenanspruch der verstorbene Vater oder die verstorbene Mutter bis zum Tod erreicht hat oder welche Rente der Elternteil bereits ausgezahlt bekommen hat. Als Halbwaisen erhalten die Kinder 10 Prozent der Versichertenrente plus einen individuell zu ermittelnden Waisenrentenzuschlag.

Der höhere Anspruch zählt

Um die Höhe der Vollwaisenrente zu ermitteln, prüft der Rentenversicherer zunächst, ob der Vater oder die Mutter den bislang höchsten Rentenanspruch erworben hatte. War es der Vater, werden von dessen Leistungsansprüchen 20 Prozent als Vollwaisenrente plus Waisenrentenzuschlag ausgezahlt. War es die Mutter, wird die Rente anhand ihrer Leistungsansprüche ermittelt.

Entscheidend ist, dass die Eltern die Voraussetzungen für eine Rente – also im Regelfall mindestens fünf Jahre Wartezeit – erfüllt hatten. Sind sie bereits vor dem 62. Geburtstag gestorben, wird die Hinterbliebenenrente mithilfe der Zurechnungszeit etwas aufgewertet: Die Rentenansprüche des Verstorbenen werden so ermittelt, als habe er nicht nur bis zu seinem Todestag gearbeitet und Beiträge eingezahlt, sondern in gleichem Umfang bis zu seinem 62. Geburtstag. Durch diese zusätzlich berücksichtigten Jahre fällt die Rente etwas höher aus. Bis zum Sommer 2014 galt auch hier wie bei der Erwerbsminderungsrente die Zurechnungszeit bis zum 60. Geburtstag.

Je nach Familienkonstellation kann es sein, dass zum Beispiel auch der Rentenanspruch von Großvater oder Großmutter zugrunde gelegt wird, wenn sie die Kinder mit den Eltern oder anstelle der Eltern erzogen haben.

Abschläge bei der Waisenrente

Allerdings müssen auch die Kinder wie Witwen oder Witwer hinnehmen, dass die Leistung aus der gesetzlichen Versicherung um den Rentenabschlag gekürzt wird, wenn ihr Vater oder ihre Mutter vor dem eigentlichen Rentenalter gestorben sind: Bis Ende 2011 lag die entscheidende Grenze bei 63 Jahren, sodass für jeden Monat davor 0,3 Prozent von der Rente abgezogen wurden – maximal 10,8 Prozent. Seit Anfang 2012 steigt auch hier die Altersgrenze schrittweise auf 65 Jahre an. Letztlich wird die Waisenrente somit nicht üppig ausfallen.

Beispiel: Der Vater der 17-jährigen Annemarie ist mit 56 Jahren gestorben. Der Rentenversicherer ermittelt inklusive der Zurechnungszeit einen Rentenanspruch des Mannes in Höhe von 940 Euro monatlich. Von diesem Wert zieht er 10,8 Prozent ab. Übrig bleiben 838,48 Euro. Der Rentenanspruch der hinterbliebenen Tochter liegt bei 10 Prozent davon. Das sind 83,85 Euro im Monat. Dazu kann ein Waisenrentenzuschlag kommen, dessen Höhe je nach Einzelfall ermittelt wird.

Eigenes Einkommen kann die Rente schmälern

Bis zum 18. Geburtstag erhalten die Kinder auf jeden Fall die vollen Renten. Danach wird mögliches eigenes Einkommen auf die Rentenzahlung angerechnet, sodass die Rente sinken kann. Allerdings gelten auch hier diverse Freibeträge, sodass zum Beispiel ein Ausbildungseinkommen oder der Verdienst aus einem Nebenjob im Studium in den meisten Fällen ohne Folgen bleibt.

In den alten Bundesländern können Waisen derzeit bis zu 503,54 Euro im Monat verdienen, in den neuen Ländern 464,46 Euro, ohne eine Rentenkürzung fürchten zu müssen.

Erziehungsrente für Geschiedene

Eine weitere Leistung für Hinterbliebene ist nach Angaben der Deutschen Rentenversicherung vielen Versicherten nicht bekannt: die Erziehungsrente. Die Rente fließt an geschiedene Ehepartner, wenn sie ein Kind erziehen und keine erneute Ehe oder eingetragene Lebenspartnerschaft eingegangen sind. Auch Stief- oder Pflegekinder sowie unter bestimmten Voraussetzungen Enkel oder Geschwister werden für die Erziehungsrente berücksichtigt. Voraussetzung ist grundsätzlich, dass die Kinder noch keine 18 Jahre alt sind. Für behinderte Kinder gibt es keine Altersgrenze.

Die Erziehungsrente ist eine Art Ersatz für den Unterhalt des Ex-Partners und soll es Geschiedenen ermöglichen, sich nach dessen Tod verstärkt um die Erziehung der Kinder zu kümmern. Sie dürfen trotzdem weiter arbeiten, müssen aber je nach Einkommen mit Kürzungen der Erziehungsrente rechnen.

Anders als die Witwen- und die Waisenrente wird die Erziehungsrente nicht aus dem Rentenanspruch des Verstorbenen abgeleitet, sondern sie ergibt sich aus den eigenen Rentenansprüchen. Hier gilt zum Beispiel: Stirbt der Ex-Mann, muss die geschiedene Frau einen eigenen Rentenanspruch haben, wenn sie eine Erziehungsrente für die gemeinsamen Kinder bekommen will. Sie muss bis zum Tod ihres Ex-Partners die allgemeine Wartezeit von fünf Jahren erfüllt haben.

Die Erziehungsrente für die Frau fällt so hoch aus, wie ihre Rente wegen voller Erwerbsminderung ausfallen würde. Eine Mutter, die zum Beispiel im Alter von 40 Jahren den Antrag auf Erziehungsrente stellt, profitiert somit auch von der Zurechnungszeit. Die Rentenhöhe wird so ermittelt, als habe die Frau nicht nur bis dato, sondern bis zu ihrem 62. Geburtstag Beiträge in die Rentenkasse eingezahlt. Sie muss aber einen Rentenabschlag hinnehmen, da sie die Rente vor der eigentlichen Altersgrenze in Anspruch nimmt.

Für die Höhe der Erziehungsrente ist es unerheblich, ob ein Kind zur Familie gehört oder mehrere Kinder. Aber unabhängig von der Erziehungsrente haben die Kinder nach dem Tod eines Elternteils einen eigenen Anspruch auf Halbwaisenrente. Die Erziehungsrente hat keinen Einfluss auf die Halbwaisenrente.

REHABILITATION: NACH SCHWERER KRANKHEIT

Neben den Rentenzahlungen gehört zum Leistungskatalog der gesetzlichen Rentenversicherung auch, dass sie die Kosten für eine Rehabilitation und notwendige Maßnahmen übernimmt, um dem Versicherten zum Beispiel nach schwerer Krankheit die Teilnahme am Arbeitsleben wieder zu ermöglichen.

In der gesetzlichen Rentenversicherung gilt die Vorgabe „Reha vor Rente". Das bedeutet: Ehe der Versicherungsträger eine Rente wegen Erwerbsminderung zahlt, prüft er, ob mithilfe einer Rehabilitationsmaßnahme die Erwerbsfähigkeit wiederhergestellt oder verbessert werden kann. Ist etwa nach einer schweren Erkrankung eine medizinische Rehabilitation in einer Kurklinik ratsam, übernimmt er die Kosten dafür im Regelfall für drei Wochen, eine Verlängerung ist möglich.

Die finanziellen Mittel für Rehabilitationsmaßnamanen wurden im Sommer 2014 im Zuge des großen Rentenpakets aufgestockt.

Zu den Leistungen der gesetzlichen Rentenversicherung gehören aber nicht nur die Übernahme der Kosten, die in Kliniken anfallen, sondern zum Beispiel auch Umschulungsmaßnahmen, die nach einer Erkrankung notwendig sind, oder ergänzende Ausgaben, etwa für Reisekosten oder eine Haushaltshilfe.

In der Regel mindestens 15 Jahre Wartezeit
Anspruch auf Leistungen zur Rehabilitation haben Sie, wenn Sie eine Wartezeit von mindestens 15 Jahren in der Rentenversicherung nachweisen können. Es ist nicht notwendig, dass Sie in diesen 15 Jahren selbst Pflichtbeiträge gezahlt haben. Auch freiwillige Beiträge, die Sie beispielsweise als Selbstständiger entrichtet haben, reichen aus. Außerdem zählen unter anderem Zeiten mit, in denen Sie arbeitslos gemeldet waren oder Kinder erzogen haben.

Erreichen Versicherte diese 15 Jahre noch nicht, können sie unter bestimmten Voraussetzungen trotzdem Leistungen zur medizinischen Rehabilitation bekommen, etwa wenn diese innerhalb von zwei Jahren nach Beendigung einer Ausbildung notwendig wird.

Antrag mit Unterstützung Ihrer Ärzte
Halten Ihre Ärzte eine Rehabilitationsmaßnahme für notwendig, können Sie den Antrag beim Rentenversicherer stellen. Anhand der medizinischen Gutachten wird dieser dann überprüft, ob die Maßnahme angebracht ist und wo und in welcher Form sie am besten möglich ist. Bevor Sie sie antreten können, erhalten Sie einen Bescheid über ihre Bewilligung. Eine Rehabilitation kann sich direkt an einen Krankenhausaufenthalt anschließen, muss es aber nicht. Lehnt der Rentenversicherer Ihren Antrag ab, haben Sie einen Monat Zeit, dagegen Widerspruch einzulegen.

An den Kosten einer stationären Leistung müssen Sie sich in der Regel beteiligen: Sie müssen für bis zu 42 Tage im Jahr 10 Euro täglich zuzahlen. Schließt

INFO **Was die Krankenkasse zahlt**

Für Arbeitnehmer ist die Reha häufig eine Angelegenheit der Rentenversicherung. Mitunter springt aber auch die gesetzliche Krankenkasse ein, zum Beispiel für eine Mutter-Kind-Kur oder bei einer medizinisch notwendigen Reha-Maßnahme, die sich direkt an einen Krankenhausaufenthalt anschließt.

Die Krankenkasse entscheidet je nach Einzelfall über die Art der Reha-Maßnahme, ihre Dauer und den Umfang. Sie zahlt allerdings nur, wenn die Maßnahme von einem Vertragsarzt verordnet wurde und der Versicherte bean-

tragt hat, dass die Kosten übernommen werden.

Sollte es Probleme geben, einen Reha-Antrag genehmigt zu bekommen, können Sie sich zum Beispiel an die Unabhängige Patientenberatung Deutschland (UPD) wenden. Kontaktdaten der Beratungsstellen finden Sie im Internet unter www.unabhaengige-patientenberatung.de. Unterstützung beim Antrag für eine Mutter-Kind-Kur können Sie unter anderem über das Müttergenesungswerk (www.muettergenesungswerk.de) erhalten.

sich die Reha direkt (innerhalb von 14 Tagen) an einen Klinikaufenthalt an, zahlen Sie hingegen nur für maximal 14 Tage jeweils die 10 Euro zu.

Unter bestimmten Voraussetzungen können Sie jedoch auch ganz von den Zuzahlungen befreit werden, je nach Einkommen zum Beispiel, wenn Sie pflegebedürftig sind oder ein Kind erziehen. Wenn Sie Übergangsgeld von der Rentenversicherung beziehen, entfallen die Zuzahlungen für Sie ebenfalls.

REHA – ABER WER IST ZUSTÄNDIG?

Sie sind schwer erkrankt – aber wer übernimmt die Kosten für eine Reha? Es kann die Rentenversicherung sein, doch vielleicht ist in Ihrem Fall auch die Krankenkasse (siehe Kasten oben) zuständig oder nach einem Arbeitsunfall die gesetzliche

Unfallversicherung. Damit Sie sich im Gewirr der Zuständigkeiten nicht verirren, wenden Sie sich am besten an eine Reha-Servicestelle. Diese Servicestellen werden von den möglichen Kostenträgern wie Kranken- und Rentenversicherung gemeinsam gebildet. Betroffene können sich dort melden, und die Mitarbeiter vor Ort kümmern sich darum, dass der Antrag an die richtige Stelle weitergeleitet wird. Kontaktdaten und Informationen zu Öffnungszeiten erhalten Sie über die Internetseite www.reha-servicestellen.de.

STATION I:
IM BERUFSLEBEN

Als Angestellter können Sie gar nicht anders – Sie müssen Rentenbeiträge zahlen. Auch als Selbstständiger können Sie in der Pflicht
sein. Und wenn nicht, so haben Sie vielleicht vor dem Sprung in die
berufliche Unabhängigkeit angestellt gearbeitet und dadurch Rentenansprüche erworben. In diesem Kapitel erfahren Sie, mit welchen
Rentenbeiträgen Sie im Berufsleben rechnen müssen und wie Ihnen
die Renteninformation, die Sie jedes Jahr bekommen, bei der Berechnung Ihrer Rentenlücke hilft.

DIE BEITRAGSZAHLER: WER ZAHLT WIE VIEL?

Angestellte sind unabhängig von der
Höhe ihres Einkommens versicherungspflichtig in der gesetzlichen Rentenversicherung. Selbstständige sind nur zum
Teil versicherungspflichtig, die meisten
sind es nicht. Beamte sind es ebenfalls
nicht, sie erhalten im Alter eine gesonder-
te Versorgung. Auch Freiberufler wie Ärzte, Rechtsanwälte oder Steuerberater
müssen keine Beiträge an die gesetzliche
Rentenversicherung zahlen – sie sind als
Selbstständige und in der Regel auch als
Angestellte, die einer berufsbezogenen
Tätigkeit nachgehen, über ihre „berufsständischen Versorgungswerke" für das
Alter sowie für den Fall der Berufsunfähig-

keit geschützt. Ein separates System gibt
es außerdem für Landwirte. Sie zahlen in
die landwirtschaftliche Alterskasse ein.

 **ÜBER DIE ANGEBOTE
INFORMIEREN**

In diesem Ratgeber zur gesetzlichen Rente werden wir nur am Rande auf die besonderen Systeme wie Berufsständische
Versorgung und Landwirtschaftliche Alterskasse eingehen. Mehr Informationen
finden Sie unter anderem über die Arbeitsgemeinschaft der berufsständischen
Versorgungseinrichtungen e.V. (www.abv.
de) sowie bei der Landwirtschaftlichen
Sozialversicherung unter www.lsv.de.

Als Angestellter in der Pflicht

Angestellte müssen gemeinsam mit ihrem Arbeitgeber Beiträge an die Rentenkasse zahlen. Der Beitragssatz liegt derzeit (2014) bei 18,9 Prozent. Bei allen Angestellten, die mehr als 850 Euro brutto im Monat verdienen, gehen am Monatsende 9,45 Prozent als Rentenbeitrag vom Gehalt ab. Der Arbeitgeber zahlt noch einmal genauso viel auf das Rentenkonto ein.

Beiträge zur Sozialversicherung werden allerdings nur bis zur Beitragsbemessungsgrenze fällig. Für die gesetzliche Rentenversicherung liegt diese im Jahr 2014 in den alten Bundesländern bei 71 400 Euro jährlich, also 5 950 Euro im Monat. Selbst wenn Sie mehr verdienen, zahlen Sie am Monatsende höchstens 562,28 Euro Rentenbeitrag (9,45 Prozent von 5 950). Das gilt auch für Ihren Arbeitgeber. In den neuen Bundesländern beträgt die Beitragsbemessungsgrenze 60 000 Euro im Jahr, 5 000 Euro im Monat.

Zum versicherungspflichtigen Einkommen, für das Sozialabgaben fällig werden, zählen neben dem Monatsgehalt auch besondere Zahlungen wie Urlaubs- oder Weihnachtsgeld. Auch für die Vergütung von Überstunden fallen Sozialabgaben an.

ALTERNATIVE FÜR STUNDENSAMMLER

In vielen Unternehmen und Branchen ist es möglich, Mehrarbeitsstunden auf einem Zeitkonto zu sammeln. Das Stundenpolster wird dann zum Beispiel direkt in Freizeit abgegolten oder für spätere Auszeiten aus dem Job oder einen früheren Ausstieg aus dem Arbeitsleben genutzt.

Unter bestimmten Voraussetzungen ist es auch möglich, ein solches Wertguthaben an die gesetzliche Rentenversicherung zu übertragen. Diese Option sollten Sie im Hinterkopf behalten, wenn Sie zum Beispiel Ihren Job verlieren und Ihr neuer Arbeitgeber Ihnen keine Möglichkeit bietet, das Stundenkonto weiterzuführen. Mehr Informationen dazu erhalten Sie bei der Deutschen Rentenversicherung Bund (Adresse siehe Seite 180).

Abrechnung am Monatsende

Durch die Beiträge zur Rentenversicherung und die übrigen Zweige der Sozialversicherung bleibt vom Bruttogehalt häufig weniger übrig als gedacht.

Beispiel: Andrea Meyer verdient als angestellte Vorstandsassistentin brutto 3 500 Euro im Monat. Die 35-Jährige ist nicht verheiratet, lebt in Stuttgart und hat keine Kinder. In dem Fall fließen von ihrem Gehalt jeden Monat

- 330,75 Euro an die Rentenversicherung,
- 52,50 Euro an die Arbeitslosenversicherung,
- 287 Euro an die Krankenkasse und
- 44,63 Euro an die Pflegeversicherung.
- Die Beiträge zur gesetzlichen Unfallversicherung zahlt ihr Arbeitgeber allein.
- An Lohnsteuer werden 596,16 Euro und 32,78 Euro Solidaritätszuschlag fällig, wenn ihr keine weiteren Steuerfreibeträge zustehen. Somit bleiben von ihrem Lohn netto 2 156,18 Euro übrig.

Für Angestellte, die privat krankenversichert sind, wird ein Versicherungsbeitrag unabhängig von ihrem Einkommen fällig.

INFO Sozialabgaben senken mit staatlicher Hilfe

Wollen Sie mit staatlicher Unterstützung für das Alter sparen, kommt für Arbeitnehmer die betriebliche Altersvorsorge infrage. Sie eignet sich besonders, wenn Sie einen sicheren Job haben. Über Ihren Arbeitgeber zahlen Sie einen Teil Ihres Gehalts zum Beispiel in eine Direktversicherung ein. Der Beitrag wird direkt von Ihrem Gehalt abgezweigt. Das hat zwei Effekte: Sie sparen Geld für später und Sie sparen sich heute Steuern und Sozialabgaben.

■ Förderung: Sie können im Jahr 2014 2 856 Euro in den Vertrag einzahlen, ohne für diesen Teil des Einkommens Steuern zahlen zu müssen. Das entspricht 4 Prozent der aktuellen Beitragsbemessungsgrenze für die gesetzliche Rentenversicherung.

Die meisten sparen zusätzlich Sozialabgaben. Denn wenn Ihr Einkommen unter 48 600 Euro im Jahr liegt, fallen für die Einzahlung in die Direktversicherung gar keine Ausgaben zur Sozialversicherung an. Liegt es zwischen 48 600 und 71 400 Euro, können Sie sich zumindest die Beiträge zur Renten- und Arbeitslosenversicherung sparen. Zusätzlich können Sie noch weitere 1 800 Euro im Jahr steuerfrei einzahlen. Davon gehen allerdings Sozialabgaben ab.

■ Konkret heißt das: Wenn Sie zum Beispiel 2013 ein Einkommen von 30 000 Euro hatten und den maximal geförderten Beitrag (2013 waren das 2 784 Euro) in eine betriebliche Vorsorge eingezahlt haben, konnten Sie knapp 700 Euro an Steuern und Sozialabgaben sparen.

■ Aufstocken: Wenn jedes Jahr die Beitragsbemessungsgrenze für die gesetzliche Rentenversicherung neu festgelegt wird, verschiebt sich auch die Fördergrenze für die betriebliche Vorsorge (4 Prozent der Bemessungsgrenze) nach oben. Vor allem, wenn Ihr Einkommen unterhalb der Bemessungsgrenzen für die Sozialversicherung liegt, kann es sich für Sie lohnen, Ihren bisherigen Vorsorgebeitrag zumindest alle paar Jahre bis zur jeweils aktuellen Fördergrenze aufzustocken. Davon profitieren Sie und Ihr Arbeitgeber.

■ Auswirkungen: Höhere Beiträge für die Betriebsrente führen aber zu geringen Einbußen bei der gesetzlichen Rente – es sei denn, Sie verdienen oberhalb der Beitragsbemessungsgrenze. Liegt Ihr Einkommen niedriger und fließt ein Teil davon in die Betriebsrente, gehen dafür keine Beiträge an die Rentenkasse. Haben Sie nur noch wenige Jahre bis zum Ruhestand, sollten Sie deshalb darauf verzichten, Ihren Beitrag für die Betriebsrente aufzustocken. Die Zeit bis Rentenbeginn ist zu knapp, als dass sich die zusätzlichen Einzahlungen rentieren würden. Sind Sie jünger, bringt das Aufstocken mehr, weil Sie mehr Zeit haben, um mit den Zusatzbeiträgen für die Betriebsrente höhere Renditen zu erzielen.

Auch sie erhalten aber von ihrem Arbeitgeber einen Zuschuss für die Krankenversicherung.

 VORSICHT PRIVATE KRANKENVERSICHERUNG

Gerade in jungen Jahren mag der Abschluss eines privaten Versicherungsvertrags finanziell attraktiv sein. Doch Sie sollten bedenken, dass die Beiträge mit zunehmendem Alter stark steigen, sodass sie im Rentenalter womöglich kaum noch zu stemmen sind (siehe Seite 153). Haben Sie aufgrund Ihres Einkommens die Möglichkeit, in die private Versicherung zu wechseln, sollten Sie gut überlegen, ob das die richtige Entscheidung ist.

Ihr Verdienst im Vergleich zum Durchschnitt
Und wie viel Rente bringen die monatlichen Beiträge? Der Rentenversicherungsträger setzt die Beiträge, die Einzahler wie Andrea Meyer und ihr Arbeitgeber leisten, ins Verhältnis zu dem, was alle anderen Versicherten in einem Jahr an Beiträgen an die Rentenversicherung zahlen.

Verdient ein Arbeitnehmer genau das Durchschnittseinkommen aller Beitragszahler (nach jetzigem Stand sind das das 34 857 Euro im Jahr 2014, 2013 waren es 34 071 Euro) und zahlen er und sein Arbeitgeber entsprechend Beiträge ein, erwirbt der Angestellte einen Entgeltpunkt für sein Rentenkonto (siehe Seite 32).

Andrea Meyer kommt mit ihren 3 500 Euro monatlich auf 42 000 Euro Bruttogehalt im Jahr, wenn sie kein Urlaubs- oder Weihnachtsgeld erhält. Damit wird sie 2014 etwa 20,5 Prozent mehr verdienen als der Durchschnitt, sodass ihrem Rentenkonto für das Jahr etwa 1,205 Entgeltpunkte gutgeschrieben werden.

Die im Laufe des Lebens gesammelten Entgeltpunkte werden dann im Rentenalter in Geld umgerechnet. Ein Entgeltpunkt hat derzeit einen Wert von 28,61 Euro in den alten und 26,39 Euro in den neuen Bundesländern. Wenn Andrea Meyer in Stuttgart wohnt, bringen ihr die 1,205 Punkte aus dem Jahr 2014 später etwa 34,48 Euro Monatsrente.

Besondere Beschäftigungsverhältnisse

Etwas anders sieht die Beitragsrechnung für Angestellte aus, deren Einkommen zwischen 450 und 850 Euro im Monat liegt. Wer in dieser „Gleitzone" verdient, zahlt selbst nur reduzierte Beiträge für die Sozialversicherung. Sie steigen innerhalb der Gleitzone stufenweise an.

Beispiel: Karin Schuster wohnt in Hamburg und arbeitet nach der Geburt ihrer Tochter in Teilzeit als Angestellte für ihren früheren Arbeitgeber. Sie verdient brutto 700 Euro im Monat. In dem Fall fließen von ihrem Gehalt jeden Monat an die
- Rentenversicherung 58,51 Euro,
- Arbeitslosenversicherung 9,28 Euro,
- Krankenversicherung 51,14 Euro
- sowie für sie als Mutter 6,34 Euro an die Pflegeversicherung. Für Angestellte ohne Kinder liegt der Beitrag etwas höher.
- Für die Rentenversicherung ergibt sich in ihrem Fall ein Beitragsanteil von knapp 8,4 Prozent. Ihr Arbeitgeber muss den vollen Beitragsanteil von 9,45 Prozent, umgerechnet 66,15 Euro im Monat, zahlen.

Keine Gleitzone für Auszubildende

Das Gehalt von Auszubildenden in einem Betrieb liegt häufig zwischen 450 und 850 Euro monatlich. Für sie gelten jedoch nicht die vergünstigten Beitragssätze der Gleitzone, sondern sie müssen den vollen Beitragsanteil zahlen. Bei einem Einkommen von 700 Euro wären das zum Beispiel 66,15 Euro (9,45 Prozent) für die Rentenversicherung und 57,40 Euro (8,2 Prozent) für die Krankenversicherung.

Nur wenn ihr Verdienst bei höchstens 325 Euro im Monat liegt, zahlen sie selbst keine Sozialabgaben. Dann muss ihr Ausbildungsbetrieb die Beiträge für die verschiedenen Zweige der Sozialversicherung allein übernehmen.

Arbeitgeber zahlt für Minijobber

Verdienen Sie durchschnittlich höchstens 450 Euro im Monat, überweist der Arbeitgeber für Sie als Minijobber pauschal Beiträge an die Renten- und Krankenversicherung. Wenn Sie in einem Unternehmen angestellt sind, fließen 15 Prozent Ihres Verdienstes an die Rentenversicherung, 13 Prozent an die Krankenversicherung. Arbeiten Sie in einem Privathaushalt, sind es 5 Prozent für die Renten- und 5 Prozent für die Krankenversicherung.

Seit Anfang 2013 müssen Sie zusätzlich einen Beitragsanteil an die Rentenkasse zahlen. Wenn Sie eine neue geringfügige Beschäftigung in einem Unternehmen annehmen, zahlen Sie 3,9 Prozent Ihrer Einnahmen aus eigener Tasche und sind damit pflichtversichert in der gesetzlichen Rentenversicherung. Wollen Sie das nicht, müssen Sie diese Option ausdrücklich abwählen. Was dabei zu beachten ist und was dagegenspricht, lesen Sie ausführlich auf den Seiten 24 und 82.

Die Ansprüche, die Sie als Minijobber für eine spätere Rente erwerben, sind allerdings gering – auch wenn Sie aus eigenen Mitteln die Beiträge aufstocken. Denn wie für alle anderen Versicherten gilt auch für Minijobber: Um Ihre Rentenansprüche aus der Tätigkeit zu ermitteln, setzt der Rentenversicherer die Rentenbeiträge ins Verhältnis zu den Beiträgen aller Versicherten.

Beispiel: Die Minijobberin Grit Schuster hat 2013 genau 5400 Euro verdient. Das Durchschnittseinkommen aller Mitglieder in der gesetzlichen Rentenversicherung lag 2013 bei 34071 Euro im Jahr. Wer genau diesen Betrag verdient hat, bekommt für sein Rentenkonto einen Entgeltpunkt gutgeschrieben. Hat Grit Schuster den Rentenbeitrag ihres Arbeitgebers auf den vollen Beitragssatz von 18,9 Prozent aufgestockt, ergibt sich für sie aus der Arbeit im Jahr 2013 ein Rentenanspruch von 4,53 Euro Monatsrente in den alten und 4,92 Euro in den neuen Bundesländern. Der Wert in den neuen Ländern ist höher, da Grit Schuster vom Umrechnungsfaktor profitiert, den es quasi als Entschädigung für das niedrigere Lohnniveau in Ostdeutschland gibt.

Hat es Grit Schuster dagegen bei den Rentenbeiträgen ihres Arbeitgebers belassen und sie nicht aus eigener Tasche aufgestockt, kommt sie nach einem Jahr Minijob auf einen monatlichen Rentenanspruch von 3,60 Euro, der sowohl für die alten als auch für die neuen Länder gilt.

Keine Rentenbeiträge für Aushilfsjobs

Für alle, die ihr Einkommen als Angestellte aufbessern wollen, bietet sich ein Aushilfsjob an. Derzeit gilt: Ist der Job von vornherein auf 50 Arbeitstage im Jahr oder zwei Monate am Stück befristet, zahlen weder Sie als Jobber noch Ihr Arbeitgeber Sozialversicherungsbeiträge. Ab 2015 ändern sich die Regeln: Dann sind bis zu drei Monate am Stück oder maximal 70 Arbeitstage im Jahr abgabenfrei möglich. Wenn Sie also beispielsweise im Sommer für mehrere Wochen als Bademeister im Freibad aushelfen, fallen für den Verdienst keine Sozialabgaben an.

Sie müssen Ihren Arbeitgeber aber über Ihre Nebentätigkeit informieren, wenn dies in Ihrem Arbeitsvertrag vereinbart wurde. Verbieten darf der Arbeitgeber diesen Zusatzjob nur, wenn er seine berechtigten Interessen berührt – zum Beispiel, wenn Sie für einen Konkurrenten tätig werden.

Der Verdienst, den Sie mit Ihrer Aushilfstätigkeit erzielen, bleibt natürlich ohne Auswirkungen auf die Rente im Alter, denn Sie zahlen ja keine Sozialabgaben. Dafür haben Sie den Vorteil, dass Ihnen mehr vom Bruttolohn bleibt.

Selbstständige nur zum Teil versicherungspflichtig

Viele Selbstständige müssen sich um die Beiträge zur gesetzlichen Rentenversicherung keine Gedanken machen. Sie müssen nicht einzahlen, wenn sie zum Beispiel einen kleinen Laden führen, ein Café betreiben oder selbstständig als Stadtführer arbeiten. Einem freiberuflich tätigen

Lehrer oder einer selbstständigen Hebamme geht es dagegen ähnlich wie Angestellten. Sie sind versicherungspflichtig in der gesetzlichen Rentenversicherung. Ihr Nachteil gegenüber den Angestellten: Sie müssen ihre Rentenversicherungsbeiträge komplett allein aufbringen. Sie haben keinen Arbeitgeber, der die Hälfte des Beitrags übernimmt.

Versicherungspflicht aufgrund des Berufs

Der Gesetzgeber stuft einzelne Berufsgruppen unter den Selbstständigen als besonders schutzbedürftig ein. Sie sind aufgrund ihres Berufs versicherungspflichtig und können sich, wenn überhaupt, nur unter bestimmten Voraussetzungen von dieser Pflicht befreien lassen. Die Versicherungspflicht aufgrund des Berufs gilt für selbstständige

- Handwerker, die als Meister in der Handwerksrolle eingetragen sind,
- Lehrer und Erzieher,
- Pflegepersonen,
- Hebammen und Entbindungspfleger,
- Seelotsen,
- Hausgewerbetreibende sowie,
- Küstenschiffer oder Küstenfischer.

In einer besonderen Position sind freie Künstler und Publizisten (siehe Seite 72).

Nur unter bestimmten Bedingungen können sich die Selbstständigen in diesen Berufen von ihrer Versicherungspflicht befreien lassen: Das gilt zum Beispiel für einen Handwerksmeister nach 18 Jahren Mitgliedschaft in der Rentenversicherung. Sobald er diese Frist erfüllt hat, kann er selbst entscheiden, ob er Pflichtmitglied in der Rentenversicherung bleibt oder sich auf anderem Weg um seine Altersvorsorge kümmert.

Pflichtversicherte wie selbstständige Krankenschwestern oder auch Masseure sind nicht mehr versicherungspflichtig, sobald sie einen rentenversicherungspflichtigen Angestellten beschäftigen. Diese Freiheit haben selbstständige Hebammen nicht: Selbst wenn sie jemanden als Mitarbeiter einstellen, bleiben sie in der gesetzlichen Rentenversicherung versicherungspflichtig.

Über Beitragshöhe mitentscheiden
Versicherungspflichtige Selbstständige können frei entscheiden, ob sie ihre Beiträge an die gesetzliche Rentenversicherung in Abhängigkeit vom Einkommen zahlen oder den sogenannten Regelbeitrag überweisen. Den einkommensgerechten Beitrag erhebt die Rentenversicherung wenn möglich anhand eines vorliegenden Steuerbescheids aus dem Vorjahr. Fehlt dieser Bescheid noch, zum Beispiel bei Neugründern, müssen sie ihr Einkommen für das kommende Jahr im Voraus schätzen.

Gehen sie beispielsweise davon aus, im Jahr ein Einkommen von 30 000 Euro – umgerechnet 2 500 Euro im Monat – zu erzielen, zahlen sie einen einkommensabhängigen Beitrag von 472,50 Euro monatlich.

Etwas bequemer ist es für die Selbstständigen, wenn sie den Regelbeitrag zahlen. Dieser Durchschnittsbeitrag wird unabhängig vom Einkommen eingezogen. Er errechnet sich aus einem fiktiven Arbeitseinkommen in Höhe der „Bezugsgröße". Diese wird jedes Jahr neu festgelegt und liegt im Jahr 2014 in den alten Bundesländern bei 2 765 Euro, in den neuen Bundesländern bei 2 345 Euro pro Monat. Legt man den derzeitigen Beitragssatz von 18,9 Prozent zugrunde, ergibt sich ein Regelbeitrag von 522,59 Euro in den alten und 443,21 Euro in den neuen Bundesländern.

Sie können jederzeit zwischen den unterschiedlichen Beitragsformen wechseln. Allerdings geht das nur im Vorhinein, nicht rückwirkend. Wenn Sie zum Beispiel feststellen, dass Ihr tatsächliches Einkommen weit unter der Bezugsgröße liegt,

INFO **Wichtige Informationen für Selbstständige**

Wer ist als Freiberufler oder Gewerbetreibender versicherungspflichtig in der gesetzlichen Rentenversicherung? Wie lässt sich dieser Schutz fürs Alter oder den Fall von Erwerbsunfähigkeit sinnvoll ergänzen oder ersetzen? Welche Produkte kommen für die private Al-

tersvorsorge infrage? Antworten auf all diese Fragen finden Sie im Ratgeber „Altersvorsorge für Selbstständige", den Sie im Buchhandel erhalten oder direkt bei der Stiftung Warentest bestellen können unter www.test.de/shop.

können Sie nicht rückwirkend auf einen einkommensgerechten Beitrag umstellen und bereits gezahlte Rentenbeiträge zurückverlangen.

In den ersten drei Jahren nach der Existenzgründung haben Selbstständige die Möglichkeit, statt des kompletten Regelbeitrags nur den halben Regelbeitrag zu zahlen – 2014 also 261,29 Euro in den alten und 221,60 Euro in den neuen Bundesländern. Dadurch fällt die finanzielle Belastung für sie in der Anfangszeit niedriger aus. Gleichzeitig erwerben sie aber natürlich auch weniger Rentenansprüche für das Alter.

◤ EIN ENTGELTPUNKT BEI REGELBEITRAG

Wenn Sie als Selbstständiger den Regelbeitrag in die Rentenversicherung einzahlen, erwerben Sie für Ihr Rentenkonto in dem Jahr rund einen Entgeltpunkt (siehe Seite 32). Ein Entgeltpunkt hat derzeit einen Wert von 28,61 Euro Rente im Monat in den alten und 26,39 Euro in den neuen Bundesländern. Zahlen Sie den halben Regelbeitrag, sind es entsprechend nur 0,5 Entgeltpunkte.

Wenn Sie den einkommensgerechten Beitrag zahlen, wird Ihr Rentenanspruch wie für Angestellte ermittelt: Ihr Rentenbeitrag wird ins Verhältnis zu den Beiträgen aller Versicherten gesetzt, und daraufhin werden Ihnen Entgeltpunkte gutgeschrieben. Verdienen Sie 20 Prozent mehr als der Durchschnitt und haben Sie entsprechende Rentenbeiträge gezahlt, erhalten Sie somit 1,2 Entgeltpunkte.

Sonderfall Künstler und Publizisten

Auch freiberufliche Journalisten, Drehbuchautoren und Schauspieler sind aufgrund ihres Berufs versicherungspflichtig. Sie bilden jedoch eine besondere Gruppe: Sie fallen unter das Künstlersozialversicherungsgesetz und sind als Künstler und Publizisten versicherungspflichtig über die Künstlersozialkasse.

Gegenüber freiberuflichen Lehrern, Masseuren und Hebammen haben sie den Vorteil, dass sie ihre Beiträge zur Kranken-, Pflege- und Rentenversicherung nicht komplett allein zahlen müssen, sondern einen Zuschuss vom Bund erhalten. Deshalb zahlen sie wie Angestellte derzeit zum Beispiel 8,2 Prozent des Einkommens für die Krankenversicherung und 9,45 Prozent für die Rentenversicherung. Insgesamt fällt die monatliche Belastung dadurch für sie deutlich niedriger aus als für andere beitragspflichtige Selbstständige.

Aus diesem Grund versuchen viele Selbstständige, den Sprung in die Künstlersozialkasse zu schaffen. Allerdings prüft diese ganz genau, ob die ausgeübte Tätigkeit tatsächlich künstlerisch oder publizistisch ist. Mehr zu den Bedingungen und Voraussetzungen für die Aufnahme sowie die Anmeldeformulare finden Sie unter www.kuenstlersozialkasse.de.

Selbstständige mit einem Auftraggeber

Auch Selbstständigen in anderen Berufen kann es passieren, dass sie versicherungspflichtig in der gesetzlichen Rentenversicherung werden. Wenn Sie überwiegend nur für einen Auftraggeber tätig sind, fallen Sie unter die Versicherungspflicht. Als grober Richtwert gilt: Erzielen Sie mindestens fünf Sechstel Ihrer Betriebseinnahmen aus der Tätigkeit für einen Auftraggeber und beschäftigen keinen versicherungspflichtigen Arbeitnehmer, müssen Sie Pflichtbeiträge an die gesetzliche Rentenversicherung zahlen. Allerdings ist es nicht immer ganz einfach, über die Versicherungspflicht zu entscheiden. Die Übergänge sind häufig fließend.

Im Normalfall gilt auch für die Selbstständigen, die überwiegend für einen Auftraggeber arbeiten, der Beitragssatz von 18,9 Prozent. Auf Antrag ist es möglich, sich aber zumindest in den ersten drei Jahren der Selbstständigkeit von der Versicherungspflicht befreien zu lassen und die Beiträge zu sparen.

BEFREIUNG MIT FOLGEN

Wenn Sie sich als Selbstständiger mit einem Auftraggeber von der Versicherungspflicht befreien lassen, hat das unter Umständen gravierende Konsequenzen: Sie verlieren mit der Zeit den Anspruch auf eine Erwerbsminderungsrente, da Sie für diesen Rentenanspruch in den fünf Jahren vor Eintritt der Erwerbsunfähigkeit mindestens drei Jahre Pflichtbeiträge geleistet haben müssen. Falls Sie überlegen, sich befreien zu lassen, sollten Sie sich in einer Beratungsstelle der Deutschen Rentenversicherung genauer über die Folgen Ihres Schrittes informieren.

Freiwillige Beiträge sind meist deutlich niedriger

In bestimmten Situationen kann es sich für Selbstständige lohnen, freiwillige Beiträge an die Rentenkasse zu zahlen. Diese sind häufig um einiges niedriger als die Pflichtbeiträge. Der monatliche Mindestbeitrag liegt derzeit bei 85,05 Euro (18,9 Prozent von 450 Euro). Sie können jedoch auch deutlich mehr zahlen, wenn Sie dies möchten. Die freiwilligen Beiträge können zum Beispiel älteren Selbstständigen helfen, ihren Schutz für den Fall von Erwerbsunfähigkeit aufrechtzuerhalten. Auch andere Personengruppen können profitieren, zum Beispiel Hausfrauen und Angestellte (siehe Seite 137).

INFO Auf Antrag in die Pflicht

Alle anderen Selbstständigen, die nicht wegen ihres Berufs oder ihrer Auftragslage versicherungspflichtig in der gesetzlichen Rentenversicherung sind, können aus freien Stücken einen Antrag auf Pflichtmitgliedschaft stellen. Damit sichern sie sich die vollen Leistungen der gesetzlichen Rentenversicherung.

Das kann sich zum Beispiel lohnen, wenn es Ihnen nicht gelingt, mit einer privaten Berufs- oder Erwerbsunfähigkeitsversicherung für einen möglichen Notfall vorzusorgen (siehe Seite 47). Wenn Sie sich für die Pflichtmitgliedschaft auf Antrag entscheiden, zahlen Sie entweder den Regelbeitrag oder 18,9 Prozent Ihres Arbeitseinkommens.

Immer mobil: Wechsel in der Erwerbsbiografie

Ein junger Mann macht seine Ausbildung in einem Betrieb. Dort arbeitet er sich in den folgenden Jahren hoch und geht nach über 40 Jahren Unternehmenszugehörigkeit in Rente. Solche Lebensläufe gibt es auch heute noch, doch sie werden seltener. Stattdessen kann die Karriere zum Beispiel so verlaufen: Ein Angestellter erhält ein interessantes Jobangebot im Ausland, wandert aus, bekommt nach drei Jahren Heimweh, kehrt wieder nach Deutschland zurück, nimmt eine neue Beschäftigung an, wird dann doch arbeitslos und entschließt sich letztlich, sich selbstständig zu machen.

Trotz möglicher Wechsel in der Erwerbsbiografie gilt: Bisher erworbene Ansprüche an die gesetzliche Rentenversicherung gehen Ihnen natürlich nicht verloren. Alles, was Sie an Entgeltpunkten gesammelt haben, bleibt Ihnen erhalten, auch wenn Sie vorübergehend im Ausland arbeiten, arbeitslos sind oder wenn Sie als Selbstständiger gar keine Beiträge mehr einzahlen. Die gesetzliche Rente bleibt somit ein wichtiger Bestandteil Ihrer Absicherung im Alter, auch wenn Sie in der Zeit vor dem Ruhestand keine Beiträge mehr geleistet haben.

KONTO KLÄREN LASSEN

Gerade wenn Sie verschiedene Phasen in Ihrem Erwerbsleben hatten, ist es wichtig, sich Klarheit bei der gesetzlichen Rente zu verschaffen. Prüfen Sie die Renteninformation oder die Rentenauskunft, die Ihnen einen Überblick über Ihre bisher erworbenen Ansprüche liefern. Wenn Sie feststellen, dass bestimmte Zeiten fehlen, holen Sie sich zum Beispiel Rat direkt in der Sprechstunde der gesetzlichen Rentenversicherung oder bei einem freien Rentenberater. Beantragen Sie bei der Rentenversicherung ein Verfahren zur Kontenklärung. Je früher Sie das tun, desto einfacher wird es für Sie, sämtliche Daten vorzulegen und Phasen mit ungeklärter Versicherten- und Beitragssituation zu klären.

Wann andere für Sie einzahlen

Die Übersicht ab Seite 23 hat es bereits gezeigt – nicht immer müssen Sie selbst Beiträge an die Rentenversicherung zahlen, um Rentenansprüche zu erwerben. In einigen Lebensphasen springen andere Institutionen und Behörden für Sie ein, zum Beispiel:

- Wenn Sie Wehr- oder Zivildienst geleistet haben, hat der Bund die Beiträge für Sie übernommen. Sie wurden zuletzt so gestellt, als hätten Sie in dieser Zeit 60 Prozent der jeweiligen Bezugsgröße verdient. Bei einem Jahr Dienst bringt Ihnen das etwa 0,6 Entgeltpunkte.
- Als Empfänger von Arbeitslosengeld I hat die Arbeitsagentur für Sie Rentenbeiträge gezahlt. Sie hat Beiträge entrichtet, als hätten Sie in der Zeit 80 Prozent Ihres bisherigen Einkommens verdient.
- Nach der Geburt Ihrer Kinder erhalten Sie Extrapunkte: Für ein vor 1992 geborenes Kind werden Sie für zwei Jahre so gestellt, als hätten Sie das Durchschnittseinkommen verdient. Für ab 1992 geborene Kinder haben Sie sogar drei Entgeltpunkte sicher, auch wenn Sie nicht arbeiten.

REGELMÄSSIG INFORMIERT: WIE VIEL SIE SPÄTER BEKOMMEN

Mit Ende 20 oder Ende 30 scheint das Rentenalter noch weit weg. Trotzdem werden Sie nicht umhinkommen, zusätzlich zur gesetzlichen Rente selbst Geld für die Zeit nach der Arbeit zurückzulegen. Damit Sie besser planen können, womit Sie im Alter rechnen können und welche finanzielle Lücke Sie noch schließen müssen, versendet die Deutsche Rentenversicherung jedes Jahr Renteninformationen. Eine Renteninformation bekommt, wer älter als 27 Jahre ist und mindestens fünf Jahre Beiträge gezahlt hat.

Mit der ersten Renteninformation erhalten Sie einen Überblick über Ihren bisherigen Versicherungsverlauf. Anhand dieses „Kontoauszugs" können Sie prüfen, ob alle Versichertenzeiten berücksichtigt wurden. Wenn es Lücken gibt, sollten Sie versuchen, diese direkt zu klären. Sie können das auch später noch tun, doch je länger Sie warten, desto schwieriger kann es werden, die notwendigen Belege zu finden.

Für Erwerbstätige, die 55 Jahre oder älter sind, gibt es alle drei Jahre anstelle der Renteninformation die ausführliche Rentenauskunft. Mehr zu deren Inhalten lesen Sie ab Seite 105.

Das bietet die Renteninformation

Die Renteninformation, die Sie einmal jährlich per Post bekommen, besteht aus zwei Seiten. Ein Muster haben wir auszugsweise auf Seite 77 abgebildet. Dort finden Sie unter anderem folgende Daten:
❶ Versicherungszeiten: Sie können entnehmen, in welchen Zeiten Sie Entgeltpunkte gesammelt haben.
❷ Rentenbeginn: Sie erfahren, wann Sie – unter Berücksichtigung der Regeln zur „Rente mit 67" – erstmals die Regelaltersrente beziehen können.
❸ Ihre Ansprüche im Fall von Erwerbsminderung: Sie erfahren, wie hoch Ihre Rente ausfallen würde, wenn Sie ab jetzt voll erwerbsgemindert wären, also wenn

INFO Daten online abfragen

Sie schaffen es einfach nicht, in eine der Beratungsstellen der Rentenversicherung zu gehen, oder verpassen immer die Sprechzeiten an der kostenlosen Telefonhotline? Wichtige Informationen zu Ihrer Situation als gesetzlich Versicherter können Sie auch online abfragen – über die Homepage www. deutsche-rentenversicherung.de. Unter „Services" und „Online-Dienste" gelangen Sie schließlich zum „Serviceangebot", wo Sie beispielsweise Ihren Versicherungsverlauf anfordern können. Bei Fragen, wie all das online funktioniert und welche Voraussetzungen Sie erfüllen müssen, können Sie es auch über eine Extrahotline zu Online-Diensten probieren unter Tel. 0800/1000 480 70.

Sie nicht mehr in der Lage wären, für mindestens drei Stunden am Tag irgendeine Art von Arbeit zu verrichten.

❹ Rentenanwartschaft: Sie sehen, welche Rentenansprüche Sie bisher erworben haben. Diese sind Ihnen sicher, auch wenn Sie ab jetzt keinen einzigen Euro mehr in die Rentenkasse einzahlen.

❺ Rentenhochrechnung ohne Anpassung: Im nächsten Schritt erfahren Sie, wie hoch Ihre Rente ausfallen wird, wenn Sie bis zur Altersgrenze weiter Beiträge in der Höhe einzahlen, wie Sie dies durchschnittlich in den vergangenen fünf Jahren getan haben.

❻ Rentenhochrechnung mit Anpassung: Jedes Jahr wird neu entschieden, ob die Rente angehoben wird und um wie viel Prozent sie steigt. Sie sollen erfahren, wie hoch Ihre Rente ausfallen wird, wenn es solche Anpassungen gibt. Deshalb erstellt die Rentenversicherung eine Prognose: Wie hoch wäre Ihre Rente, wenn in Zukunft bis zu Ihrem Renteneintrittsalter die Leistungen jedes Jahr um 1 Prozent steigen und Sie weiterhin so viele Entgeltpunkte sammeln wie in den vergangenen fünf Jahren? Und als zweiter Prognosewert: Wie hoch wird Ihre persönliche Rente sein, wenn die jährlichen Rentensteigerungen bei 2 Prozent liegen?

❼ Beiträge: Sie können sehen, wie viel Beiträge Sie und Ihr Arbeitgeber eingezahlt haben. Auch Zahlungen von öffentlichen Kassen während längerer Krankheit oder Arbeitslosigkeit werden mitgezählt.

❽ Entgeltpunkte: Sie weist auch aus, wie viele Punkte Sie bislang auf Ihrem Rentenkonto haben.

Basisinformation mit einigen Unwägbarkeiten

Aus der Renteninformation wissen Sie, was Ihnen nach heutigem Stand an Rente sicher ist und wie hoch Ihre Rente voraussichtlich sein wird, wenn Sie bis zum Rentenbeginn so weiterverdienen wie bisher.

Dazu erfahren Sie noch, wie viel Rente Sie im Monat bekommen können, wenn es Rentensteigerungen gibt. Nach diesen Prognosen könnten Sie auf 2 000 oder gar 3 000 Euro Rente kommen? Beachten Sie, dass es sich bei diesen Werten tatsächlich um Prognosen handelt. In der Vergangenheit fielen die Rentensteigerungen zum Teil niedriger als 1 Prozent aus, in manchen Jahren entfielen sie sogar ganz.

Eine weitere Unsicherheit kommt dazu, auf die die Rentenversicherung auch hinweist, deren Folgen aber heute noch nicht abzusehen sind: Wie viel ist ein Rentenanspruch von 1 500 Euro noch wert, wenn Sie zum Beispiel erst in 20 oder 30 Jahren den Ruhestand erreichen? Der Preisanstieg – die Inflation – sorgt dafür, dass Sie sich für 1 500 Euro dann deutlich weniger kaufen können als heute. Steigen die Preise jedes Jahr um 2 Prozent, benötigen Sie für Güter, die heute 1 500 Euro kosten, schon in zehn Jahren knapp 1 830 Euro.

Mit anderen Worten: So ganz genau kann keiner sagen, was Sie sich einmal für Ihre Rente leisten können. Am einfachsten ist es deshalb, wenn Sie Prognosen zu Rentensteigerungen und Inflation außen vor lassen und überlegen: Wie käme ich heute mit einer Rente aus, wie ich sie voraussichtlich bei Rentenbeginn ohne prognostizierte Rentensteigerungen hätte?

DIE RENTENINFORMATION AUF EINEN BLICK

Versicherungsnummer:
65 270160 Z 009

Deutsche Rentenversicherung

Bund

Abteilung Versicherung und Rente

Deutsche Rentenversicherung Bund · 10704 Berlin

Ruhrstraße 2, 10709 Berlin
Postanschrift: 10704 Berlin
Telefon 030 865-0
Telefax 030 865-27240
Servicetelefon 0800 100048070
www.deutsche-rentenversicherung-bund.de
drv@drv-bund.de

Herrn
Max Mustermann
Ruhrstr. 2
10709 Berlin

Datum 15.01.2014

Ihre Renteninformation

Sehr geehrter Herr Mustermann,

in dieser Renteninformation haben wir die für Sie vom 01.08.1976 bis zum 31.12.2013 ❶
gespeicherten Daten und das geltende Rentenrecht berücksichtigt. Ihre **Regelaltersrente**
würde am 01.06.2026 beginnen. Änderungen in Ihren persönlichen Verhältnissen und ❷
gesetzliche Änderungen können sich auf Ihre zu erwartende Rente auswirken. Bitte beachten
Sie, dass von der Rente auch Kranken- und Pflegeversicherungsbeiträge sowie gegebenenfalls
Steuern zu zahlen sind. Auf der Rückseite finden Sie zudem wichtige Erläuterungen und
zusätzliche Informationen.

Rente wegen voller Erwerbsminderung
Wären Sie heute wegen gesundheitlicher Einschränkungen voll
erwerbsgemindert, bekämen Sie von uns eine monatliche Rente von: **1.505,37 EUR** ❸

Höhe Ihrer künftigen Regelaltersrente
Ihre bislang erreichte Rentenanwartschaft entspräche nach heutigem Stand
einer monatlichen Rente von: **1.442,78 EUR** ❹
Sollten bis zum Rentenbeginn Beiträge wie im Durchschnitt der letzten fünf
Kalenderjahre gezahlt werden, bekämen Sie ohne Berücksichtigung von
Rentenanpassungen von uns eine monatliche Rente von: **2.088,97 EUR**

Rentenanpassung
Aufgrund zukünftiger Rentenanpassungen kann die errechnete Rente in Höhe von
2.088,97 EUR tatsächlich höher ausfallen. Allerdings können auch wir die Entwicklung nicht
vorhersehen. Deshalb haben wir - ohne Berücksichtigung des Kaufkraftverlustes - zwei
mögliche Varianten für Sie gerechnet. Beträgt der jährliche Anpassungssatz 1 Prozent, so
ergäbe sich eine monatliche Rente von etwa 2.350 EUR. Bei einem jährlichen Anpassungssatz ❻
von 2 Prozent ergäbe sich eine monatliche Rente von etwa 2.640 EUR.

Zusätzlicher Vorsorgebedarf

❺ Rentenhochrechnung ohne Anpassung. Für die Einschätzung Ihrer Rentenlücke
ist es am einfachsten, wenn Sie sich an dem Betrag orientieren, der in Ihrer Renteninformation an dieser Stelle steht. Wie kämen Sie heute damit zurecht?

Beiträge und Entgeltpunkte
Bisher haben wir für Ihr Rentenkonto folgende Beiträge erhalten: ❼
Von Ihnen **129.700,64 EUR**
Von Ihrem/n Arbeitgeber/n **129.700,64 EUR**
Von öffentlichen Kassen (z.B. Krankenkasse, Agentur für Arbeit) **3.548,89 EUR**
Aus den erhaltenen Beiträgen und Ihren sonstigen Versicherungszeiten
haben Sie bisher insgesamt Entgeltpunkte in folgender Höhe erworben: **51,2714** ❽

Rente wegen voller Erwerbsminderung

Renteninformation 2014

n 2014

Die Erläuterung für die Ziffern finden Sie im Text auf Seite 75 und 76. **Quelle:** Deutsche Rentenversicherung Bund

MIT DEM FINANZAMT RECHNEN:
RENTENBEITRÄGE UND STEUERN

Zu Beginn des Ratgebers haben wir gezeigt, dass die gesetzliche Rente in der Vergangenheit von zahlreichen Reformen geprägt wurde. Eine dieser Reformen traf auch die Steuerregeln für die Altersvorsorge. 2005 ist das Alterseinkünftegesetz in Kraft getreten, durch das die Besteuerung der gesetzlichen Rente und anderer Alterseinkünfte ein neues Gesicht bekommen hat. Die wohl wichtigste Neuerung im Zuge dieser Reform war, dass seither für Renten aus der gesetzlichen Rentenversicherung und aus anderen Vorsorgeeinrichtungen wie Berufsständischen Versorgungswerken die „nachgelagerte Besteuerung" gilt.

Das heißt, dass die Renten oder zumindest große Teile davon bei der Auszahlung steuerpflichtig sind. Damit ist die Steuerbelastung für diese Leistungen im Alter deutlich höher als früher. (Mehr zu den Folgen und Beispielrechnungen finden Sie ab Seite 154.) Im Gegenzug dürfen Sie als Erwerbstätiger allerdings einen ständig steigenden Anteil Ihrer Beiträge für die Altersvorsorge als Sonderausgaben in der Steuererklärung abrechnen. Je höher die Sonderausgaben sind, desto niedriger fällt das zu versteuernde Einkommen aus, sodass die Steuerlast sinkt.

Gefördert werden Vorsorgezahlungen bis 20 000 Euro im Jahr. Diese zählen aber (noch) nicht komplett als Sonderausgaben, sondern 2014 nur zu 78 Prozent, 2015 zu 80 Prozent. Dieser Anteil steigt in den kommenden Jahren weiter stufenweise an, sodass ab 2025 die Vorsorgebeiträge zu 100 Prozent Sonderausgaben sind.

Für Angestellte machen die Beiträge zur gesetzlichen Rentenversicherung einen gehörigen Anteil unter den Vorsorgeaufwendungen aus. Verdient jemand zum Beispiel 50 000 Euro im Jahr, zahlen sein Arbeitgeber und er insgesamt 9 450 Euro an Rentenbeiträgen (18,9 Prozent). Die eingezahlten Beiträge tragen Angestellte in der nächsten Steuererklärung in der Anlage Vorsorgeaufwand ein. Der persönliche Steuervorteil errechnet sich dann folgendermaßen:

Beispiel: Bei einem Bruttoverdienst von 50 000 Euro flossen 2013 für den Angestellten Christian Kaufmann insgesamt 9 450 Euro Beiträge an die Rentenversicherung. Für das Jahr 2013 erkennt das Finanzamt 76 Prozent davon als Sonderausgaben an – 7 182 Euro. Einen Großteil dieser 7 182 Euro machen die Beiträge aus, die Herr Kaufmanns Arbeitgeber geleistet hat: Seine 4 725 Euro werden komplett berücksichtigt. Nur noch die verbleibenden 2 457 Euro (7 182 minus 4 725) kann Christian Kaufmann selbst als Sonderausgaben geltend machen.

Welche Auswirkungen diese Sonderausgaben auf Herrn Kaufmanns Steuerbelastung haben, hängt davon ab, ob er weitere Einkünfte hat und wie hoch sein zu versteuerndes Einkommen insgesamt

INFO   Mit Rürup-Vertrag aufstocken

Vorsorgeaufwendungen bis zu einem Betrag von 20 000 Euro im Jahr werden steuerlich gefördert. Für diesen Wert zählen neben der gesetzlichen Rente auch Rürup-Beiträge mit.

Beitragshöhe: Haben Sie als Angestellter gemeinsam mit Ihrem Arbeitgeber eine bestimmte Summe an Beiträgen für die Rentenkasse geleistet, können Sie diesen Betrag theoretisch bis 20 000 Euro im Jahr mit Beiträgen für einen Rürup-Vertrag aufstocken. Auch davon zählen dann 78 Prozent (im Jahr 2014) als Sonderausgaben. Selbstständige, die keinerlei Beiträge an die gesetzliche Rentenversicherung oder eine andere Vorsorgeeinrichtung zahlen, könnten die geförderte Summe komplett in den Rürup-Vertrag stecken.

Vorsicht: Ein Rürup-Vertrag als Altersvorsorge eignet sich längst nicht für jeden. Er ist sehr unflexibel und häufig mit hohen Abschlusskosten verbunden. Trotz des verlockenden Steuervorteils sollten Sie sich gut überlegen, ob Sie sich für diese Anlage entscheiden. Weitere Informationen zu Chancen und Risiken finden Sie unter www.test.de, Stichwort: Rürup-Rente.

Andere Vorsorgeverträge: Beiträge für einen Riester-Vertrag oder eine Betriebsrente sind bei dieser Berechnung zu den Sonderausgaben außen vor. Die Beiträge für die Betriebsrente tauchen in der Steuererklärung gar nicht auf. Riester-Beiträge rechnen Sie in der Anlage AV zur Steuererklärung separat ab. In welcher Höhe sie Ihnen einen Steuervorteil bringen, ermittelt das Finanzamt unabhängig von den Beiträgen zu gesetzlicher Rente und Rürup-Vertrag. Riester-Sparer können für Einzahlungen bis 2 100 Euro im Jahr Steuervorteile erhalten.

ist. Danach richtet sich sein persönlicher Steuersatz. Hat er einen Steuersatz von zum Beispiel 32 Prozent, bringen ihm seine eigenen Rentenbeiträge eine Steuerersparnis von rund 786 Euro.

Selbstständige, die ihre Rentenbeiträge vollständig aus eigener Taschen zahlen, müssen keinen Arbeitgeberanteil gegenrechnen. Wenn sie 9 450 Euro in die Rentenkasse eingezahlt haben, erkennt das Finanzamt 2013 davon 76 Prozent als Sonderausgaben an. Für einen Selbstständigen schlagen also 7 182 Euro als Sonderausgaben zu Buche, sodass der Steuervorteil für Ihn noch deutlich größer ausfällt.

STATION I: MEHR PUNKTE HERAUSHOLEN

Bereits an der ersten Station Ihres persönlichen Renten-Fahrplans können berufliche Veränderungen, aber auch private Entwicklungen Folgen für die Rente im Alter haben. Bei einigen haben Sie Handlungsspielräume, die Sie nutzen sollten. In diesem Kapitel stellen wir gezielt Situationen in den Fokus, die während des Arbeitslebens Ihre Ansprüche auf Leistungen aus der gesetzlichen Rentenversicherung beeinflussen können.

DIE WEICHEN RICHTIG STELLEN

Jedes Jahr fließen für mehr als 35 Millionen aktiv Versicherte Rentenbeiträge: Knapp 28 Millionen zahlen ihre Beiträge als angestellt Beschäftigte gemeinsam mit ihrem Arbeitgeber. Zu den Versicherten zählten 2012 außerdem rund 5,2 Millionen Minijobber sowie rund 270 000 Selbstständige, etwa 285 000 freiwillig Versicherte und die Empfänger von Arbeitslosengeld I.

Nicht selten ändert sich die Situation von Versicherten im Laufe des Arbeitslebens: Der Vertrag für die Vollzeitstelle ist befristet – danach wird Ihnen nur noch ein Teilzeitjob angeboten. Oder noch ungünstiger: Sie verlieren Ihre Stelle komplett und sind vorübergehend arbeitslos.

Bestimmte Veränderungen in Ihrem Lebenslauf können Sie nicht beeinflussen.

Für andere entscheiden Sie sich bewusst – wenn Sie beispielsweise Ihre Arbeitszeit aus freien Stücken reduzieren, um sich nebenbei als Selbstständiger ein zweites Standbein aufzubauen, oder wenn Sie vorübergehend ins Ausland gehen. Solche Veränderungen bleiben nicht ohne Auswirkung auf die Höhe der Rentenbeiträge und die künftigen Rentenansprüche.

Auch bei familiären Veränderungen wie der Geburt eines Kindes oder einer Scheidung können falsche Entscheidungen Sie unter Umständen Rente kosten.

Die folgenden Fragen und Antworten sollen Ihnen helfen, die für Sie wichtigen Punkte herauszufiltern. Am besten, Sie blättern durch und schauen, welche in Ihrem Leben so oder ähnlich eine Rolle spielen.

BERUFLICHE VERÄNDERUNGEN UND IHRE FOLGEN

Eine Vollzeitstelle zahlt sich auch in Sachen Rente aus. Dagegen drohen Ihnen vor allem als langjährigem Minijobber und bei längerer Arbeitslosigkeit empfindliche Einbußen im Rentenalter.

> Ich möchte nach Ende der Elternzeit einen Minijob annehmen. Mein künftiger Chef sagt, ich muss selbst Sozialabgaben zahlen. Stimmt das?

Ja und nein. Sie müssen nicht unbedingt Sozialabgaben – genauer gesagt Beiträge zur Rentenversicherung – leisten, sondern können sich auch dagegen entscheiden. Doch wenn Sie sich entscheiden, keine eigenen Rentenbeiträge zu überweisen, setzen Sie wichtige Leistungen der gesetzlichen Rentenversicherung aufs Spiel und verzichten auf finanzielle Vorteile.

Gerade in Sachen Rente haben sich die Bedingungen für Minijobber Anfang 2013 deutlich geändert. Nicht nur, dass sie heute mit bis zu 450 Euro regelmäßig 50 Euro mehr im Monat verdienen dürfen: Grundsätzlich gilt seither, dass jeder, der einen neuen Minijob annimmt, einen Teil der Rentenbeiträge mit übernehmen muss. Der Arbeitgeber überweist weiterhin 15 Prozent des Einkommens (bei einem Job im Privathaushalt: 5 Prozent) an die Rentenversicherung. Die Jobber selbst stocken diesen Beitrag aus eigenen Mitteln auf – in diesem Jahr um 3,9 Prozent (bei

Jobs im Privathaushalt um 13,9 Prozent), sodass insgesamt der komplette Beitragssatz von 18,9 Prozent an die Rentenversicherung fließt. Verdienen Sie in einem Unternehmen 450 Euro im Monat, müssen Sie 17,55 Euro monatlich selbst tragen.

Wenn Sie als Beschäftigter das nicht wollen, müssen Sie das Ihrem Arbeitgeber mitteilen, der diese Information an die Minijob-Zentrale weiterleitet. Tun Sie das nicht, wird automatisch Ihr Beitragsanteil vom Lohn abgezogen.

Bis Ende 2012 war die Regelung für geringfügige Beschäftigungen genau umgekehrt: Minijobber mussten sich aktiv dafür entscheiden, den Rentenbeitrag mit eigenen Zahlungen aufzustocken. Taten sie es nicht, sparten sie sich zwar Sozialabgaben, konnten aber eben auch nicht alle Leistungen der gesetzlichen Rentenversicherung in Anspruch nehmen. Auf Dauer verloren sie auf diese Weise beispielsweise den Anspruch auf eine Erwerbsminderungsrente, weil sie keiner versicherungspflichtigen Beschäftigung nachgingen (siehe Seite 50).

Das können Sie tun: Auch wenn Sie als Minijobber in einem Unternehmen den Rentenbeitrag nicht zwingend aufstocken müssen, sollten Sie es tun. Denn schon mit geringen eigenen Beiträgen sichern Sie sich sämtliche Leistungen der Rentenversicherung wie den Anspruch auf eine Erwerbsminderungsrente.

Und gerade für Sie als junge Mutter bringt das Aufstocken noch einen weiteren Vorteil: Die zehn Jahre nach der Geburt Ihres Kindes sind für Sie Kinderberücksichtigungszeiten (siehe Seite 97). Das bedeutet: Wenn Sie innerhalb dieser Phase wieder anfangen zu arbeiten und weniger als das Durchschnittseinkommen

verdienen, wird Ihr Punktekonto für die gesetzliche Rente um 50 Prozent aufgestockt – maximal auf einen Entgeltpunkt. Von dem Zuschuss können Eltern profitieren, die einer versicherungspflichtigen Beschäftigung nachgehen – im Fall des Minijobs also nur, wenn die Rentenbeiträge des Arbeitgebers aus eigener Tasche aufgestockt werden. So kann die Rente zumindest um einige Euro höher ausfallen.

DIREKT NACHFRAGEN
Wenn Sie Fragen zu diesen Regeln haben oder weitere Informationen zu Minijobs suchen, können Sie sich zum Beispiel direkt an die Minijobzentrale wenden (www.minijob-zentrale.de). Eine Service-Hotline erreichen Sie montags bis freitags von 7 bis 17 Uhr unter der Telefonnummer 03 55/2 90 27 07 99.

> **Mein Chef bietet mir an, aus meinem langjährigen Minijob eine Halbtagsstelle zu machen. Lohnt sich das – schließlich muss ich dann selbst Abgaben zahlen?**

Ja, auch wenn Sie bislang in Ihrem Minijob keine Sozialabgaben zahlen mussten, lohnt sich das Aufstocken der Stelle! Sie verdienen mehr, haben auf jeden Fall eine versicherungspflichtige Beschäftigung, die Ihnen alle Leistungen der gesetzlichen

Rentenversicherung bietet, und Sie erwerben höhere Rentenansprüche.

Zwar können Sie seit Anfang 2013 als Minijobberin jeden Monat 450 Euro verdienen, ohne Sozialabgaben zahlen zu müssen. Aber reicht Ihnen das auf Dauer tatsächlich? Wenn nicht, lohnt es sich, das Angebot Ihres Chefs anzunehmen, auch wenn dann Abgaben fällig werden.

Bei einem Verdienst von zum Beispiel 1000 Euro im Monat müssten Sie mit Sozialabgaben von insgesamt rund 200 Euro rechnen. Damit bleiben Ihnen am Monatsende deutlich mehr als 450 Euro. Und auch bei der Rente zahlt sich jeder zusätzlich verdiente Euro aus, da Sie mehr Entgeltpunkte erwerben.

Das können Sie tun: Wenn Sie sich für eine Beschäftigung entscheiden, die mehr als 450 Euro im Monat bringt, sind Ihnen gerade in der Rentenversicherung alle Leistungen sicher, die Sie früher als Minijobber nicht hatten, sofern Sie den von Ihrem Chef überwiesenen Beitrag an die Rentenversicherung nicht aus eigenen Mitteln aufgestockt haben.

Sie erwerben zum Beispiel den Anspruch auf eine Erwerbsminderungsrente, falls Sie aus gesundheitlichen Gründen nicht mehr arbeiten können. Außerdem zählt die Zeit im rentenversicherungspflichtigen Job für sämtliche Wartezeiten mit – das ist wichtig, wenn Sie vorzeitig in Rente gehen wollen (siehe Seite 42).

Und Sie schaffen sich einen höheren Rentenanspruch für das Alter. Zum Vergleich: Als Minijobber, der genau 450 Euro im Monat verdient, haben Sie in einem Jahr gerade einmal einen Anspruch von etwa 4,50 Euro Monatsrente. Wenn Sie monatlich nur 200 oder 300 Euro Einkommen haben, ist der Anspruch noch niedriger. Mit einem Verdienst von beispielsweise 1000 Euro im Monat oder 12 000 Euro

im Jahr kommen Sie auf knapp 10 Euro Monatsrente. Das ist auch noch wenig, aber ein Anfang.

Wenn Sie ein Angebot erhalten, Ihre Stunden aufzustocken, finden Sie im Internet zahlreiche Abgabenrechner, mit denen Sie ermitteln können, was am Monatsende von Ihrem Bruttolohn übrig bleibt. Versuchen Sie es zum Beispiel auf der Homepage Ihrer Krankenkasse, denn viele Kassen bieten mittlerweile einen Beitragsrechner an. Falls Sie so nicht weiterkommen, können Sie auch direkt bei Ihrer Krankenkasse nachfragen und sich von den Mitarbeitern ausrechnen lassen, mit welchen Beiträgen Sie je nach Verdienst rechnen müssen.

ANSPRUCH AUF RIESTER-FÖRDERUNG

Wer sozialversicherungspflichtig beschäftigt ist, hat automatisch Anspruch auf die staatliche Riester-Förderung. Als Riester-Sparer schenkt Ihnen der Staat jedes Jahr 154 Euro Zulage. Weitere Zulagen bekommen Sie, wenn Sie Kinder haben: immerhin 300 Euro für jedes ab 2008 geborene Kind. Als Mutter von zwei Kindern könnten Sie somit bis zu 754 Euro im Jahr als Spargeschenk vom Staat bekommen. Vielleicht kann sich das für Sparer mit niedrigem Einkommen künftig noch mehr lohnen. Denn es gab zumindest einmal Pläne, nach denen die Riester-Rente Ihnen im Alter sicher sein soll – selbst wenn Sie auf staatliche Unterstützung in Form der Grundsicherung angewiesen sein sollten. Bis zum Redaktionsschluss dieses Ratgebers gab es diese Regelung aber nicht.

Mein Chef will mein Gehalt erhöhen. Aber von der Bruttoerhöhung bleibt nach Abzug von Sozialabgaben und Steuern kaum etwas übrig. Gibt es Alternativen?

Ja, es gibt Alternativen. Sie können mit Ihrem Arbeitgeber steuer- und sozialabgabenfreie Extras zum Gehalt vereinbaren. Davon profitieren beide Seiten.

Ihr Arbeitgeber kann Ihnen zum Beispiel statt der versprochenen 200 Euro mehr Bruttogehalt pro Monat 200 Euro als Zuschuss zum Kindergartenbeitrag für die Tochter überweisen. Dafür zahlen Sie dann weder Steuern noch Sozialabgaben, und auch Ihr Chef kann sich seinen Anteil an den Sozialabgaben sparen.

Als weitere Extras zum Gehalt kommen zum Beispiel grundsätzlich Zuschüsse für das Ticket des öffentlichen Nahverkehrs oder Essensgutscheine infrage. All diese Leistungen sind von Abgaben befreit. Aber natürlich bringen diese Vorteile, für die keine Rentenversicherungsbeiträge gezahlt werden müssen, auch nichts für die spätere Rente.

Eine weitere Möglichkeit der finanziellen Unterstützung seitens des Arbeitgebers wäre, das zusätzliche Gehalt in eine betriebliche Altersvorsorge zu investieren. Bis zur Grenze von 2 856 Euro im Jahr (2014) können Arbeitnehmer in einen Vertrag einzahlen, ohne dass für die Beiträge Steuern fällig werden. Meist entfallen auch die Sozialabgaben. Von diesen Vorsorgeleistungen kann somit auch der Arbeitgeber profitieren.

Das können Sie tun: Wenn Sie noch nicht in eine Betriebsrente investieren oder die Fördergrenze für die betriebliche Altersvorsorge nicht ausschöpfen, könnten Sie das zusätzliche Gehalt nutzen und in einen betrieblichen Vorsorgevertrag einzahlen.

In Zukunft könnte es vielleicht auch möglich sein, dass der Arbeitgeber für seine Angestellten freiwillige Beiträge an die gesetzliche Rentenversicherung zahlt, für die dann keine Steuern und Sozialabgaben anfallen. Das war zumindest in einem früheren Gesetzesentwurf angedacht worden. Bisher gab es aber noch keine entsprechende Entscheidung.

Bevor Sie sich für ein bestimmtes Extra zum Gehalt entscheiden, sollten Sie sich zum Beispiel von der Personalabteilung Ihres Arbeitgebers ausrechnen lassen, was Ihnen der jeweilige Schritt bringt.

Weitere Informationen zu möglichen Extras zum Gehalt vom Firmenwagen bis zur Gesundheitsförderung sowie zahlreiche Informationen rund um die Steuererklärung finden Sie im Finanztest-Spezial „Steuern", das Sie im Handel erwerben oder direkt bei der Stiftung Warentest unter www.test.de/shop bestellen können.

> Nach drei Jahren läuft in Kürze mein Arbeits-
> vertrag aus – dann bin ich arbeitslos. Kostet
> mich das ein Vermögen bei der Rente?

Nein – zumindest nicht, wenn Sie ziemlich schnell wieder eine neue Stelle finden. Denn solange Sie Arbeitslosengeld I beziehen, überweist die Arbeitsagentur für Sie Rentenbeiträge. Deren Höhe wird so berechnet, als würden Sie 80 Prozent Ihres bisherigen Gehalts verdienen. Wenn Sie in dieser Phase einen neuen Job finden, halten sich die Einbußen in Grenzen. Beispiel: Hans Kraus hat bisher 40 Prozent über dem Durchschnitt verdient und wird für ein Jahr arbeitslos. Dann sammelt er statt der bisherigen 1,4 Entgeltpunkte noch 1,12 Punkte für sein Rentenkonto. Das bedeutet: In dem einen Jahr Arbeitslosigkeit sichert er sich nach derzeitigem Stand einen Rentenanspruch von 32,04 Euro im Monat in den alten Bundesländern. Hätte er weiter verdient wie bisher, käme er für das eine Jahr Arbeit auf eine Monatsrente von 40,05 Euro. Das Jahr Arbeitslosigkeit kostet ihn im Ruhestand also etwa 8 Euro pro Monat.

Und die gute Nachricht seit Mitte 2014: Wer in jungen Jahren arbeitslos wird und Arbeitslosengeld I bezieht, kann sich diese Phase auch anrechnen lassen, wenn er im Alter die neue abschlagsfreie „Rente mit 63" beantragen möchte (siehe Seite 42).

Deutlich schwieriger wird die Situation für diejenigen, die kein Arbeitslosengeld I mehr bekommen und danach zum Beispiel auf Arbeitslosengeld II (Hartz IV) angewiesen sind. Denn dann zahlt die Ar-

beitsagentur keine Rentenbeiträge mehr für sie. Bis vor ein paar Jahren war das noch anders. Diese Regelung gilt erst seit dem 1. Januar 2011. Ein Jahr Hartz-IV-Leistungen können Hans Kraus aus unserem Beispiel somit 1,4 Entgeltpunkte oder umgerechnet 40,05 Euro Monatsrente kosten, fünf Jahre Hartz IV rund 200 Euro Monatsrente.

Das können Sie tun: Wenn Ihnen Arbeitslosigkeit droht, etwa weil Ihr Arbeitsvertrag ausläuft, ist es wichtig, dass Sie sich rechtzeitig drei Monate vorher bei der Arbeitsagentur melden, damit Sie sichergehen, pünktlich Ihr Arbeitslosengeld I zu erhalten. Sollten Sie diesen Termin verpassen und deshalb oder aus anderen Gründen von der Arbeitsagentur mit einer Sperrfrist belegt werden, in der Sie keine Leistungen bekommen, fließen während dieser Sperrfrist auch keine Beiträge an die Rentenversicherung.

Machen Sie sich die Mühe und melden Sie sich auch dann bei der Agentur für Arbeit arbeitsuchend, wenn Sie arbeitslos werden, aber gar keinen Anspruch auf Leistungen haben. Dadurch wird Ihnen diese Phase für die Rente zumindest als Anrechnungszeit und damit als Wartezeit anerkannt. Diese Zeiten können zum Beispiel eine Rolle spielen, wenn Sie bestimmte Formen der vorzeitigen Rente beziehen wollen (siehe Tabelle Seite 44).

> **Mein Arbeitgeber hat mir angeboten, dass ich für zwei Jahre in das Partnerunternehmen in Schweden wechsle. Was bedeutet das für die Rente und meine sonstige Absicherung?**

Das kommt darauf an. Wenn Sie weiter bei Ihrem deutschen Arbeitgeber beschäftigt bleiben und von ihm in das schwedische Unternehmen entsandt werden, können Sie über das deutsche Sozialversicherungssystem versichert bleiben. Das funktioniert, wenn die Entsendung in eines der Länder des Europäischen Wirtschaftsraums (dazu gehören neben den EU-Ländern Norwegen, Island und Liechtenstein) oder die Schweiz voraussichtlich nicht länger als 24 Monate dauern wird. Wenn Sie allerdings einen längeren Aufenthalt planen oder direkt bei der schwedischen Firma beschäftigt werden, fallen Sie in das dortige System der Sozialversicherung.

Für einen solchen Auslandsaufenthalt gilt das Europarecht. Die rechtlichen Bestimmungen sollen verhindern, dass Sie durch den Auslandsaufenthalt sozialversicherungsrechtliche Nachteile haben. Beispiel: Wenn ein Angestellter für drei Jahre in Schweden arbeitet und dort Rentenansprüche erwirbt, zählen diese drei Jahre mit für die Wartezeit, die er für eine deutsche Altersrente erfüllen muss, zum Beispiel auch zu den 45 Jahren für die neue „Rente mit 63" für besonders langjährig Versicherte. Und: Durch die drei Jahre in Schweden verliert der Arbeitnehmer nicht seinen Anspruch auf eine Erwerbsminderungsrente in Deutschland, wenn er zum Beispiel im ersten Jahr nach seiner Rückkehr in die Bundesrepublik erwerbsunfähig wird. Anspruch auf diese Rente hat sonst in der Regel nur, wer in den letzten fünf Jahren vor Eintritt der Erwerbsminderung mindestens drei Jahre Pflichtbeiträge an die Deutsche Rentenversicherung gezahlt hat. Das hat der Schweden-Beschäftigte zwar nicht, doch er hat Pflichtbeiträge in das schwedische System gezahlt und sich so die entsprechenden Ansprüche gesichert.

Es ist nicht notwendig, dass ein Versicherter, der in das ausländische Sozialsystem fällt, während seines Auslandsaufenthalts freiwillige Beiträge an die Deutsche Rentenversicherung zahlt. Je nach Vereinbarung mit dem Arbeitgeber kann es aber sein, dass dieser sich bereit erklärt, während der Auslandzeit das Rentenkonto freiwillig mit Beiträgen aufzustocken. Diese Zahlungen bringen dann für das Alter zusätzliche Rentenansprüche.

Im Ruhestand haben Arbeitnehmer, die vorübergehend in einem der Länder des Europäischen Wirtschaftsraums tätig gewesen sind, Anspruch auf Rentenleistungen für ihre Versicherungszeiten in Deutschland und für die Zeit im Ausland. Jeder Staat, in dem sie gearbeitet haben, muss für die entsprechende Zeit eine Rente zahlen. Wenn ein Versicherter zum Beispiel in Deutschland und in Schweden gearbeitet hat, bekommt er im Alter aus beiden Ländern eine Rente ausgezahlt, soweit er die Voraussetzungen für eine Rente erfüllt. Nur wenn der Auslandsaufenthalt weniger als ein Jahr gedauert hat, wird die Zeit im Ausland auf die deutsche Rente übertragen, um Verwaltungsaufwand und -ausgaben zu sparen.

Mit anderen Ländern außerhalb Europas wie Australien, den USA oder Chile hat Deutschland über Sozialversicherungsabkommen geregelt, wie die dort erworbenen Rentenansprüche zu berücksichtigen sind.

Das können Sie tun: Am besten, Sie beginnen frühzeitig mit Ihren Planungen für die Auswanderung oder den vorübergehenden Umzug ins Ausland. Nutzen Sie Beratungsangebote – etwa über den Euro-

paservice der Arbeitsagentur (www.euro paserviceba.de). Erkundigen Sie sich, worauf Sie achten müssen und was alles auf Sie zukommt. Das gilt nicht nur in Sachen Rentenversicherung, sondern zum Beispiel auch hinsichtlich des Schutzes der gesetzlichen Krankenversicherung und Ihrer privaten Versicherungsverträge.

Erster Ansprechpartner in Sachen Sozialversicherung ist Ihre gesetzliche Krankenkasse. Hier können die Mitarbeiter individuell auf Ihren Fall und Ihre Versicherungssituation eingehen. Informationsmaterial erhalten Sie außerdem über die „Deutsche Verbindungsstelle Krankenversicherung – Ausland" unter www.dvka.de sowie über zahlreiche Broschüren, die Sie bei der Deutschen Rentenversicherung Bund herunterladen können.

INFO   **Deutschland als neues oder vorübergehendes Zuhause**

Von Leistungen der Rentenversicherung können selbstverständlich auch Ausländer profitieren, die in Deutschland vorübergehend oder auf Dauer leben. Beispiel Rentenanspruch: Wenn etwa eine spanische Krankenschwester fünf Jahre in Deutschland arbeitet, hat sie Anspruch auf eine Altersrente. Es zählen nicht nur die Zeiten, in denen sie und ihr Arbeitgeber Beiträge gezahlt haben, sondern wie bei deutschen Staatsangehörigen beispielsweise auch die Kindererziehungszeiten, die sie während ihres Aufenthalts nach der Geburt ihres Sohnes erhält. Die Rente

fließt auch, wenn die Frau nach Spanien zurückkehrt.
Ausländer, die nur kurz in Deutschland gearbeitet haben und die Wartezeit von fünf Jahren für eine Rente nicht erfüllen und zurück in ihre Heimat gehen, können sich unter bestimmten Voraussetzungen die gezahlten Beiträge erstatten lassen. Vor diesem Schritt sollten sie und alle anderen, die in mehreren Ländern zu Hause waren, aber auf jeden Fall eine Beratungsstelle der Deutschen Rentenversicherung aufsuchen, um sich einen Überblick über die Ansprüche hierzulande zu verschaffen.

> Neben meiner Stelle im Büro möchte ich mir als Selbstständige ein zweites Standbein schaffen. Mit welchen Sozialabgaben muss ich rechnen?

Entscheidend ist, mit welcher Beschäftigung Sie sich selbstständig machen, was Haupt- und was Nebentätigkeit ist und wie hoch der Verdienst ausfällt.

Liegt der Verdienst aus einer selbstständigen Nebentätigkeit auf Dauer bei höchstens 450 Euro im Monat, gilt die Selbstständigkeit als geringfügig. Eine Ausnahme besteht, falls sich jemand in einem künstlerischen oder publizistischen Beruf – etwa als freier Journalist – nebenbei selbstständig macht. Hier liegt die Geringfügigkeitsgrenze bei 325 Euro monatlich.

Solange der selbstständige Nebenjob geringfügig bleibt, hat er keine Auswirkungen auf die Sozialversicherung: Für den Job als Angestellte zahlen Sie bereits Beiträge zur Kranken-, Pflege- und Rentenversicherung, für die Selbstständigkeit fallen keine weiteren Abgaben an.

Ein Verdienst oberhalb der jeweiligen Geringfügigkeitsgrenze kann jedoch Auswirkungen haben, denn für den Verdienst aus bestimmten selbstständigen Tätigkeiten werden Rentenversicherungsbeiträge fällig. Wenn sich eine Angestellte zum Beispiel als Lehrerin, Masseurin oder Friseurin haupt- oder nebenberuflich selbstständig macht, ist sie bei einem Einkommen über 450 Euro im Monat versicherungspflichtig in der gesetzlichen Rentenversicherung. Das bedeutet: Sie muss zusätzlich zu den Pflichtbeiträgen, die sie als Angestellte an die einzelnen Zweige

der Sozialversicherung zahlt, für ihre selbstständige Nebentätigkeit Pflichtbeiträge an die Rentenkasse überweisen. Diese zahlt sie allein, da es für die selbstständige Tätigkeit ja keinen Arbeitgeber gibt, der die Hälfte der Beiträge begleicht. Beispiel: Lena Berger verdient als freiberufliche Lehrerin für Deutsch als Fremdsprache jeden Monat 500 Euro. Dafür zahlt sie 2014 als einkommensgerechten Rentenbeitrag 94,50 Euro im Monat. Sie könnte theoretisch auch den Regelbeitrag oder in den ersten drei Jahren der Selbstständigkeit den halben Regelbeitrag leisten. Diese liegen aber derzeit mit monatlich rund 522 Euro beziehungsweise 261 Euro deutlich höher.

Die zusätzlichen Beiträge für die Selbstständigkeit machen sich zumindest bei der Rente im Alter bezahlt, denn auch sie werden berücksichtigt, wenn für das jeweilige Jahr die Entgeltpunkte für das Rentenkonto ermittelt werden – allerdings nur bis zur Beitragsbemessungsgrenze.

Berechtigt eine selbstständige Tätigkeit zur Mitgliedschaft in der Künstlersozialkasse, haben die Versicherten einen Vorteil: Sie zahlen nur den halben Beitragssatz, den Rest erhalten sie als Zuschuss vom Bund. Eine Begrenzung gibt es aber noch: Verdient ein Angestellter in seinem festen Job monatlich mehr als 2 975 Euro in den alten und mehr als 2 500 Euro in den neuen Bundesländern, muss er für

INFO   Sonderfall Kammerberuf: Steuerberater, Arzt oder Anwalt?

Wiederum anders sind die Regelungen, wenn Sie sich in einem Kammerberuf nebenbei selbstständig machen wollen – etwa als Rechtsanwalt, Steuerberater oder Architekt. In dem Fall ist nicht die gesetzliche Rentenversicherung Ihr Ansprechpartner, sondern das entsprechende berufsständische Versorgungswerk. Welche Regelungen hier gelten, erfragen Sie am besten dort. Die Adressen der einzelnen Institutionen finden Sie auf der Seite der Arbeitsgemeinschaft der berufsständischen Versorgungseinrichtungen unter www.abv.de.

den künstlerischen Zusatzverdienst doch keine Rentenversicherungsbeiträge mehr zahlen. Er verdient dann als Angestellter mehr als die Hälfte der derzeitigen Beitragsbemessungsgrenze und ist für die künstlerische Tätigkeit nicht versicherungspflichtig.

Wie aber sieht es aus, wenn Sie nebenbei selbstständig arbeiten und für diese Tätigkeit nicht versicherungspflichtig sind, wenn Sie also beispielsweise neben Ihrer festen Stelle als Trainerin im Fitness-Studio noch einen Online-Handel betreiben? In dem Fall haben Sie nicht die Möglichkeit, freiwillig Beiträge für Ihr Einkommen als Selbstständige an die Rentenkasse zu überweisen, denn Sie können nicht parallel Pflichtbeiträge für Ihre angestellte und freiwillige Beiträge für Ihre selbstständige Tätigkeit leisten.

Das können Sie tun: Klären Sie vor Aufnahme der Selbstständigkeit, ob für die gewählte Tätigkeit eine Versicherungspflicht in der gesetzlichen Rentenversicherung besteht. Sie können sich zum Beispiel telefonisch direkt bei der Deutschen Rentenversicherung erkundigen. Dann können Sie von Beginn an kalkulieren, mit welchen Beiträgen Sie unter Umständen rechnen müssen.

Neben möglichen Rentenbeiträgen müssen Sie aber nicht fürchten, weitere Sozialabgaben zahlen zu müssen: Solange die Selbstständigkeit nebenberuflich bleibt, zahlen Sie für den Verdienst keine Beiträge zur gesetzlichen Kranken- und Pflegeversicherung.

Sie müssen Ihrer Krankenkasse aber die selbstständige Nebentätigkeit melden. Sie überprüft dann anhand des Einkommens und der Arbeitszeit, ob die Selbstständigkeit neben- oder hauptberuflich ist. Sollte die Selbstständigkeit zu Ihrer Hauptbeschäftigung werden, gelten Sie nicht mehr als angestellt beschäftigt, sondern werden nach den Regeln für hauptberuflich Selbstständige krankenversichert.

DEN CHEF INFORMIEREN
Nicht nur der Krankenkasse sollten Sie Bescheid geben: Häufig will auch der Chef wissen, was Sie im Nebenjob machen. Das kann im Arbeitsvertrag so geregelt sein. Prüfen Sie das, bevor Sie Ihre Zusatzbeschäftigung aufnehmen.

> Ich habe mich selbstständig gemacht und kann mir den geforderten Regelbeitrag derzeit einfach nicht leisten. Kann ich die Zahlung umgehen?

Auch wenn es derzeit – anders als vor einiger Zeit einmal geplant – keine generelle Versicherungspflicht für Selbstständige gibt, kommen Sie je nach Beruf um einen Beitrag an die Rentenkasse nicht herum, etwa wenn Sie sich als Altenpfleger oder Lehrer selbstständig gemacht haben.

Wenn Sie noch nicht lange selbstständig sind, können Sie die Beitragszahlung zumindest auf den halben Regelbeitrag umstellen. Diesen „reduzierten Beitrag" können Sie in den ersten drei Jahren der Selbstständigkeit wählen. Alternativ dürfen Sie auch einen einkommensgerechten Beitrag zahlen. Falls Ihr Einkommen im Moment eher gering ist, können Sie so Ihre finanzielle Belastung senken – egal wie lange Sie schon selbstständig sind.

Wenn Sie Pflichtbeiträge an die Rentenkasse leisten müssen, ist es allerdings am bequemsten, wenn Sie den Regelbeitrag zahlen. Dann gilt ein pauschaler Beitrag, der anhand der monatlichen Bezugsgröße ermittelt wird. Diese Bezugsgröße wird jedes Jahr neu festgelegt und liegt 2014 in den alten Bundesländern bei 2 765 Euro und in den neuen Ländern bei 2 345 Euro. Daraus ergibt sich ein monatlicher Regelbeitrag von 522,59 Euro (West) beziehungsweise 443,21 Euro (Ost).

Das können Sie tun: Laufen die Geschäfte mäßig oder schlecht, können Sie vom Regelbeitrag auf den einkommensgerechten Beitrag umstellen. Das ist jederzeit zum Beginn des folgenden Monats möglich. Sie müssen den Wechsel nur beim Rentenversicherungsträger beantragen. Geht dieser Antrag beispielsweise am 11. September dort ein, zahlen Sie ab dem 1. Oktober einen einkommensgerechten Beitrag.

Dieser Beitrag richtet sich nach der Höhe des Arbeitseinkommens vor Steuern. Das ist der Wert, der sich ergibt, wenn von den Betriebseinnahmen die Betriebsausgaben wie Büromiete, Dienstfahrten oder die Kosten für neue Geräte abgezogen wurden. Eine Orientierung für die Einkommenshöhe bietet der jüngste vorliegende Steuerbescheid. Liegt noch kein Bescheid vor, müssen Sie Ihr Arbeitseinkommen schätzen.

Welcher Rentenbeitrag für Sie am günstigsten ist, hängt vom jeweiligen Einzelfall ab.

Beispiel: Gerlinde Altmeyer kommt als selbstständige Altenpflegerin auf ein Arbeitseinkommen von durchschnittlich 1500 Euro im Monat. Beim derzeitigen Beitragssatz von 18,9 Prozent ergibt sich so für sie ein einkommensgerechter Rentenbeitrag von 283,50 Euro im Monat. Das sind fast 240 Euro weniger als der Regelbeitrag und rund 22 Euro mehr als der halbe Regelbeitrag, den sie als Einsteigerin zumindest für drei Jahre nutzen könnte.

INFO — Krankenkasse: Antrag auf Beitragsentlastung

Für Selbstständige mit niedrigem Einkommen ist neben dem Rentenversicherungs- häufig auch der Krankenkassenbeitrag eine finanzielle Herausforderung. Unabhängig vom tatsächlichen Einkommen liegt der Mindestbeitrag für die gesetzliche Krankenkasse für die meisten Selbstständigen 2014 bei etwa 320 Euro im Monat. Dieser Wert ergibt sich, weil für die meisten Selbstständigen, die freiwillig gesetzlich krankenversichert sind, ein Mindesteinkommen von derzeit 2073,75 Euro monatlich vorausgesetzt wird.

Etwas günstiger können sich Existenzgründer krankenversichern, die von der Bundesagentur für Arbeit einen Gründungszuschuss erhalten. Für ihren Mindestbeitrag legt die Krankenkasse ein Einkommen von derzeit 1 382,50 Euro im Monat zugrunde, sodass sich ein monatlicher Kassenbeitrag von rund 214 Euro ergibt.

Wenn Sie als Selbstständiger mit wenig Einkommen nicht zur Gruppe der geförderten Existenzgründer gehören, versuchen Sie es bei Ihrer Krankenkasse mit einem Antrag auf Beitragsentlastung. Hat dieser Antrag Erfolg, wird der Kassenbeitrag für Sie wie für die von der Arbeitsagentur geförderten Selbstständigen ermittelt, sodass die monatliche Belastung auf etwa 214 Euro sinkt. Damit dieser Antrag durchgeht, müssen Sie aber sämtliche Finanzen offenlegen. Die Krankenkasse will zum Beispiel wissen, welche Ersparnisse Sie haben und wie hoch das Einkommen Ihres Partners ist, wenn dieser mit in Ihrem Haushalt lebt.

Solange Sie einkommensgerechte Beiträge zahlen und anhand der Steuerunterlagen nicht zu ermitteln ist, wie hoch Ihr Einkommen zuletzt war, erhöht der Rentenversicherer den Versicherungsbeitrag zum nächsten Jahreswechsel mithilfe eines Dynamisierungsfaktors. Lag zum Beispiel Anfang 2014 nur der Steuerbescheid von 2012 vor, aber noch nicht der von 2013, multipliziert die Rentenkasse das nachgewiesene Arbeitseinkommen von 2012 mit dem Dynamisierungsfaktor und ermittelt für dieses Einkommen den neuen Beitrag. Für 2014 gilt ein Dynamisierungsfaktor von 1,0859.

MINDESTBEITRAG TROTZ VERLUSTEN

Auch wenn Sie mit Ihrer selbstständigen Tätigkeit Verluste einfahren, müssen Sie als Pflichtversicherter in der Rentenversicherung Beiträge zahlen. Der Mindestbeitrag, den Sie in dem Fall an die gesetzliche Rentenversicherung überweisen müssen, liegt 2014 bei 85,05 Euro im Monat. Das sind 18,9 Prozent von 450 Euro.

> **Zwischen zwei Jobs habe ich es sechs Monate lang als Selbstständiger versucht. In der Zeit habe ich keine Rentenbeiträge gezahlt. Soll ich nachzahlen?**

Grundsätzlich gilt: Freiwillige Beiträge für das Vorjahr können Sie nur bis zum 31. März des aktuellen Jahres nachzahlen. Wenn Sie diese Frist noch nicht verpasst haben, kann sich das Nachzahlen lohnen, zum Beispiel, wenn Ihnen die sechs Monatsbeiträge helfen, die geforderte Wartezeit für bestimmte Formen der vorgezogenen Altersrente zu erfüllen.

Wenn Sie den Mindestbeitrag von derzeit 85,05 Euro pro Monat nachzahlen, wirkt sich das auf die Rentenhöhe allerdings kaum aus.

Das können Sie tun: Wenden Sie sich direkt an die Deutsche Rentenversicherung oder an einen freien Rentenberater, wenn Sie unsicher sind, wie Sie mit einer Lücke in der Versicherungslaufbahn umgehen sollen. Gerade bei längeren Lücken kann es sinnvoll sein, für diese Phase nachzuzahlen, etwa wenn Sie vorzeitig in Rente gehen wollen oder so bald wie möglich die geforderten 15 Beitragsjahre erfüllen wollen, damit der Rentenversicherer im Ernstfall für eine medizinische Rehabilitation aufkommt.

Besonders interessant kann das Nachzahlen auch für ältere Selbstständige sein. Unter bestimmten Voraussetzungen können sie sich mit freiwilligen Rentenbeiträgen sogar den Anspruch auf eine Erwerbsminderungsrente sichern. Für die Mehrzahl der Versicherten reichen die freiwilligen Beiträge dafür allerdings nicht aus (siehe Seite 50).

Neben dieser Möglichkeit, kurzfristig Beiträge nachzuzahlen, bleiben nur bestimmte Konstellationen übrig, in denen Sie per Gesetz die Möglichkeit haben, Ihr Rentenkonto mit freiwilligen Beiträgen nachträglich aufzustocken. Das funktioniert, wenn Sie zum Ende Ihres Erwerbslebens noch nicht die allgemeine Wartezeit von fünf Jahren erfüllen. Solange Sie nicht auf fünf Versicherungsjahre kommen, erhalten Sie gar keine Altersrente. Diese Lücke können Sie mit freiwilligen Zahlungen schließen, um sich überhaupt einen Rentenanspruch zu verschaffen.

Alternativ besteht in dem Fall die Möglichkeit, sich die bisher gezahlten Beiträge vom Rentenversicherer erstatten zu lassen, falls es noch nicht für eine Rente reicht. Doch meist ist das Nachzahlen die bessere Lösung, sofern Sie sich dadurch den Anspruch auf eine lebenslange Rentenzahlung sichern können (mehr siehe Seite 137).

Neben meiner Halbtagsstelle pflege ich zu Hause meine Mutter. Wirkt sich das positiv auf die Rente aus?

Ja, wenn Sie Angehörige nicht erwerbsmäßig pflegen, können Sie zusätzliche Rentenansprüche erwerben – vorausgesetzt, Ihrer Mutter wurde von der gesetzlichen Pflegeversicherung eine Pflegestufe zugewiesen.

Wer einen pflegebedürftigen Angehörigen, Freund oder Bekannten zu Hause für mindestens 14 Stunden in der Woche pflegt, hat Anspruch darauf, dass die Pflegeversicherung für ihn Beiträge an die Rentenversicherung zahlt. Auch wenn der Pflegebedürftige im Heim lebt und Sie ihn an den Wochenenden nach Hause holen und pflegen, können Sie Rentenpunkte beantragen.

Seit 2013 haben Sie auch dann einen Anspruch, wenn Sie nicht eine Person mindestens 14 Stunden pflegen, sondern mit der Pflege von zwei Personen auf diese Zeit kommen: falls beispielsweise die Mutter acht Stunden Pflege benötigt und der Vater sieben Stunden.

Welche Rentenansprüche Sie durch Ihr Engagement erwerben, hängt vom zeitlichen Umfang der Betreuung und der Pflegestufe des Patienten ab.

Beispiel: Das ganze Jahr 2014 pflegt Stefan Schuster seinen Vater aus Dortmund in Pflegestufe II für 21 Stunden in der Woche. Dieses eine Jahr Pflege bringt ihm nach derzeitigem Stand einen zusätzlichen Rentenanspruch von rund 14,50 Euro monatlich (siehe Tabelle Seite 95).

Das können Sie tun: Kümmern Sie sich unbedingt um den Zuschuss zur Rente, wenn er Ihnen zusteht – auch wenn Sie die Pflege eines Familienangehörigen als selbstverständlich ansehen. Im Regelfall muss der Pflegebedürftige den Antrag auf eine Pflegestufe selbst bei seiner Pflegekasse stellen. Achten Sie darauf, dass er dies möglichst schnell tut. Erst wenn eine Pflegestufe bewilligt wurde, haben Sie als pflegende Person Anspruch darauf, dass seine Pflegekasse Rentenbeiträge für Sie abführt.

Es empfiehlt sich, dass Sie aktiv die Pflegekasse des Pflegebedürftigen ansprechen oder anschreiben, wenn Sie mit der unentgeltlichen Pflege beginnen, damit sie Rentenbeiträge für Sie übernimmt. Dann erhalten Sie einen Fragebogen, mit dessen Hilfe Informationen zu Ihrer Pflegetätigkeit ermittelt werden. Diesen Fragebogen bekommen Sie nicht bei Ihrem Rentenversicherer, sondern nur bei der Pflegekasse.

Der Anspruch auf Anerkennung der Pflegeleistung gilt aber nur, solange Sie mindestens 14 Stunden in der Woche pflegen und höchstens für 30 Stunden pro Woche einer angestellten oder selbstständigen Beschäftigung nachgehen. Sobald Sie länger Ihren eigentlichen Beruf ausüben, erlischt er.

Falls Sie sich mit mehreren Personen, zum Beispiel mit Ihrer Schwester, die

Pflege Ihrer Eltern teilen, haben Sie beide nur dann Anspruch auf die Leistung aus der Rentenkasse, wenn beide jeweils für mindestens 14 Stunden in der Woche pflegerisch tätig sind.

Voraussetzung für den Zuschuss zur Rente ist die „unentgeltliche" Pflege. Das heißt allerdings nicht, dass Sie gar nichts für Ihr Engagement bekommen dürfen. Wenn Ihnen zum Beispiel Ihre Mutter eine finanzielle Anerkennung für Ihre Pflege zukommen lässt, verlieren Sie den Rentenzuschuss nicht automatisch. Die Zahlung darf jedoch nicht höher ausfallen als das Pflegegeld, das sie von der Pflegekasse erhält.

SO ERHÖHT PFLEGE DIE GESETZLICHE RENTE

Die Pflegekassen zahlen für ein fiktives Einkommen des Pflegenden Rentenversicherungsbeiträge. Ihre Höhe hängt von der Pflegestufe und vom Umfang der Pflege ab. Für ein Jahr Pflege ergeben sich nach derzeitigem Stand für das Jahr 2014 folgende Rentenansprüche:

Pflegestufe	Mindestpflegeumfang (Stunden pro Woche)	Rentenanspruch alte Bundesländer/Monat (Euro)	Rentenanspruch neue Bundesländer/Monat (Euro)
I erheblich pflegebedürftig	14	7,26	6,75
II schwer pflegebedürftig	14	9,68	8,99
	21	14,52	13,49
III schwerst pflegebedürftig	14	10,89	10,12
	21	16,34	15,18
	28	21,79	20,24

Quelle: Deutsche Rentenversicherung/eigene Berechnungen   Stand: Juli 2014

ÄNDERUNGEN IM PRIVATLEBEN UND IHRE FOLGEN

Ein Kind verändert nicht nur Ihren Alltag komplett – auch in Sachen Rente ändert sich manches. In diesem Abschnitt erfahren Sie, was Sie bei Hochzeit, Scheidung und Geburt beachten sollten.

> Nach der Geburt unserer Tochter möchte ich schnell wieder arbeiten, vielleicht sogar Vollzeit. Bekomme ich als Mutter trotzdem die Kindererziehungszeiten gutgeschrieben?

Das hängt davon ab, wie viel Sie dann verdienen. Ob Sie Teilzeit oder voll arbeiten, spielt dafür hingegen keine Rolle.

Wenn Sie vor Ablauf der drei Jahre Kindererziehungszeit wieder arbeiten, können Sie die Punkte für Kindererziehung zusätzlich zu den Rentenpunkten aus Ihrem Verdienst bekommen. Allerdings stockt der Rentenversicherer maximal bis zur Beitragsbemessungsgrenze auf. Was das bedeutet, zeigen die folgenden Beispiele. Wichtig für die Rechnung: 2014 liegt die Beitragsbemessungsgrenze bei 71 400 Euro in den alten und 60 000 Euro in den neuen Bundesländern.

Wer beispielsweise in den alten Bundesländern 71 400 Euro oder mehr verdient, kommt für 2014 am Jahresende auf 2,048 Entgeltpunkte für die spätere Rente. Mehr Entgeltpunkte kann auch eine Mutter, die frühzeitig mit einem guten Verdienst in den Job zurückgekehrt ist, nicht

an Rentenansprüchen erzielen. Die drei folgenden Beispiele zeigen das Zusammenspiel von selbst erworbenen Rentenansprüchen und Kindererziehungszeiten:

- **Weniger als der Durchschnitt:** Eine Frau, die 2013 Mutter geworden ist, arbeitet seit Januar 2014 wieder. Sie verdient in diesem Jahr etwas mehr als 17 400 Euro brutto. Das ist nach derzeitigem Stand etwa die Hälfte des Durchschnittseinkommens aller Beitragszahler. Sie erwirbt somit durch ihren Job etwa 0,5 Entgeltpunkte für ihr Rentenkonto. In dem Fall profitiert sie voll von der Kindererziehungszeit, denn ihrem Konto wird für 2014 zusätzlich der Entgeltpunkt für Kindererziehung gutgeschrieben. Sie kommt dadurch auf etwa 1,5 Entgeltpunkte für 2014.
- **Mehr als der Durchschnitt:** Die Frau verdient 55 000 Euro im Jahr 2014. Sie liegt damit deutlich über dem Durchschnittseinkommen und sammelt allein

aus den Rentenbeiträgen für ihre berufliche Tätigkeit knapp 1,6 Entgeltpunkte. Diesen Wert stockt der Rentenversicherer noch etwas auf, aber nur so weit, dass sie umgerechnet auf den für das Jahr möglichen Maximalwert von 2,048 Punkten kommt. Sie profitiert somit nur zum Teil vom Punktezuschuss.

- Über der Beitragsbemessungsgrenze: Die Frau verdient mehr als 71 400 Euro und damit oberhalb der Beitragsbemessungsgrenze. Allein durch ihre Arbeit

sammelt sie somit die maximal möglichen 2,048 Entgeltpunkte für 2014. Der Rentenversicherer stockt den Wert trotz der Geburt ihres Kindes nicht mehr auf.

Das können Sie tun: Wenn Sie als gutverdienende Mutter wieder in den Job zurückkehren, sollten Sie gut rechnen und überlegen, ob es Ihnen und Ihrem Partner mehr bringt, wenn er die Kindererziehungszeiten für sein Rentenkonto bekommt. Wenn Sie beide das Kind erzie-

---

INFO Aufstockung bis zum zehnten Lebensjahr des Kindes

Für Kinder, die nach 1991 geboren wurden, können Eltern weitere Vorteile bei der Rente haben.

Berücksichtigungszeit: Diese gilt nach der Geburt für zehn Jahre. Es sei denn, in dieser Zeit kommen weitere Kinder zur Welt. Dann endet sie zehn Jahre nach der Geburt des jüngsten Kindes.

Verdienst: Verdient zum Beispiel die Mutter in dieser Zeit weniger als das Durchschnittseinkommen, können ihre Rentenansprüche aus dieser Phase unter bestimmten Bedingungen um bis zu 50 Prozent aufgestockt werden. Bei einem Verdienst von zum Beispiel 1 800 Euro im Monat ergibt sich nach einem Jahr im Beruf dank der Aufstockung ein Rentenplus von etwa 9 Euro. Es ist aber nicht möglich, mithilfe der Aufstockung mehr als einen Entgeltpunkt für ein Jahr zu sammeln. Minijobber erhalten den Aufschlag nur, wenn sie pflichtversichert sind.

Frauen, die mindestens zwei Kinder unter zehn Jahren gleichzeitig erziehen, können die Gutschrift auch dann erhalten, wenn sie nicht erwerbstätig sind.

Aufteilen: Es muss nicht immer die Mutter sein, die profitiert. Sie können die Zeiten aufteilen: Die Mutter profitiert zum Beispiel die ersten drei Jahre von den Kindererziehungs- und Berücksichtigungszeiten und anschließend der Vater von den Berücksichtigungszeiten. Den Wechsel müssen Sie aber bei der Rentenversicherung beantragen.

Weitere Vorteile: Die Kinderberücksichtigungszeiten werden Ihnen auf die Wartezeit angerechnet, wenn Sie zum Beispiel als „langjährig Versicherter" vorzeitig in Rente gehen wollen. Außerdem können sie dazu führen, dass weitere besondere Lebensphasen für die Rente günstiger bewertet werden, zum Beispiel Phasen der Arbeitslosigkeit oder des Bezugs von Krankengeld.

hen, können die entsprechenden Rentenansprüche auch auf sein Punktekonto
übertragen werden. Das lohnt sich zum
Beispiel, wenn auch er wieder arbeitet,
aber das niedrigere Einkommen hat. Unter
Umständen können Sie als Paar dann
doch noch voll von den Erziehungszeiten
profitieren. Sie können sich monatsweise
entscheiden, wer von Ihnen die Zeiten
gutgeschrieben bekommt.

Als Eltern von Zwillingen haben Sie Anspruch auf sechs Jahre Erziehungszeiten.
Diese kann ein Partner allein nutzen. Oder
Sie entscheiden sich in den ersten drei
Jahren, die Zeit aufzuteilen, sodass etwa
erst die Frau eineinhalb Jahre Erziehungszeit nimmt und dann der Mann eineinhalb
Jahre. Die Zeiten werden jeweils verdop-
pelt, sodass beide etwa drei Entgeltpunkte für ihr Rentenkonto erhalten.

> Als Ärztin bin ich über das Versorgungswerk
> abgesichert. Stimmt es, dass ich trotzdem
> Kindererziehungszeiten in der gesetzlichen
> Rentenversicherung erhalte?

Ja, das ist möglich. Als Mitglied im Berufsständischen Versorgungswerk können
Sie einen Antrag bei der gesetzlichen Rentenversicherung stellen (Adressen siehe
Seite 180), dass Ihrem Rentenkonto die
Kindererziehungszeiten gutgeschrieben
werden. Voraussetzung ist, dass Ihr Versorgungswerk Ihnen keine entsprechenden Leistungen gutschreibt. Das ist derzeit der Fall. Denn momentan bietet kein
Versorgungswerk eine Leistung an, die
den Kindererziehungszeiten der gesetzlichen Rentenversicherung entspricht.

Wenn Sie zum Beispiel ein Kind haben,
das 1992 oder danach geboren wurde,
werden Ihnen auch als Mitglied des Ver-

sorgungswerks auf Antrag drei Jahre Wartezeit für Ihren Rentenanspruch angerechnet und annähernd drei Entgeltpunkte für
Ihr Rentenkonto. Das allein würde für eine
gesetzliche Rente aber noch nicht reichen.
Um im Alter neben den Leistungen aus
dem eigenen Versorgungswerk auch noch
eine gesetzliche Altersrente zu beziehen,
muss mindestens die Wartezeit von fünf
Jahren erfüllt sein.

Ärztinnen oder auch andere Freiberuf-
lerinnen (zum Beispiel Steuerberater,
Rechtsanwalt, Architekt) mit zwei ab 1992
geborenen Kindern erfüllen diese Voraussetzung, denn sie bekommen zwei mal
drei Jahre Wartezeit gutgeschrieben.

Haben Sie nur ein Kind, aber zum Beispiel vorab eine Ausbildung als Krankenschwester gemacht oder während des Studiums sozialversicherungspflichtig gearbeitet, können Sie es auch direkt auf die geforderten fünf Jahre bringen.

Das können Sie tun: Da es derzeit kein Versorgungswerk mit einer entsprechenden Leistung gibt, sollten Sie in jedem Fall einen Antrag auf Kindererziehungszeiten bei der Rentenversicherung stellen.

Erreichen Sie als Mitglied eines berufsständischen Versorgungswerks trotz Kindererziehung nicht die geforderte Wartezeit von mindestens fünf Jahren, bleibt noch die Möglichkeit, Beiträge an die gesetzliche Rentenversicherung nachzuzahlen. Das lohnt sich:

Beispiel: Anja Schneider hat für ihre 2008 geborene Tochter Anspruch auf drei Jahre Erziehungszeit und die entsprechenden Entgeltpunkte für ihr Konto bei der gesetzlichen Rentenversicherung. Sie kann nun freiwillig für die zwei fehlenden Jahre jeden Monat den Mindestbeitrag an die Rentenkasse zahlen. Derzeit sind das rund 85 Euro im Monat oder umgerechnet etwa 2 040 Euro insgesamt. Nach dieser Einzahlung hat sie die geforderte Wartezeit von fünf Jahren erfüllt und sich einen Rentenanspruch gesichert. Sie käme auf etwas mehr als drei Entgeltpunkte. Da jeder Entgeltpunkt derzeit in den alten Bundesländern 28,61 Euro Monatsrente wert ist, entspricht das einer Monatsrente von etwa 90 Euro.

Das ist nicht viel, aber umgerechnet auf ihre freiwillige Einzahlung von 2 040

Euro gilt: Nach nicht einmal zwei Jahren Rentenbezug hat sie die Einzahlung wieder heraus. Selbst wenn sie nur zehn Jahre die Leistungen aus der gesetzlichen Rentenversicherung bezöge, wären das insgesamt 10 800 Euro Rente, bei 20 Jahren 21 600 Euro. Sie würde also viel Geld verschenken, wenn sie auf die Aufstockung verzichten würde.

Sie müssen die freiwilligen Beiträge nicht unbedingt gleich zahlen, sondern können damit bis kurz vor Rentenbeginn warten. Vielleicht hat sich bis dahin noch etwas in Ihrem Leben verändert – Sie haben beispielsweise ein zweites Kind bekommen, sodass Sie sich die freiwilligen Beiträge an die Rentenkasse sogar sparen können, weil Sie die fünf Jahre Wartezeit auch so schon erfüllen.

Fehlt Ihnen zum Beispiel noch ein Versicherungsjahr, reicht es, wenn Sie ein Jahr vor dem geplanten Rentenbeginn mit den Zahlungen beginnen. Sie können auch rückwirkend freiwillige Beiträge nachzahlen – für das gerade abgelaufene Jahr aber nur bis zum 31. März des aktuellen Jahres.

Wenn Sie über Ihr Versorgungswerk finanziell gut abgesichert sind und als Paar die Rentenansprüche für die Kindererziehung nicht verschenken wollen, wäre eine weitere Alternative, dass Sie als Mutter auf die Erziehungszeiten verzichten und beantragen, dass der Vater die Erziehungszeiten auf seinem Rentenkonto gutgeschrieben bekommt.

In unserer Ehe habe ich die letzten fünf Jahre beruflich zurückgesteckt. Das macht sich auch bei der Rente bemerkbar. Bin ich damit bei einer Scheidung die Dumme?

Nein, wenn Sie und Ihr Mann keine besonderen Regelungen – etwa in einem Ehevertrag – vereinbart haben, werden nach der Scheidung die Rentenansprüche, die beide Partner im Laufe der Ehe erworben haben, jeweils zu gleichen Teilen aufgeteilt. Wenn Sie weniger Entgeltpunkte gesammelt haben als Ihr Mann, bekommen Sie also einen Zuschuss von seinem Punktekonto. Durch diese gesetzliche Regelung zum sogenannten Versorgungsausgleich soll sichergestellt werden, dass bei einer Scheidung nicht ein Partner, häufig die Frau, benachteiligt wird. Bei kurzer Ehedauer – maximal drei Jahre – kommt es allerdings nur zu dem Versorgungsausgleich, wenn einer der Partner dies beantragt.

Einen Ausgleich gibt es nicht nur für die gesetzliche Rente, sondern geteilt werden auch die Ansprüche aus Betriebsrenten, Leistungen aus einem berufsständischen Versorgungswerk, Riester- und Rürup-Verträge sowie private Rentenversicherungen ohne Förderung.

Lange Zeit war es so, dass die Ansprüche aus den einzelnen Vorsorgeverträgen alle auf die gesetzliche Rente umgerechnet wurden. Wenn also einer Frau auch noch ein Ausgleich aus der Betriebsrente ihres Mannes zustand, brachte ihr das entsprechende Zuschüsse bei der gesetzlichen

Rente und ihm Abzüge. Heute wird jeder Vertrag einzeln abgerechnet. Die Anbieter der Vorsorgeverträge, zum Beispiel der Direktversicherer mit der Betriebsrente, müssen für den Ehepartner bei einer Scheidung ein eigenes Rentenkonto einrichten, ebenso die privaten Rentenversicherer und der Riester-Anbieter. Vorteil dieser Regelung: Die komplizierte Umrechnung auf die gesetzliche Rente entfällt, der Ausgleich erfolgt direkt. Nachteil: Die Versicherer verlangen Gebühren für die Einrichtung der Konten für den Ehepartner.

Das können Sie tun: Als Ehepartner, die sich scheiden lassen, müssen Sie nicht jeden Vertrag einzeln aufteilen. Verschaffen Sie sich mit Ihrem Anwalt zunächst einen Überblick über sämtliche Ansprüche. Vereinbaren Sie dann zum Beispiel einen Ausgleich, der nur über einen Vertrag läuft: Als Ausgleich für drei kleine Altersvorsorgeverträge erhält die Frau dann zum Beispiel die große private Rentenversicherung, die bisher auf ihren Mann lief, komplett für sich.

Möglich sind aber auch ganz andere Regelungen, etwa dass Rentenansprüche auf anderem Weg abgefunden werden: Statt der Vorsorgeanteile des Partners erhält die Partnerin die gemeinsame Eigentumswohnung allein. All das wird im Zuge des Scheidungsverfahrens verhandelt.

RENTENSPLITTING AUCH OHNE SCHEIDUNG

Ehegatten oder eingetragene Lebenspartner können ihre Rentenansprüche auch dann untereinander aufteilen, wenn sie sich nicht scheiden lassen wollen, zum Beispiel wenn sie sicherstellen wollen, dass ihr Partner im Alter mehr Leistungen bekommt. Auch wenn einer der Partner stirbt, ist oft ein Rentensplitting möglich – als Alternative zur Witwenrente (siehe Seite 102).

> **Obwohl mein Mann als Selbstständiger deutlich mehr verdient hat als ich, soll er nun bei unserer Scheidung Rentenansprüche von mir bekommen. Kann das sein?**

Ja, das kann sein. Wenn Sie während der Ehe zum Beispiel als Angestellte Entgeltpunkte erworben haben, Ihr Mann als Selbstständiger aber nicht, gilt der Versorgungsausgleich wie sonst auch: Die Rentenansprüche, die beide Partner während der Ehe erworben haben, werden geteilt. Auch wenn Sie weniger verdient haben, kommen Sie um den Ausgleich für Ihren Mann nicht herum.

Nur in Ausnahmefällen kann ein Ehegatte, der Rente abgeben soll, beantragen, dass der Versorgungsausgleich gar nicht oder nur teilweise durchgeführt wird, zum Beispiel wenn eine Frau ihren Mann in den irrigen Glauben versetzt hat, er sei der Vater ihres Kindes, und ihn bis zur Anfechtung der Vaterschaft in dieser Annahme gelassen hat.

Das können Sie tun: Versuchen Sie, im Scheidungsverfahren einen anderen Ausgleich zu bekommen – zum Beispiel über die Unterhaltszahlungen Ihres Mannes oder über den Versorgungsausgleich aus anderen Verträgen für die Altersvorsorge.

Um einen Streit über die Versorgungsansprüche zu vermeiden, kann es sich lohnen, wenn Ehepaare von vornherein klare vertragliche Vereinbarungen treffen, die regeln, wer im Trennungsfall was bekommt – gerade wenn ein Partner selbstständig ist. Das gilt nicht nur im Hinblick auf den Versorgungsausgleich, sondern vor allem, um für den Betrieb Planungssicherheit zu haben. Sprechen Sie am besten frühzeitig mit einem Fachanwalt für Familienrecht, um die nächsten Schritte zu planen.

> **Meine Witwenrente ist minimal.**
> **Gibt es eine Alternative für mich?**

Ja, wenn Sie bestimmte Voraussetzungen erfüllen, können Sie sich für das sogenannte Rentensplitting entscheiden. Dann wird Ihrem Rentenkonto die Hälfte der Rentenansprüche gutgeschrieben, die Ihr Mann während der Ehe erarbeitet hat. Im Gegenzug verzichten Sie auf Dauer auf die Witwenrente. Sie sollten mithilfe eines Rentenexperten prüfen lassen, was günstiger für Sie ist.

Normalerweise ist es so, dass beide Partner eine gemeinsame Erklärung abgeben müssen, um das Rentensplitting – also die Aufteilung der in der Ehe erworbenen Entgeltpunkte – herbeizuführen. Diese Erklärung kann das Paar in der Regel erst abgeben, wenn beide Partner Anspruch auf eine Vollrente wegen Alters haben, also unter anderem die geforderte Wartezeit erfüllen und das Rentenalter erreicht haben. Hat nur ein Partner Anspruch auf eine Vollrente wegen Alters, muss der andere zumindest die Altersgrenze für die Regelaltersrente erreicht haben. Außerdem müssen beide Partner zum Zeitpunkt der Erklärung 25 Jahre an rentenrechtlichen Zeiten auf ihrem Versicherungskonto haben.

Stirbt ein Partner früher, kann der Hinterbliebene versuchen, das Rentensplitting allein herbeizuführen, wenn bisher die Voraussetzungen für das Splitting noch nicht bestanden haben. Somit können also auch jüngere Versicherte von dieser Aufteilung der Ansprüche profitieren.

Das Rentensplitting können sie beim Rentenversicherer beantragen,
- wenn die Ehe erst nach dem 31. Dezember 2001 begonnen hat oder
- bei früherer Trauung, wenn beide Partner nach dem 1. Januar 1962 geboren wurden.

Erfüllt eine junge Witwe eine dieser Voraussetzungen, bleibt eine weitere Hürde: Sie muss mindestens 25 Jahre an rentenrechtlichen Zeiten vorweisen. Das scheint auf den ersten Blick zum Beispiel für eine Frau im Alter von Ende 30 aussichtslos. Dennoch sollte sie sich an den Rentenversicherer wenden, um die Möglichkeit prüfen zu lassen, denn es werden zusätzliche Zeiten berücksichtigt, sodass es mit dem Splitting doch noch klappen kann. Dahinter stecken komplexe Regelungen und Rechenschritte, die je nach Einzelfall darüber entscheiden, ob die Möglichkeit eines Rentensplittings besteht.

Das können Sie tun: Zeigt sich am Ende dieses Prüfverfahrens, dass das Rentensplitting möglich ist, stellt sich die Frage: Was ist günstiger – die Witwenrente einschließlich des Sterbevierteljahres (siehe Seite 54) oder das Rentensplitting und damit die Sicherheit, im Alter die Hälfte der von Ihrem Partner in der Ehe erworbenen Entgeltpunkte zu bekommen?

Diese Entscheidung kann je nach individueller Situation ganz unterschiedlich ausfallen. Wenn Sie als Witwe arbeiten und Ihr eigenes Geld verdienen, müssen Sie hinnehmen, dass die Witwenrente womöglich gekürzt wird, weil Ihr Einkommen auf die Hinterbliebenenrente angerechnet wird (siehe Seite 56). Deshalb kann das Rentensplitting auf Dauer günstiger sein. Da Sie die von Ihrem Mann erworbenen Punkte auf Ihr Rentenkonto übertragen bekommen, kann Ihnen eigenes Einkommen nicht gegengerechnet werden.

Andererseits: Vom Rentensplitting profitieren Sie erst, sobald Sie selbst Anspruch auf eine Rente haben. Dagegen hilft die Witwenrente direkt für den Lebensunterhalt – etwa wenn sich abzeichnet, dass Sie nach dem Tod des Partners erst einmal längere Zeit zu Hause bleiben, also kein eigenes Einkommen haben.

Von großer Bedeutung ist die Entscheidung außerdem, wenn nicht nur Sie betroffen sind, sondern auch Ihre Kinder. Verzichten Sie als überlebender Partner mit Kindern zugunsten des Rentensplittings auf die Witwenrente, können Sie für ein Kind eine Erziehungsrente (siehe Seite 61) bekommen, bis es volljährig ist. Diese Erziehungsrente wird auf Basis der Rentenansprüche des hinterbliebenen Partners, also Ihrer eigenen Rentenansprüche, ermittelt. Da Sie durch das Rentensplitting zusätzliche Punkte für Ihr Rentenkonto erhalten, fällt die Erziehungsrente entsprechend höher aus.

Diese wenigen Beispiele zeigen bereits, welche komplexen Fragen an der Entscheidung für oder gegen das Rentensplitting hängen können. Deshalb sollten Sie diese nicht allein treffen. Holen Sie sich Hilfe von einem Rentenexperten, der Sie über die Möglichkeiten und Folgen aufklärt. Sie müssen sich nicht sofort festlegen: Damit keine finanziellen Lücken entstehen, können Sie zunächst eine Witwenrente in Anspruch nehmen und dann überlegen, ob Sie doch ein Rentensplitting beantragen möchten. Den Antrag müssen Sie innerhalb von zwölf Monaten nach dem Tod Ihres Partners stellen.

Mit dem Monat, in dem die Entscheidung über das Rentensplitting verbindlich wird, entfällt Ihr Anspruch auf eine Witwenrente. Bis dahin kann sich das Verfahren allerdings über mehrere Monate hinziehen. Erst wenn der bestandskräftige Bescheid des Rententrägers vorliegt, wissen Sie endgültig, ob und in welcher Höhe Ihnen Entgeltpunkte von Ihrem Partner übertragen werden.

ÜBERTRAGENE PUNKTE ZÄHLEN ZUR WARTEZEIT

Die durch das Rentensplitting übertragenen Punkte des verstorbenen Partners bringen Ihnen nicht nur mehr eigene Rente – sie helfen auch, die Wartezeiten für verschiedene Altersrenten zu erfüllen. Sie zählen zum Beispiel mit für die geforderten 35 Jahre für eine Altersrente für langjährig Versicherte. Bei der Wartezeit von 45 Jahren, die für die „Altersrente für besonders langjährig Versicherte" (siehe Seite 42) gefordert ist, sind die im Splittingverfahren übertragenen Versicherungszeiten jedoch außen vor.

STATION II:

KURZ VOR DER RENTE

Ab etwa Mitte 50 tauchen vielleicht Fragen nach der beruflichen Zukunft auf: Wie viel will ich künftig arbeiten? Gibt es Möglichkeiten, früher aus dem Beruf auszusteigen, und welche Bedingungen gelten dann? Dieses Kapitel nennt die Grundlagen dafür. Es erklärt, worauf es bei den Planungen für den vorgezogenen Ruhestand ankommt und welche Alternativen es gibt, wenn Sie nicht auf Dauer Vollzeit durcharbeiten wollen oder können.

WANN GEHE ICH IN RENTE?

Irgendwann stellt sich jeder Erwerbstätige die Frage: Wann ist es so weit? Wann höre ich auf zu arbeiten? Wann kann ich überhaupt gehen? Für viele kommen die ersten Gedanken an den Ruhestand sicher im Alter zwischen 50 und 60 Jahren.

Ein Anlass, sich mit dem Ausstieg aus dem Beruf zu beschäftigen, könnte der Brief der Deutschen Rentenversicherung sein, mit dem sie erstmals die „Rentenauskunft" verschickt. Diese erhalten Erwerbstätige in der Regel im Alter von 55 Jahren. Sie gibt ihnen einen Überblick, mit welchen Einnahmen sie im Alter rechnen können. Die Rentenauskunft wird alle drei Jahre statt der Renteninformation (siehe ab Seite 75) verschickt und enthält die folgenden Daten:

■ eine Übersicht über die auf dem Versichertenkonto gespeicherten Versicherungszeiten,

■ eine Übersicht zu den bisher erworbenen Entgeltpunkten und dem Wert, den sie nach dem aktuellen Stand haben,

■ Auskunft, mit welchen Leistungen Sie nach derzeitigem Stand rechnen können, wenn Sie keine weiteren Beiträge an die Rentenversicherung zahlen.

■ Neben der Höhe Ihrer Altersrente, die Ihnen nach derzeitigem Stand bei Erreichen der Regelaltersgrenze zustehen würde, erfahren Sie, wie hoch eine Erwerbsminderungs- und eine Hinterbliebenenrente heute ausfallen würden.

Diese Informationen erhalten Sie automatisch alle drei Jahre. Wenn Sie einen

INFO **Gute Gelegenheit, um das Rentenkonto zu klären**

Ihre Rentenauskunft enthält Versicherungslücken – zum Beispiel Ausbildungszeiten, die nicht ausreichend berücksichtigt wurden? Dann wird es jetzt endlich Zeit, bei der Rentenversicherung ein Verfahren zur Kontenklärung zu beantragen. Wenden Sie sich an eine Beratungsstelle der Deutschen Rentenversicherung in Ihrer Nähe oder holen Sie sich über die kostenfreie Service-Hotline (0 800/1000 4800) Hinweise für das weitere Vorgehen. Die Antragsformulare für die Kontenklärung erhalten Sie auch im Internet unter www.deutsche-rentenversicherung.de unter Publikationen.

gesonderten Antrag stellen, können Sie weitere Informationen bekommen:

1. Eine Übersicht, wie viel Geld Sie an die Rentenkasse zahlen müssen, wenn Sie Ihre Altersrente vorzeitig in Anspruch nehmen und den damit verbundenen Rentenabschlag aus eigenen Mitteln ausgleichen wollen (siehe Seite 111).

2. Eine Übersicht über die im Laufe einer Ehe erworbenen Rentenansprüche. Diese Auskünfte sind notwendig für den Versorgungsausgleich im Rahmen einer Scheidung. Falls Sie bereits geschieden sind, können Sie beim Familiengericht eine Überprüfung des Versorgungsausgleichs veranlassen. Auch ohne Trennung können Ehepaare beantragen, dass die während der Ehe erworbenen Rentenansprüche zwischen den Expartnern geteilt werden (Rentensplitting, siehe Seite 103).

Anders als die Renteninformation, die die Rentenversicherung an die Versicherten ab dem 27. Geburtstag verschickt, enthält die Rentenauskunft keine Prognose über die zu erwartende Rente, wenn es Rentenanpassungen in Höhe von 1 oder 2 Prozent gibt. Allerdings bekommen Sie diese Informationen ja weiterhin – nur eben erst wieder im nächsten und im übernächsten Jahr mit der dann zu erwartenden Renteninformation.

Ab wann kann ich Rente beziehen?

Wenn Sie wissen, mit welchen monatlichen Rentenzahlungen Sie rechnen können und was Sie erwartet, wenn Sie weiter wie bisher einzahlen, stellt sich häufig direkt die Frage: Und wie viel Geld habe ich, wenn ich früher in Rente gehe?

Um die Regelaltersrente beziehen zu können, reicht es, wenn Sie mindestens fünf Jahre an Versicherungszeiten bei der Rentenversicherung vorweisen. Die Altersgrenze liegt je nach Geburtsjahr zwischen dem 65. und dem 67. Geburtstag. Unter bestimmten Voraussetzungen können Sie aber schon früher Rente beziehen:

■ Wenn Sie imstande sind, mindestens 45 Versicherungsjahre nachzuweisen, können Sie bereits ab 63 Jahren in Rente gehen, ohne fürchten zu müssen, dass Ihnen die Rente gekürzt wird, weil Sie vorzeitig aus dem Berufsleben ausgestiegen sind (siehe ausführlich Seite 42).

- Wenn Sie mindestens 35 Versicherungsjahre nachweisen, ist ebenfalls ein Rentenbeginn ab 63 Jahren möglich – dann aber mit Abschlägen bei der Rente.
- Sind Sie schwerbehindert und waren mindestens 35 Jahre versichert, können Sie je nach Geburtsjahr zwischen dem 60. und dem 62. Lebensjahr vorzeitig in Rente gehen.
- Wenn Sie als Frau mindestens 15 Versicherungsjahre gesammelt haben und bis Ende 1951 geboren wurden, können Sie heute noch vorzeitig in Rente gehen. Für ältere Jahrgänge war ein Beginn ab dem 60. Geburtstag möglich. Eine Voraussetzung: Sie müssen mehr als zehn der Versicherungsjahre aus Pflichtbeiträgen ab dem Alter von 40 Jahren nachweisen.
- Wenn Sie mindestens 15 Versicherungsjahre vorweisen und bis Ende 1951 geboren wurden, können Sie unter bestimmten Voraussetzungen nach Altersteilzeitarbeit oder Arbeitslosigkeit vorzeitig in Rente gehen – je nach Geburtsjahr zwischen dem 60. und dem 63. Lebensjahr.

Was kostet der frühe Ruhestand?

Wenn Sie früher in Rente gehen wollen, hat das häufig private Gründe wie den Wunsch nach mehr Freizeit und Zeit für die Familie und den Wunsch, noch etwas vom Leben zu haben. Dieser Wunsch nach mehr Zeit wird aber von der Rentenkasse zumindest bei den meisten Formen der Frührente „bestraft": Denn Sie verzichten nicht nur auf Ihr Gehalt, das im Vergleich zur Frührente höher wäre, sondern büßen häufig auch auf Dauer Rente ein. Da die Rentenkasse Ihnen früher Geld

auszahlt und Sie dadurch im Regelfall länger Leistungen beziehen, darf sie Ihnen bis ans Lebensende für jeden Monat der vorzeitigen Zahlung 0,3 Prozent von der Rentenleistung abziehen. Wenn Sie zum Beispiel drei Jahre vor dem Erreichen der vorgesehenen Altersgrenze Ihre erste Rente beziehen wollen, bedeutet das auf Dauer ein Minus von 10,8 Prozent.

Die einzige Ausnahme davon bildet die neue „Rente mit 63": Wenn Sie die geforderte Wartezeit von 45 Jahren erfüllen, bleiben Ihnen die Abzüge erspart.

Lohnender Schritt auch mit Abzügen?

Doch selbst wenn Sie die Bedingungen für diese neue abschlagsfreie Rente nicht erfüllen, muss der Frühruhestand auf lange Sicht nicht unbedingt von Nachteil sein, wenn Sie sich allein die Auszahlungen aus der Rentenkasse ansehen: Denn wenn Sie vorzeitig in Rente gehen, erhalten Sie ja in dieser Zeit bereits Leistungen, die Ihnen bei „pünktlichem" Rentenbeginn entgangen wären. Dieses Polster reicht eine geraume Zeit, um das dauerhafte Rentenminus auszugleichen.

Beispiel: Anton Meyer ist im September 1951 geboren. Er hat 40 Jahre in die Rentenversicherung eingezahlt und kann als „langjährig Versicherter" im Oktober 2014 im Alter von 63 Jahren in Rente gehen. Bis dahin hat er 64 Entgeltpunkte gesammelt. Die Altersgrenze für die Regelaltersrente liegt in seinem Fall aber bei 65 Jahren und fünf Monaten – also 29 Monate später. Das bedeutet einen Rentenabschlag von 8,7 Prozent (29 x 0,3 Prozent). Diese 8,7 Prozent werden von seinen Rentenansprüchen abgezogen, die er bis zu seinem 63. Geburtstag erworben hat.

Alternativ hätte Herr Meyer auch noch zwei Jahre und fünf Monate weiterarbeiten können. Wir gehen davon aus, dass er in dieser Zeit insgesamt noch 4 Entgeltpunkte zusätzlich gesammelt hätte. Im Alter von 65 Jahren und fünf Monaten wäre er also bei 68 Punkten.

Wie groß ist nun der Rentennachteil, den der frühere Ruhestand mit sich bringt, tatsächlich? Für den weiteren Vergleich gehen wir der Einfachheit halber davon aus, dass es in den kommenden Jahren keine Rentensteigerungen gibt:

■ Schritt 1: Herrn Meyers Rentenanspruch als Frührentner. Die bis zum 63. Geburtstag erworbenen 64 Entgeltpunkte entsprechen nach derzeitigem Stand in den alten Bundesländern 1 831,04 Euro Rente monatlich. Von diesem Wert werden 8,7 Prozent als Rentenabschlag abgezogen, sodass sich eine Bruttorente von 1 671,74 Euro ergibt, wenn er mit dem 63. Geburtstag aufhört zu arbeiten.

■ Schritt 2: Lassen wir Rentenanpassungen außen vor, kommt Frührentner Anton Meyer alles in allem auf Rentenzahlungen von 48 480,45 Euro, die er in den 29 Monaten bis zu seinem gesetzlich vorgegebenen Renteneintrittsalter von 65 Jahren und fünf Monaten erhält. Diese Summe kann ihm keiner nehmen. Sie wäre ihm entgangen, wenn er auf den Vorruhestand verzichtet hätte.

■ Schritt 3: Ginge Herr Meyer erst „passend" mit 65 Jahren und fünf Monaten in Rente, käme er auf 68 Entgeltpunkte. Diese entsprechen nach derzeitigem Stand

einer Monatsrente von 1 945,48 Euro. Das bedeutet: Hätte Anton Meyer durchgearbeitet bis zur vorgesehenen Altersgrenze, wäre sein Rentenanspruch monatlich um 273,74 Euro höher als die Rente, die er aufgrund des frühzeitigen Rentenbeginns tatsächlich bekommt.

Fazit: Auch wenn Anton Meyer durch sein früheres Ausscheiden aus dem Job auf Dauer jeden Monat knapp 274 Euro weniger Rente hat, als wenn er bis zum eigentlichen Rentenbeginn gearbeitet hätte, hat er dank der Frührente ab dem 63. Geburtstag rund 48 480 Euro Rente erhalten, die ihm bei pünktlichem Rentenbeginn entgangen wären. Im Gegenzug verzichtet er ab dem Alter von 65 Jahren und fünf Monaten auf 274 Euro mehr Rente jeden Monat. Lässt man mögliche Rentenanpassungen außen vor, dauert es knapp 177 Monate (umgerechnet etwas über 14,5 Jahre), bis die 48 480 Euro aus den 29 Monaten Frührente aufgezehrt sind.

Oder anders herum: Unabhängig vom Verzicht auf das reguläre Gehalt lohnen sich das Weiterarbeiten bis zur Regelaltersgrenze und der Verzicht auf die Frührente für Anton Meyer erst, wenn er die dann höhere Rente mehr als 14,5 Jahre bezieht.

Steuerliche Aspekte sind bei dieser Rechnung nicht berücksichtigt. Ein früherer Rentenbeginn kann zumindest kleine Vorteile beim Finanzamt bringen: Wenn Sie früher in Rente gehen, ist noch ein etwas größerer Anteil Ihrer Leistungen steuerfrei. Ob sich das für Sie lohnt, sollten Sie am besten mit einem Steuerberater oder dem Mitarbeiter in einem Lohnsteuerhilfeverein besprechen.

DEN ÜBERGANG VORBEREITEN

Im besten Fall treten Sie aus einer Erwerbstätigkeit in den Ruhestand ein. Doch wie soll der Übergang aussehen? Planen Sie den abrupten Wechsel: Sie arbeiten Vollzeit bis zum letzten Tag und verabschieden sich dann von Ihren Kollegen? Oder wünschen Sie sich einen gleitenden Übergang – vielleicht mit reduzierter Stundenzahl in den letzten Jahren im Betrieb?

Die Möglichkeiten sind vielfältig. Sie können sich zum Beispiel auch entscheiden, frühzeitig die Rente zu beziehen und dann doch noch ein wenig in Ihrem bisherigen Unternehmen weiterzuarbeiten. Das ist allerdings nicht immer attraktiv, da es zumindest derzeit bestimmte Hinzuverdienstgrenzen für Frührentner gibt.

Egal, wie Sie sich entscheiden: Einen gewissen Vorlauf benötigen Sie für den Übergang in den Ruhestand. Denn Sie müssen zum einen für sich die finanzielle Situation klären: Welche Folgen hat der frühere Rentenbeginn? Welche Einbußen habe ich jetzt und welche später? Kann ich mir das leisten? Prüfen sollten Sie auch, welche Möglichkeiten Ihr Arbeitgeber bietet. Vielleicht lässt er sich auf eine Altersteilzeitlösung ein, durch die Sie zum Beispiel im sogenannten Blockmodell aus dem Berufsleben aussteigen.

Aufhören – von einem Tag auf den anderen

Am einfachsten ist die Situation, wenn Sie sicher wissen, dass Sie genau bis zum letzten Tag arbeiten werden – also bis zum Stichtag für die Regelaltersrente. Dann müssen Sie nicht mit einem Rentenabschlag rechnen und können gut kalkulieren, wie viel Sie später als gesetzliche Rente erhalten.

Vielleicht wissen Sie aber zum Beispiel mit 55 Jahren schon, dass Sie nicht so lange arbeiten wollen, sondern in Rente gehen möchten, sobald dies möglich ist. Gut dran sind Sie, wenn Sie bei dem Wunsch finanziell einigermaßen auf sicheren Beinen stehen, etwa ein Eigenheim besitzen oder anderweitig fürs Alter vorgesorgt haben.

Sie können dann frühestens mit 63 Jahren vorzeitig in Rente gehen, sofern Sie bis dahin mindestens 35 Versicherungsjahre nachweisen. In dem Fall müssen Sie aber Abschläge bei der Rente hinnehmen. Besser sind deshalb 45 Versicherungsjahre, um die dauerhaften Abzüge von der Rente zu vermeiden.

Kommen Sie erst im Alter von 64 Jahren auf die für eine Frührente erforderlichen Versicherungsjahre, müssen Sie Ihren Rentenbeginn bis dahin verschieben.

Lücke schließen

Wenn Sie sich früh genug auf diesen vorzeitigen Ausstieg aus dem Arbeitsleben vorbereiten, haben Sie noch einige Möglichkeiten, den Vorruhestand finanziell abzusichern. Vorausgesetzt, Sie haben dazu die nötigen finanziellen Mittel:

■ Sparen: Legen Sie Geld zurück, sobald Sie wissen, dass Sie vorzeitig in Rente gehen wollen und ein Minus ausgleichen müssen. Die Sparprodukte der Banken wie Tagesgeld, Festgeld oder Sparbriefe bieten eine sichere Anlage, aber derzeit eher mit mäßigen Zinsen.

Deutlich höhere Renditen sind zum Beispiel mit Fondsinvestments möglich – allerdings bedeuten sie auch mehr Risiko. Gerade wenn das Rentenalter näher rückt, sollte die Sicherheit Ihrer Geldanlage oberste Priorität haben, damit Sie zu Rentenbeginn nicht plötzlich weniger haben, als Sie benötigen oder eingeplant haben. Achten Sie bei Abschluss der Geldanlageprodukte außerdem auf die Laufzeit, damit Sie zum passenden Zeitpunkt auf das Geld zugreifen können.

■ Private Versicherung: Sobald Sie wissen, dass Ihnen aufgrund des frühzeitigen Rentenbeginns jeden Monat zum Beispiel 200 Euro an festen Einnahmen fehlen, können Sie mit einer privaten Rentenversicherung Abhilfe schaffen. Durch regelmäßige Einzahlungen oder auch durch eine Einmalzahlung an das Versicherungsunternehmen sichern Sie sich eine lebenslange Zusatzeinnahme. Der Garantiezins für einen neu abzuschließenden Vertrag liegt derzeit jedoch nur noch bei 1,75 Prozent, ab 2015 nur noch bei 1,25 Prozent. Höhere Renditen sind zwar möglich, aber Sie haben dafür keine Garantie.

■ Gesetzliche Rente: Müssen Sie für die Frührente Abschläge bei den Leistungen hinnehmen, können Sie dieses Minus durch eine einmalige Zahlung einer größeren Summe an die gesetzliche Rentenversicherung ausgleichen. Auf Antrag ermittelt die gesetzliche Rentenversicherung für Sie, wie viel Sie auf einen Schlag einzahlen müssen, um den Rentenabschlag

CHECKLISTE: DEN AUSSTIEG GUT PLANEN

Die Planungen für den Ausstieg aus dem Job sind vor allem ein Rechenspiel:

1 Einbußen beim Gehalt: Welche Auswirkungen hat es, wenn Sie Stunden reduzieren oder in Altersteilzeit gehen? Was bleibt Ihnen am Monatsende an Gehalt übrig? Sprechen Sie mit der Personalstelle Ihres Arbeitgebers und lassen Sie sich ausrechnen, wie viel Sie dann verdienen würden – brutto und vor allem netto. Als Selbstständiger, der kürzertreten will, sollten Sie zum Beispiel mit Ihrem Steuerberater über die finanziellen Auswirkungen sprechen. Wenn Sie Angestellte haben, nehmen Sie sich ausreichend Zeit für die Umverteilung der Aufgaben.

2 Ersparnisse: Wie stehe ich (wie steht die Familie) derzeit finanziell da? Wie ist das Geld angelegt? Wann können wir darauf zugreifen? Kalkulieren Sie, ob Sie es schaffen würden, von den Ersparnissen beispielsweise eine Übergangszeit mit weniger Gehalt zu überbrücken. Bleibt trotz allem eine Reserve für finanzielle Notfälle?

3 Finanzbedarf im Alter: Machen Sie sich klar, welche Einnahmen Sie im Alter benötigen, um Ihren Lebensstandard sichern zu können. Welche regelmäßigen Ausgaben kommen weiterhin auf Sie zu und wo gibt es Veränderungen? Hohe Beiträge für eine Berufsunfähigkeitsversicherung oder oftmals auch Ausgaben für das zweite Auto fallen im Ruhestand weg. Dafür entstehen vielleicht neue Kosten – etwa weil Sie mehr reisen als früher oder sich teuren Hobbys widmen wollen. Dazu kommen die großen regelmäßigen Posten: Könnte es zum Beispiel sein, dass Sie in eine kleinere, günstigere Wohnung umziehen, weil die Kinder mittlerweile aus dem Haus sind? Planen Sie, sich in eine Wohnanlage für Senioren einzukaufen oder einzumieten? Wie steht es mit Ihren Reserven, wenn Sie oder Ihr Partner pflegebedürftig werden sollten?

4 **Nebeneinnahmen im Alter:** Wie wollen Sie den neuen Alltag ohne Arbeit oder mit weniger Arbeit gestalten? Haben Sie genügend Aufgaben oder wäre eine Beschäftigung gut? Wenn Sie einen Nebenjob benötigen oder aus privaten Gründen suchen, kümmern Sie sich früh genug darum und sprechen Sie zum Beispiel mit Ihrem bisherigen Arbeitgeber, ob es eine Möglichkeit gibt, dort zumindest zeitweise auszuhelfen.

wettzumachen. Das funktioniert mit folgender Formel: Die Einbußen bei den Entgeltpunkten werden mit dem aktuellen Beitragssatz und dem vorläufigen Durchschnittseinkommen aller Beitragszahler multipliziert. Das Ergebnis wird durch den Zugangsfaktor geteilt.

Beispiel: Hans Schuster erkundigt sich 2014, wie viel er an die Rentenkasse zahlen müsste, wenn er mit 63 Jahren und nicht zum eigentlichen Stichtag im Alter von genau 66 Jahren in Rente gehen würde. Wenn er die für die abschlagsfreie Rente notwendigen 45 Jahre Wartezeit nicht vorweisen kann, kosten ihn diese drei Jahre Vorruhestand auf Dauer 10,8 Prozent seiner Rentenansprüche.

Wir gehen davon aus, dass Herr Schuster bis zum 63. Geburtstag 50 Entgeltpunkte auf seinem Konto gesammelt hat. Nach Abzug des Rentenabschlags von 10,8 Prozent blieben ihm 44,6 Punkte – 5,4 Punkte weniger. Diese 5,4 Punkte multipliziert die Rentenversicherung mit dem Durchschnittseinkommen – im Jahr 2014 sind das 34 857 Euro – und dem Beitragssatz (derzeit 18,9 Prozent). Das Ergebnis dividiert sie durch 0,892, da der Zugangsfaktor um 10,8 Prozent gekürzt wurde (1,0 minus 0,108). Daraus ergibt sich: Hans Schuster müsste einmalig 39 882,35 Euro an die Rentenversicherung zahlen, um die 10,8 Prozent Rentenabschlag auszugleichen, die mit dem frühzeitigen Renteneintritt verbunden sind.

Falls Sie sich in einer ähnlichen Situation wie Herr Schuster befinden, werfen Sie einen Blick auf die Checkliste auf der folgenden Seite.

CHECKLISTE: GENAU RECHNEN!

Überstürzen Sie Ihre Entscheidung nicht, wenn Sie in den Frühruhestand gehen und ein Minus aufgrund von Rentenabschlägen ausgleichen wollen. Vergleichen Sie, was Ihnen die gesetzliche Rentenversicherung und ein privater Versicherer jeweils bieten. Die gesetzliche Bruttorente ist meist deutlich höher als die private Sofortrente. Doch entscheidend ist, was Ihnen netto – also nach Abzug von Steuern und Sozialabgaben – übrig bleibt. Vorteil beider Rentenformen ist, dass sie Ihnen eine Zahlung bis ans Lebensende sichern.

1 Höhe der Einzahlung: Stellen Sie bei der gesetzlichen Rentenversicherung den Antrag, ausrechnen zu lassen, wie hoch die Ausgleichszahlung sein müsste. Und holen Sie dann mehrere Angebote von privaten Versicherern für eine private Rentenversicherung ein. Wie hoch würde die Leistung des privaten Versicherers ausfallen, wenn Sie die entsprechende Summe als Einmalzahlung für eine spätere Rente leisten? Beachten Sie bei Ihrem Vergleich, dass Ihnen bei der privaten Police nur die „garantierte" Rente wirklich sicher ist. Höhere Renten sind möglich, wenn der Versicherer eine Überschussbeteiligung an Sie auszahlt. Darauf verlassen können Sie sich aber nicht. Aktuelle Testergebnisse zu privaten Rentenpolicen finden Sie unter www.test.de.

2 Angehörige: Überlegen Sie, was auch Ihren Angehörigen mehr bringt. Beide Rentenformen schützen in erster Linie den Ruheständler selbst. Wenn aber durch eine große Einzahlung an die Rentenkasse die gesetzliche Rente des Versicherten höher ausfiele, stiege im Ernstfall auch die Hinterbliebenenrente für den Ehepartner. Andererseits: Was, wenn der Ehepartner keinen Anspruch auf eine oder auf die volle Hinterbliebenenrente hätte – etwa weil er noch eigenes Geld verdient? Wollen Sie bei der privaten Police die Familie absichern, können Sie eine Rentengarantiezeit oder einen Hinterbliebenenschutz vereinbaren. Das senkt die Rente aber etwas.

3 Abgaben: Für die gesetzliche Rente werden auf jeden Fall im Alter Beiträge zur Kranken- und Pflegeversicherung fällig, für die private Rente meistens nicht. Auch ist bei privaten Renten der steuerpflichtige Anteil deutlich niedriger. Allerdings macht sich dieser Unterschied erst bemerkbar, wenn jemand im Ruhestand insgesamt ein so hohes Einkommen hat, dass er Steuern zahlen muss. Besprechen Sie daher vor der Entscheidung zum Beispiel mit Ihrer Krankenkasse und einem Steuerberater, mit welchen Abzügen Sie rechnen müssen.

4 Fazit: Die Zahlung an die gesetzliche Rentenversicherung kann sich im Vergleich zur privaten Sofortrente häufig lohnen – umso mehr, wenn 2015 der Garantiezins für private Rentenversicherungen weiter sinkt.

Arbeitszeit langsam verringern

Die Alternative zum abrupten Ausstieg aus dem Job wäre der gleitende Übergang in den Ruhestand. Dieser ist in mehreren Varianten möglich.

Stunden reduzieren

Sie vereinbaren mit Ihrem Chef zum Beispiel, dass aus der Vollzeitstelle zunächst ein Teilzeitjob wird, ehe Sie komplett aussteigen. Sonst ändert sich an Ihrem Beschäftigungsverhältnis aber nichts. Dadurch fällt Ihr Gehalt niedriger aus, und Sie erwerben auch weniger Rentenansprüche. Wenn diese Phase nicht allzu lange dauert, hält sich das Minus bei der Rente aber noch in Grenzen (siehe Beispiel Seite 124).

Eine besondere Form der reduzierten Arbeitszeit sind konkrete Altersteilzeitregelungen mit Ihrem Arbeitgeber. Bis Ende 2009 hat die Arbeitsagentur solche Vereinbarungen noch finanziell unterstützt, wenn der Arbeitgeber den frei werdenden Arbeitsplatz mit einem Arbeitslosen oder einem zuvor Ausgebildeten besetzt hat.

Diese Förderung gibt es zwar für neu abzuschließende Altersteilzeitregelungen nicht mehr, trotzdem ist es in vielen Branchen und Unternehmen noch möglich, mit dem Arbeitgeber eine Altersteilzeit zu vereinbaren. Das Konzept dahinter: Sie reduzieren Ihre Stundenzahl auf die Hälfte, sodass Ihr Bruttogehalt niedriger ausfällt. Allerdings zahlt der Arbeitgeber nicht nur die Hälfte Ihres Gehalts, sondern stockt es um mindestens 20 Prozent des Bruttolohns auf, sodass sich das finanzielle Minus für Sie in Grenzen hält. Die Altersteil-

zeitregelung sieht dann zum Beispiel so aus: Für drei Jahre arbeiten Sie Vollzeit weiter, erhalten dafür aber weniger Gehalt. In den folgenden drei Jahren bleiben Sie bereits zu Hause, bekommen dieses Gehalt aber trotzdem weiter. Alternativ besteht die Möglichkeit, während der insgesamt sechs Jahre als Altersteilzeitler eine halbe Stelle zu übernehmen. Bei beiden Varianten gelten Sie weiter als Arbeitnehmer und müssen wie alle anderen Beschäftigten Beiträge zur Sozialversicherung zahlen. Mehr dazu ab Seite 126.

ALTERSTEILZEIT BEI HINTERBLIEBENENRENTE

Wenn Sie bereits eine Witwenrente beziehen und den Wunsch haben, Stunden zu reduzieren, kann die Altersteilzeit finanziell attraktiv sein: Das Einkommen, das auf die Witwenrente angerechnet wird, fällt geringer aus, die Rente kann sich erhöhen. Lassen Sie sich bei der Deutschen Rentenversicherung beraten.

Rente beziehen und nebenbei weiterarbeiten

Eine weitere Möglichkeit wäre, Sie reduzieren Ihre Arbeitsstunden, beantragen aber parallel bereits Ihre Rente. Ob sich das lohnt? Häufig ja, aber auch hier ist eine genaue Rechnung vonnöten, denn wenn Sie neben der Frührente dazuverdienen, müssen Sie bestimmte Einkommensgrenzen beachten. Prüfen Sie deshalb gut, was möglich und erlaubt ist und wie viel Ihnen an Gehalt und Rente parallel bleibt:

- **Volle Rente:** Nur wenn Frührentner regelmäßig maximal 450 Euro im Monat verdienen, dürfen sie ihre volle Altersrente behalten. Eine Ausnahme: In zwei Monaten im Jahr dürfen sie ohne Folgen für die Rentenhöhe das Doppelte verdienen – etwa, wenn sie für einen erkrankten Kollegen einspringen müssen oder in der Ferienzeit verstärkt im Einsatz waren. Verdienen Frührentner regelmäßig mehr als 450 Euro, wird ihre Rente gekürzt.

Wie viel Verdienst einem Frührentner gestattet ist, richtet sich unter anderem danach, wie viele Entgeltpunkte er in den letzten drei Jahren vor Rentenbeginn erworben hat. Hatte ein Frührentner in den alten Bundesländern in den drei Jahren zum Beispiel insgesamt 2,4 Punkte gesammelt, gelten für ihn nach derzeitigem Stand (Sommer 2014) die folgenden Regeln für den Hinzuverdienst:

■ Zwei Drittel des Rentenanspruchs: Will er zwei Drittel seines Rentenanspruchs behalten, darf er maximal 862,68 Euro brutto im Monat verdienen.

■ Die Hälfte des Rentenanspruchs: Will er die Hälfte seines Rentenanspruchs behalten, darf er brutto maximal 1 260,84 Euro dazuverdienen.

■ Ein Drittel des Rentenanspruchs: Will er ein Drittel seines Rentenanspruchs behalten, darf er maximal 1659 Euro dazuverdienen.

■ Keine Rente: Sobald der Verdienst höher liegt, fließt für den Frührentner gar keine Rente mehr.

Schon länger wird diskutiert, die Regeln für den Zuverdienst von Frührentnern flexibler zu gestalten und ihnen mehr Spielräume zu lassen. Es kann sein, dass die Bundesregierung dazu in absehbarer Zeit einen Gesetzentwurf vorlegt.

Grenzen stehen im Rentenbescheid

Eine Angabe, wie viel Sie direkt nach Ihrem vorzeitigen Rentenbeginn dazuverdienen dürfen, finden Sie in Ihrem Rentenbescheid. Allerdings verschieben sich die Zuverdienstgrenzen regelmäßig, da sich die sogenannte Bezugsgröße, die Bestandteil der Berechnungsformel ist, jedes Jahr ändert. Erkundigen Sie sich deshalb am besten vor Aufnahme eines Nebenjobs in einer Beratungsstelle der Rentenversicherung, welche Grenzen aktuell für Sie gelten.

Erst sobald Sie die Altersgrenze für die Regelaltersgrenze erreichen, dürfen Sie so viel verdienen, wie sie können und möchte, ohne Leistungskürzungen fürchten zu müssen.

ZWEITER VORTEIL: ZUSÄTZLICHE RENTENANSPRÜCHE

Ein weiterer Vorteil der Arbeit neben der Frührente: Je nach Höhe des Gehalts aus dem Nebenjob können Rentenbeiträge fällig werden. Diese führen zu neuen Entgeltpunkten und sorgen dafür, dass die spätere Regelaltersrente etwas höher ausfällt. Damit diese zusätzlich erworbenen Rentenansprüche voll zur Geltung kommen, müssen Sie den Antrag auf eine Vollrente allerdings innerhalb von drei Monaten nach Erreichen der Altersgrenze stellen. Auch falls Ihr Einkommen aus dem Nebenjob sinkt, sodass Ihnen zum Beispiel statt der bisherigen Ein-Drittel-Teilrente eine Zwei-Drittel-Rente zusteht, sollten Sie sich gleich an den Versicherungsträger wenden, um dort die höheren Leistungen zu beantragen.

ALTERSRENTE NACH EINER ZEIT OHNE BESCHÄFTIGUNG

Die Gesundheit oder die Situation am Arbeitsmarkt lässt es nicht zu, direkt aus dem Beruf in den Ruhestand zu gleiten?

Rente wegen Arbeitslosigkeit

Lange gab es mit der „Altersrente wegen Arbeitslosigkeit oder nach Altersteilzeitarbeit" eine spezielle Form der Rente, die es Arbeitslosen erlaubte, unter bestimmten Voraussetzungen vorzeitig in Rente zu gehen. Je nach Geburtsjahr war ein Renteneintritt zwischen dem 60. und 63. Lebensjahr möglich – mit Abschlägen für den frühen Rentenbeginn. Heute ist diese Altersrente ein Auslaufmodell für Versicherte, die bis Ende 1951 geboren wurden.

Um diese Form der Rente beziehen zu können, müssen weitere Voraussetzungen erfüllt sein – unter anderem müssen Sie 15 Versicherungsjahre in der Rentenversicherung vorweisen. Außerdem müssen die Versicherten ab dem Alter von 58 Jahren und sechs Monaten für mindestens ein Jahr arbeitslos gewesen sein und innerhalb der letzten zehn Jahre vor Rentenbeginn mindestens acht Jahre Pflichtbeiträge geleistet haben.

Auch wenn diese spezielle Rentenart für Arbeitslose, die nach 1951 geboren wurden, nicht mehr infrage kommt, haben diese die Möglichkeit, früher eine Rente zu beziehen – zum Beispiel als „langjährig Versicherte" im Alter von 63 Jahren, wenn sie 35 Jahre Wartezeit vorweisen. Der frühere Rentenbeginn bedeutet aber häufig Abschläge bei den Rentenleistungen (siehe ab Seite 45).

Das sollten Sie zum Beispiel berücksichtigen, wenn Ihr Arbeitgeber Entlassungen plant und Ihnen eine Abfindung anbietet und Sie sich ausrechnen, wie lange diese reicht. Unterschreiben Sie das Angebot nicht gleich, sondern holen Sie sich vorher Rat, etwa bei der Deutschen Rentenversicherung oder einem freien Rentenexperten (mehr siehe Seite 129).

Altersrente nach verminderter Erwerbsfähigkeit

Irgendwann spielt der Körper womöglich nicht mehr mit – und Ihnen bleibt nichts anderes übrig, als einen Antrag auf eine Erwerbsminderungsrente zu stellen. Je nach Gesundheitszustand kommt eine Rente wegen voller oder teilweiser Erwerbsminderung infrage. Auch die Situation auf dem Arbeitsmarkt kann entscheidend sein (siehe Seite 50). Versicherte, die vor dem 2. Januar 1961 geboren wurden, können Anspruch auf eine Rente wegen Berufsunfähigkeit haben (siehe Seite 49).

Diese Renten werden maximal bis zum Erreichen der Altersgrenze für die Regelaltersrente gezahlt. Ab dann müssen sie in eine Altersrente umgewandelt werden. Das geschieht automatisch.

Schon in der Zeit, in der Sie Ihre Erwerbsminderungsrente beziehen, können Sie nebenbei arbeiten. Daran ändert sich auch nichts, wenn diese Rente in die Altersrente umgewandelt wird. Doch auch hier müssen Sie auf die Hinzuverdienstgrenzen achten. Sonst wird Ihnen die Rente gekürzt (siehe Seite 139).

STATION II:
BEIM ÜBERGANG NICHTS VERSCHENKEN

Abfindung, Versorgungsausgleich, Rückerstattung von gezahlten Rentenbeiträgen: In den letzten Jahren vor Rentenbeginn können einige Entscheidungen auf Sie zukommen, die Ihre finanzielle Situation als Rentner maßgeblich beeinflussen. Und die wichtigste Frage: Wann ist der richtige Zeitpunkt für den Rentenbeginn? In diesem Kapitel gehen wir anhand von Beispielen auf wichtige Fragen vor Rentenbeginn ausführlich ein.

WUNSCH NACH VERÄNDERUNG

Die Aussicht auf den Frühruhestand ist offensichtlich verlockend: Noch bevor die Regeln für die „Rente mit 63" im Sommer 2014 in Kraft getreten waren, hatten sich die ersten 12 000 Interessenten für die neue abschlagsfreie Rente gefunden. Und von denjenigen, die die Bedingungen für diese Form der Frührente nicht erfüllen, sind viele bereit, sich den vorgezogenen Ruhestand einiges kosten zu lassen. Nach Angaben der Deutschen Rentenversicherung hat 2013 immerhin mehr als jeder dritte Versicherte einen Abschlag für den früheren Rentenbeginn in Kauf genommen und im Schnitt dauerhaft auf knapp 80 Euro Monatsrente verzichtet.

Während die einen ihre Arbeitszeit direkt von etwa 40 Stunden in der Woche auf null herunterfahren, suchen andere den gleitenden Übergang und reduzieren erst mal ihre Stunden. Wer über einen dieser beiden Schritte nachdenkt, kommt um eine Frage nicht herum: Kann ich mir den vorzeitigen Abgang aus dem Job oder den gleitenden Übergang – den Ausstieg auf Raten – überhaupt leisten? Anstatt des bisherigen Monatsgehalts landet bei reduzierter Arbeitszeit nur noch ein Teil davon auf dem Konto. Oder das Gehalt wird gleich durch die Rente ersetzt, die niedriger ausfällt als das bisherige Brutto aus dem Job.

Dazu können auf Dauer Einschnitte bei der Rente kommen: Wenn zum Beispiel ein Durchschnittsverdiener ein Jahr lang nur noch halbtags statt Vollzeit arbeitet, kostet ihn das nach heutigem Stand mehr als 14 Euro Monatsrente in den alten und mehr als 13 Euro in den neuen Ländern. Für drei Jahre werden es entsprechend um die 40 Euro Rentenminus.

Es sei denn, er vereinbart mit seinem Arbeitgeber eine konkrete Lösung zur Al-tersteilzeit. Bei dieser Ausstiegsform sind die Einbußen etwas niedriger (siehe Seite 126). Grundsätzlich gilt aber für sämtliche Überlegungen: Entscheiden Sie nichts ohne eine genaue Finanzplanung, damit Sie weiter von Ihrem Gehalt und danach von Ihren Alterseinkünften leben können.

DIE CHANCE AUF FRÜHRENTE UND IHRE FOLGEN

Zunehmender Stress auf der Arbeit oder der Wunsch nach mehr Zeit für sich bringen viele dazu, früher als gesetzlich vorgesehen in Rente zu gehen. Die neue „Rente mit 63" ist nur eine Möglichkeit.

> **Ich werde im Winter 63. Kann ich vorzeitig in Rente gehen und was kostet mich das?**

Ob und wann Sie vorzeitig in Rente gehen können, hängt vor allem davon ab, wie viele Versicherungsjahre Sie in der Rentenversicherung nachweisen können. Die besten Karten haben Sie, wenn Sie eine Wartezeit von mindestens 45 Jahren vorweisen. Seit Mitte 2014 gilt nämlich: Mit 45 Versicherungsjahren können Sie die „Altersrente für besonders langjährig Versicherte" bekommen und je nach Geburtsjahr ab einem Alter von 63 Jahren in Rente gehen. Trotz des vorzeitigen Beginns müssen Sie bei dieser Rentenart nicht fürchten, dass Ihre Ansprüche ge-kürzt werden. Welche Zeiten für die Wartezeit mitzählen, lesen Sie auf Seite 42. Ihre Rentenauskunft gibt Aufschluss über die bereits erreichten Wartezeitmonate.

Es gibt aber einen Haken an dieser neuen abschlagsfreien „Rente mit 63": Der Rentenbeginn mit 63 gilt nur für alle, die 1952 oder früher geboren wurden. Für alle jüngeren Jahrgänge steigt der Termin für die abschlagsfreie Frührente kontinu-ierlich an. Für die Geburtsjahrgänge ab 1964 ist ein abschlagsfreier Rentenbeginn bei 45 Versicherungsjahren erst mit 65 möglich (Altersstufen siehe Seite 43).

Für alle, die nicht auf 45 Versicherungsjahre kommen, aber auf mindestens 35
Jahre Wartezeit, bleibt die Möglichkeit,
ab einem Alter von mindestens 63 Jahren
die Rente für langjährig Versicherte zu beziehen. In dem Fall müssen Sie aber für
jeden Monat des vorgezogenen Rentenbeginns Abschläge von 0,3 Prozent einkalkulieren. Je nach Geburtsjahr kann es so
zu einem Minus von bis zu 14,4 Prozent
kommen. Wer zum 63. Geburtstag eigentlich einen Rentenanspruch von 1 500 Euro
auf seinem Versicherungskonto gesammelt hat, erhält somit im schlechtesten
Fall nur 1 284 Euro ausgezahlt. Die Abzüge von 0,3 Prozent pro vorgezogenem
Rentenmonat begleiten ihn während seines gesamten Rentnerlebens.

Egal, ob Sie sich für eine Frührente mit
Abschlägen oder ohne entscheiden: Ein
vorzeitiger Rentenbeginn hat auf jeden
Fall den Nachteil, dass die Rente grundsätzlich niedriger ausfällt als bei pünktlichem Rentenbeginn. Der Grund: Als Frührentner zahlen Sie nicht so lange Beiträge
in die Rentenkasse ein wie eigentlich vorgesehen und sammeln somit nicht so lange Entgeltpunkte für Ihr Rentenkonto (siehe ausführlich Seite 32). Will etwa ein
Durchschnittsverdiener zwei Jahre und
sechs Monate vor der eigentlichen Regelaltersrente in den Ruhestand gehen, erreicht er 2,5 Punkte weniger für sein Rentenkonto, als möglich wären. Das wäre
nach jetzigem Stand ein Minus von 71,53
Euro Monatsrente in den alten und 65,98
Euro in den neuen Bundesländern. Für alle, die überdurchschnittlich verdienen, fällt
das Minus entsprechend größer aus.

Das können Sie tun: Nutzen Sie die Beratungsangebote der Deutschen Rentenversicherung und lassen Sie ermitteln,
wie viel Rente Sie unter welchen Voraussetzungen bekommen. Kalkulieren Sie
genau, ob Sie sich den frühzeitigen Rentenbeginn leisten können. Reichen Ihre
Ersparnisse, um den Vorruhestand zu finanzieren? Wann werden beispielsweise
Zahlungen aus privaten Renten- oder Le-
bensversicherungen fällig? Bleibt noch
ein Polster für finanzielle Notfälle?

Das sollten Sie unbedingt beachten,
denn schließlich fällt nicht nur die Rente
auf Dauer niedriger aus: Es ergibt sich
schon eine Lücke, weil die Rente ohnehin
niedriger ist als das bisherige Gehalt. Worauf es in Ihrer Planung ankommt, lesen
Sie ausführlicher in den Checklisten auf
den Seiten 110 und 112.

Vergessen Sie nicht: Der Rentenversicherer weiß nicht, dass Sie vorzeitig in
Rente gehen möchten. Sie müssen die
Rente beantragen. Wenn Ihr Versicherungskonto vollständig geklärt ist, reicht
es, den Antrag rund drei Monate vor dem
gewünschten Rentenbeginn zu stellen.

Wenn Sie feststellen, dass es für Sie
bei einem vorzeitigen Rentenbeginn finanziell doch zu eng wird, kann es eine Alternative sein, erst einmal nur Stunden zu
reduzieren (siehe Seite 124). Auch dann
haben Sie mehr Freizeit, und die Einbußen
bei der Rente sind nicht ganz so groß.
Oder Sie planen von Anfang an ein, dass
Sie eine Möglichkeit finden müssen, um
neben der Rente weiter Geld zu verdienen. Mehr zu den Regeln für jobbende
Frührentner ab Seite 113.

Ich habe überschlagen, dass die Frührente und meine Ersparnisse reichen müssten. Also spricht doch nichts dagegen, vorzeitig zu gehen?

Für den ersten Überblick ist es natürlich gut, wenn Sie Ihre Einnahmen im Alter grob überschlagen. Vor der endgültigen Entscheidung über den Rentenbeginn sollten Sie sich aber Zeit für einen ausgiebigen Finanzcheck nehmen. Beachten Sie: Entscheidend ist nicht, wie hoch Ihre Ansprüche aus der Altersvorsorge sind, sondern wie viel Geld tatsächlich zum Leben zur Verfügung steht. Der Unterschied zwischen diesen beiden Werten kann enorm sein, denn auch als Rentner kommen Sie an Beiträgen zur Kranken- und Pflegeversicherung und oftmals auch an Steuern nicht vorbei. Somit werden Ihre Einnahmen netto deutlich niedriger ausfallen, als es die Bruttowerte vermuten lassen.

Wenn Sie im Alter gesetzlich krankenversichert sind, müssen Sie nach derzeitigem Stand 8,2 Prozent Ihrer gesetzlichen Rente aus eigener Tasche als Beitrag zur Krankenversicherung aufbringen. Dazu kommen derzeit mindestens 2,05 Prozent Beitrag zur Pflegeversicherung – falls Sie keine Kinder haben, 2,3 Prozent. Auf gut 10 Prozent Ihrer Altersrente werden Sie also verzichten müssen, wenn Sie gesetzlich krankenversichert sind. Von 1 600 Euro Bruttorente bleiben keine 1 440 Euro im Monat übrig. Reicht Ihnen das auch, um Ihren Lebensunterhalt zu bestreiten?

Noch höhere Abzüge müssen Sie einkalkulieren, wenn Sie im Ruhestand Geld aus einer Betriebsrente beziehen: Für diese Leistungen zahlen Sie den vollen Krankenkassenbeitrag von derzeit 15,5 Prozent plus den Beitrag zur Pflegeversicherung.

Alle, die privat krankenversichert sind, müssen anders rechnen. Sie zahlen ihren Versicherungsbeitrag unabhängig vom Einkommen. Es wird ihnen zwar nichts von der Rente abgezogen, aber der Beitrag kann sehr hoch ausfallen und ein empfindliches Loch in die Kasse reißen.

Das können Sie tun: Nehmen Sie sich genügend Zeit für Ihren Finanzcheck (siehe Checklisten ab Seite 110). Rechnen Sie bei Ihren Einnahmen unbedingt mit den Netto- und nicht mit den Bruttowerten. Eine ausführliche Übersicht zur Höhe der Sozialabgaben im Alter finden Sie auf Seite 150. Wenn Sie unsicher sind, welche Abgaben auf Sie zukommen, fragen Sie bei Ihrer Krankenkasse nach.

Ob Sie als Rentner Steuern zahlen, ist davon völlig unabhängig. Wenn das Finanzamt Ihre Steuerpflicht prüft, zieht es Ihr gesamtes Einkommen in einem Kalenderjahr heran – also neben der gesetzlichen Rente zum Beispiel private Renten sowie Miet- und Kapitaleinkünfte (siehe

Seite 154). Ihnen stehen zwar im Ruhestand diverse Vergünstigungen und Steuerfreibeträge zu, dennoch rutschen immer mehr Rentner in die Steuerpflicht. Bevor Sie sich für die Frührente entscheiden, empfiehlt es sich, auch hier nachzurechnen oder nachrechnen zu lassen, wie hoch Ihre Abzüge sein werden. Wenden Sie sich zum Beispiel an einen Steuerberater oder an einen Lohnsteuerhilfeverein.

> ## Ich war länger privat krankenversichert und im Ausland beschäftigt. Jetzt will ich in Frührente gehen. Muss ich etwas beachten?

Wenn Sie die Voraussetzungen für eine vorgezogene Rente erfüllen, spricht zunächst nichts dagegen, vorzeitig zu gehen. Je nachdem, wo Sie gelebt haben, werden Ihnen Auslandsjahre auch angerechnet, wenn die Rentenversicherung prüft, ob Sie die Wartezeit für die gewünschte Rente erfüllen.

Dennoch kann es sich gerade nach einem Auslandsaufenthalt lohnen, noch mit dem Rentenantrag zu warten – wenn Sie heute nicht mehr privat krankenversichert sind, sondern in einer gesetzlichen Kasse. Gleiches gilt auch ohne Auslandsaufenthalt, wenn Sie längere Zeit in Deutschland privat krankenversichert waren.

Der Hintergrund: Solche Lebens- beziehungsweise Versicherungsphasen können dafür sorgen, dass Sie im Ruhestand keinen Anspruch auf die günstige Pflichtkrankenversicherung für Rentner (KVdR) haben, sondern sich nur freiwillig gesetzlich krankenversichern können. Die Folge:

Waren Sie zwischenzeitlich zu lange nicht in einer gesetzlichen Kasse versichert, kann es für Sie im Alter bei den Sozialabgaben teuer werden (siehe Seite 152).

Das können Sie tun: Auch wenn es Ihnen um eine Entscheidung zur Rente geht, sprechen Sie vor dem Antrag auf Frührente unbedingt mit Ihrer Krankenkasse. Sofern sich zeigt, dass Sie in der zweiten Hälfte Ihres Berufslebens nicht lange genug gesetzlich krankenversichert waren und es derzeit nicht als Pflichtmitglied in die Krankenversicherung der Rentner schaffen, sollten Sie sich von Ihrer Kasse ausrechnen lassen, wie viele Berufsmonate Ihnen dazu noch fehlen. Sind es nur wenige Monate, kann es sich lohnen, so lange weiterzuarbeiten und als Beschäftigter angestellt Beiträge in die gesetzliche Krankenversicherung zu zahlen, dass Sie danach von der meist deutlich günstigeren KVdR profitieren können.

Ich erfülle die Bedingungen für die neue Rente mit 63. Wie viel darf ich nebenbei verdienen?

Egal, ob Sie im Alter von 63 nach 45 Jahren Wartezeit ohne Abschläge oder nach 35 Jahren Wartezeit mit Abschlägen auf die Rente in den Ruhestand gehen: Für den Zuverdienst gelten dieselben Regeln.

Solange Sie die Altersgrenze für die Regelaltersrente noch nicht erreicht haben, bleibt nur ein regelmäßiger Verdienst bis 450 Euro im Monat ohne Folgen. In zwei Monaten im Jahr dürfen Sie das Doppelte verdienen. Wenn Sie regelmäßig mehr als 450 Euro im Monat verdienen, wird Ihre Rente anteilig gekürzt – um ein Drittel, um die Hälfte oder um zwei Drittel. Womöglich entfällt die Rente sogar ganz. Die Zuverdienstgrenzen ermittelt der Rentenversicherer für jeden Frührentner individuell (siehe Seite 114). Entscheidend ist vor allem, wie viele Entgeltpunkte Sie in den letzten drei Jahren vor der ersten Rentenzahlung gesammelt haben – je mehr, desto großzügiger sind die Regelungen für den Nebenjob.

Erst wenn Sie die Altersgrenze für die Regelaltersrente erreicht haben, dürfen Sie ohne Folgen so viel dazuverdienen, wie Sie wollen.

Das können Sie tun: Kalkulieren Sie die Verdienstgrenzen unbedingt mit ein, wenn Sie überlegen, ob Sie sich die Frührente nur unter der Voraussetzung leisten kön-nen, dass Sie nebenbei noch arbeiten. Fragen Sie bei der Rentenversicherung nach, um wie viel Ihre Rente je nach Verdienst gekürzt werden würde. Auch wenn Sie nicht völlig freie Bahn beim Geldverdienen haben: Es kann sich trotzdem lohnen, Rente und Nebenjob zu verbinden.

Außerdem: Es gibt Jobs, die aufgrund ihrer besonderen Regeln auch für Rentner finanziell sehr interessant sein können. Das gilt zum Beispiel für Aushilfsjobs. Wenn ein solcher Job nach derzeitigem Stand (2014) von vornherein auf 50 Arbeitstage im Jahr oder zwei Monate begrenzt ist, dürfen Sie in dieser Zeit ohne Folgen für die Rente 900 Euro monatlich verdienen.

Ohne Folgen bleibt es für die Rente meist auch, wenn Sie als Frührentner zum Beispiel nebenberuflich als Trainer der Fußballmannschaft oder als Dozent an der Volkshochschule aktiv sind: Wenn Sie für diese Tätigkeiten höchstens 2 400 Euro im Jahr bekommen, müssen Sie dafür weder Steuern noch Sozialabgaben zahlen. Auch auf die Rentenhöhe haben die Zahlungen keine Auswirkungen. Sind Sie unsicher, ob auch für den Job, den Sie gern antreten würden, diese günstigen Bedingungen gelten? Dann fragen Sie zum Beispiel beim Steuerberater oder im Lohnsteuerhilfeverein nach.

> Ich möchte in Frührente gehen, habe aber fest-
> gestellt, dass mein Rentenkonto noch Lücken
> hat. Was mache ich, um nichts zu verschenken?

Um nichts zu verschenken und die Frührente besser planen zu können, sollten Sie
bei der Deutschen Rentenversicherung einen Antrag auf Kontenklärung stellen.

Stellen Sie den Antrag auch, wenn Sie
selbst keine Nachweise mehr haben, um
zu belegen, was in den jeweiligen Phasen
gewesen ist. Sie können sich darauf verlassen, dass der Rentenversicherer Ihnen
bei der Recherche hilft, um diese Lücken
zu schließen. Der Rentenversicherer
forscht von sich aus nach, etwa bei Ihrer
ehemaligen Universität. Er ist gesetzlich
verpflichtet, Sie zu unterstützen, damit Sie
Ihren Rentenanspruch voll ausschöpfen
können.

Das können Sie tun: Schauen Sie sich
vor der Entscheidung für die Frührente Ihren Versicherungsverlauf an. Finden Sie
die letzte Übersicht, die Ihnen vom Rentenversicherer vielleicht schon vor einigen
Jahren automatisch zugeschickt wurde,
nicht mehr, fordern Sie sie beim Rentenversicherer erneut an.

Prüfen Sie die genannten Versicherungszeiten. Schauen Sie zum Beispiel, ob
Schulzeiten ab dem 17. Lebensjahr und
Ihre Berufsausbildung komplett erfasst
sind. Und wie steht es mit Krankentagen
und Zeiten der Arbeitslosigkeit? Tauchen
alle Phasen auf? Wenn Sie Lücken in Ihrem Versicherungsverlauf erkennen oder
unsicher sind, ob dort alle relevanten Zeiten erfasst sind, fordern Sie bei Ihrem
Rentenversicherungsträger das Antragsformular für die Kontenklärung an – entweder schriftlich oder unter der kostenlosen Telefonnummer 0 800/1000 480 70.
Sie können den Antrag auch im Internet
herunterladen oder gleich online ausfüllen
unter www.deutsche-rentenversicherung.
de (Suchbegriff „Kontenklärung"). Es gibt
den Antrag in zwei Versionen: Für bis einschließlich 1978 Geborene trägt er die
Nummer V100, für ab 1979 Geborene die
Nummer V101.

Schicken Sie den Antrag an Ihren zuständigen Rentenversicherungträger. Fü-
gen Sie – wenn vorhanden – beglaubigte
Kopien der geforderten Nachweise über
die Versicherungszeiten bei, zum Beispiel
Schulzeugnis, Geburtsurkunde Ihres Kindes, Ausbildungszeugnis.

Wenn Sie den Antrag direkt in einer
Rentenberatungsstelle abgeben, können
Sie dort die Originaldokumente vorlegen
und müssen sie nicht verschicken.

VERÄNDERUNGEN IM BERUFSLEBEN

Muss es gleich die Frührente sein? Wenn Sie sich eher einen gleitenden Übergang in den Ruhestand vorstellen, gibt es Alternativen. Vielleicht hilft es Ihnen und Ihrem Wunsch nach mehr Freizeit schon, wenn Sie einfach nur etwas weniger arbeiten.

> Wie viel Rentenansprüche verliere ich, wenn ich in den fünf Jahren bis zur Rente Stunden reduziere – erst mal 20 Prozent weniger arbeite, dann nur noch halbtags?

Entscheidend für den Rentenanspruch ist, wie Ihr Einkommen im Verhältnis zum Durchschnittseinkommen aller ausfällt und welche Beiträge entsprechend an die Rentenkasse gezahlt werden.

Sinken die Beiträge nach der Stundenreduzierung, sammeln Sie natürlich weniger Entgeltpunkte. Kurzzeitig macht sich das noch nicht entscheidend bemerkbar, über viele Jahre hinweg aber schon.
Beispiel: Hans Gerster hat in den letzten Jahren immer genau das Durchschnittseinkommen aller Erwerbstätigen in Deutschland verdient. Dafür hat er jedes Jahr einen Entgeltpunkt für sein Rentenkonto gutgeschrieben bekommen. Angenommen, er hat bisher 40 Entgeltpunkte erworben. Dann kommt er nach jetzigem Stand auf eine Monatsrente von 1 144,40 Euro in den alten Bundesländern. Arbeitet er fünf Jahre weiter zum Durchschnittseinkommen, kommt er auf 45 Entgeltpunkte. Daraus ergibt sich anhand der derzeitigen Werte ein Rentenanspruch von 1 287,45 Euro.

Wenn Herr Gerster nun Stunden abbaut und in den nächsten drei Jahren nur noch 80 Prozent und in den darauffolgenden zwei Jahren 50 Prozent des Durchschnittseinkommens verdient, kommt er am Ende des Arbeitslebens nicht auf 45, sondern auf 43,4 Entgeltpunkte. Das brächte ihm nach heutigem Stand eine Monatsrente von 1 241,67 Euro. Die Rente fällt also monatlich brutto um knapp 46 Euro niedriger aus, aufs Jahr gerechnet um etwa 550 Euro. Netto ist der Unterschied aber zumindest für gesetzlich Krankenversicherte etwas geringer, da bei niedrigerer Rente die Beiträge zur Kranken- und Pflegeversicherung niedriger ausfallen und eventuell Steuern eingespart werden können.

Je mehr ein Arbeitnehmer verdient, desto höher fällt das Minus beim Gehalt und der Rente im Verhältnis aus. Reduziert der Durchschnittsverdiener ein Jahr lang seine Arbeitszeit und dadurch auch sein Bruttogehalt um 20 Prozent, kostet ihn das nach derzeitigem Stand in den alten Bundesländern 5,72 Euro Monatsrente. Drei Jahre bedeuten ein Rentenminus von 17,16 Euro monatlich.

Zum Vergleich: Für einen Angestellten, der mit knapp 1 743 Euro brutto im Monat 60 Prozent des Durchschnittseinkommens verdient, gilt: Arbeitet er 20 Prozent weniger als bisher, sammelt er in den drei Jahren nicht 1,8 Entgeltpunkte, sondern 1,44. Für ihn ergäbe sich ein Minus von 10,30 Euro bei der Monatsrente.

Ein Angestellter, dessen Bruttoverdienst dagegen bei rund 5 800 Euro liegt und damit doppelt so hoch wie der Durchschnitt ist, kommt unter diesen Voraussetzungen in drei Jahren nicht auf 6 Entgeltpunkte, sondern nur auf 4,8. Für die Rente ergibt sich daraus ein monatliches Minus von 34,33 Euro. Andererseits wird es ihm natürlich auch leichter fallen, dieses Minus zu verkraften, wenn er die bisherige Zeit und den guten Verdienst genutzt hat, um Geld für später zurückzulegen.

Das können Sie tun: Geht es Ihnen bei der Reduzierung der Arbeitszeit darum, schon heute mehr Freizeit zu haben? Dann sollten Sie sich vor den weiteren Schritten genau ausrechnen, wie viel Gehalt Sie netto verlieren und welches Mi-

nus bei der Rente auf Sie zukommt. Bedenken Sie dabei: Ein Minus von zum Beispiel 20 Prozent beim Bruttogehalt heißt nicht automatisch, dass Sie auch 20 Prozent weniger Nettoeinkommen haben. Dank der Steuerregeln in Deutschland müssen Sie bei niedrigerem Gehalt im Verhältnis einen niedrigeren Steuersatz zahlen. Fragen Sie in der Personalabteilung Ihres Arbeitgebers nach, wie viel Ihnen am Monatsende netto bei reduzierter Arbeitszeit übrig bleibt.

Oder geht es Ihnen bei der Reduzierung der Stunden nicht in erster Linie darum, insgesamt weniger zu arbeiten, sondern darum, weniger in Ihrem bisherigen Beruf zu arbeiten? Wenn Sie berufliche Abwechslung suchen, kann es sich zum Beispiel lohnen, ergänzend zur (reduzierten) Hauptbeschäftigung einen Minijob oder einen Aushilfsjob anzunehmen. Beides ist zusätzlich möglich. Im Minijob darf der Verdienst regelmäßig nicht über 450 Euro im Monat liegen. Dann übernimmt der Arbeitgeber den Großteil der Sozialabgaben; oder er übernimmt sie sogar komplett, denn Sie können entscheiden, ob Sie selbst einen Teil der Rentenbeiträge für den Minijob einzahlen (siehe Seite 24). Ein Aushilfsjob muss derzeit von vornherein auf 50 Arbeitstage im Jahr oder zwei Monate befristet sein. Dann fallen dafür weder für den Beschäftigten noch für den Arbeitgeber Sozialabgaben an – der Verdienst hilft aber auch nicht, die Rente zu erhöhen. Ab 2015 verlängern sich die Fristen ein wenig (siehe Seite 70).

Wer also beispielsweise nicht mehr fünf, sondern nur noch vier Tage in der

Buchhaltung arbeitet, könnte mehrmals im Jahr am Wochenende in einer Galerie oder einer Gärtnerei aushelfen, ohne für diesen zusätzlichen Verdienst Sozialabgaben zahlen zu müssen. Steuern können für diese Beschäftigung aber anfallen.

Ein solcher Zusatzjob würde für die gewünschte berufliche Abwechslung sorgen, und die Einbußen bei der Rente dürften sich meist in Grenzen halten.

Entscheiden Sie sich neben der angestellten Tätigkeit für eine selbstständige Nebenbeschäftigung, ist es wiederum von der Art der Beschäftigung abhängig, ob dies Auswirkungen auf die Rente hat und in welcher Höhe (mehr siehe Seite 70).

> **Mein Arbeitgeber will mit mir über Altersteilzeit reden. Aber wenn ich bloß noch die Hälfte arbeite, muss ich ja auf enorm viel Gehalt und Rente verzichten, oder?**

Sie werden zwar Einbußen haben, aber nicht so viel, wie Sie im ersten Moment denken. Auch wenn Sie nur noch die Hälfte arbeiten, heißt das nicht, dass Sie während der Altersteilzeit nur die Hälfte an Gehalt haben und nur die Hälfte der sonst üblichen Rentenansprüche erwerben. Aufgrund der Regelungen im Altersteilzeitgesetz werden Ihnen deutlich mehr als 50 Prozent Ihres früheren Gehalts netto bleiben, und Ihre Rentenansprüche aus der Altersteilzeit werden nur um etwa 10 Prozent niedriger ausfallen.

Altersteilzeit bedeutet, dass Sie entweder tatsächlich halbtags arbeiten, oder – was weitaus häufiger der Fall ist – Sie arbeiten während der ersten Hälfte des vertraglich vereinbarten Zeitraums voll weiter und bleiben danach zu Hause. Eine solche Vereinbarung ist ab dem 55. Lebensjahr möglich. Während der Altersteilzeit erhalten Sie bei insgesamt halbierter Arbeitszeit die Hälfte Ihres vorherigen Bruttogehalts. Dieses muss Ihr Arbeitgeber aber aufstocken – um mindestens 20 Prozent. Je nach Tarif- oder Arbeitsvertrag sind auch deutlich höhere Aufstockungsbeträge möglich.

Wenn das Bruttogehalt des Arbeitnehmers im ersten Schritt halbiert wird, bleibt ihm am Monatsende netto dennoch mehr als die Hälfte des früheren Nettogehalts, da er weniger Steuern zahlen muss. Dazu kommt der Aufstockungsbetrag des Arbeitgebers, sodass es je nach Branche und Tarifvereinbarung sogar sein kann, dass auf das Konto des Altersteilzeitlers trotz halbierter Arbeitszeit letztlich deutlich mehr als 80 Prozent des früheren Nettogehalts fließen.

Auch bei der Rente halten sich seine Einbußen in Grenzen: Das Altersteilzeitgesetz regelt, dass der Arbeitgeber die Rentenbeiträge für den Arbeitnehmer zum Teil deutlich aufstocken muss.

Das können Sie tun: Lassen Sie sich vor der Entscheidung für die Altersteilzeit von der Personalstelle ausrechnen, was Ihnen am Monatsende bleibt. Eine Altersteilzeitregelung ist übrigens auch möglich, wenn Sie vorher keinen Vollzeit-, sondern lediglich einen Teilzeitjob hatten. Entscheidende Voraussetzung ist, dass Sie während der Altersteilzeit trotz halbierter Stundenzahl noch auf mindestens 15 Arbeitsstunden in der Woche kommen. Der Verdienst muss über 450 Euro im Monat liegen.

Je höher Ihr Gehalt vorher war, desto attraktiver ist die Altersteilzeit aber finanziell. Meist hängt vom Verdienst in den zwei Jahren zuvor ab, wie viel Sie während der Altersteilzeit bekommen. Unter Umständen werden auch andere Fristen, zum Beispiel die vergangenen drei Jahre, zugrunde gelegt. Wenn Altersteilzeit für Sie interessant ist, sollten Sie am besten frühzeitig mit Ihrem Arbeitgeber besprechen, ob es Möglichkeiten gibt, Ihre Stelle vor der Altersteilzeit aufzustocken.

Vielleicht stellen Sie während der Altersteilzeit fest, dass Sie mit dem reduzierten Einkommen finanziell doch nicht klarkommen. Oder Ihnen fällt schlichtweg zu Hause die Decke auf den Kopf. Dann dürfen Sie als Altersteilzeitler nebenbei einen Job annehmen. Bevor Sie das tun, sollten Sie allerdings in Ihren bestehenden Arbeitsvertrag schauen. Es kann sein, dass dort steht, dass Sie sich die Nebentätigkeit von Ihrem Arbeitgeber genehmigen lassen müssen oder dass Sie nicht mehr als 450 Euro im Monat nebenbei verdienen dürfen.

An diese Vorgaben müssen Sie sich halten. Verbieten kann Ihnen der Arbeitgeber die zusätzliche Beschäftigung allerdings nur unter ganz bestimmten Bedingungen, wenn Sie beispielsweise bei einem direkten Konkurrenten anfangen wollen zu arbeiten.

 ## RISIKO KRANKENGELD UND INSOLVENZ

Ein gewisses Risiko kann während der Altersteilzeit eine längere Krankheit mit sich bringen. In den ersten sechs Wochen ist ein krankheitsbedingter Arbeitsausfall noch ohne Folgen – in dieser Zeit zahlt der Arbeitgeber das Gehalt weiter. Danach springt die Krankenkasse mit Krankengeld ein. Und das richtet sich nach der Höhe des aktuellen Monatsgehalts. Deshalb: Wenn Sie etwa aufgrund von Vorerkrankungen fürchten, dass ein längerer Arbeitsausfall eintreten könnte, überlegen Sie sich gut, ob Sie wirklich in Altersteilzeit gehen wollen und ob das Modell zu ihren finanziellen Möglichkeiten passt. Ein weiteres Risiko kann entstehen, falls Ihr Arbeitgeber in die Insolvenz geht. Dann kann es sein, dass der Insolvenzverwalter die Aufstockung Ihres Einkommens nicht übernehmen möchte.

Wenn Sie sich für die Altersteilzeit entscheiden, sollten Sie vorher genau planen, wann Sie enden soll beziehungsweise wie lange die Phase dauern muss, damit Sie anschließend eine gewünschte Form der Altersrente bekommen können – mit Abschlägen bei der Rente oder ohne.

Doch auch wenn Sie ursprünglich den Zeitplan für die Altersteilzeit auf einen Rentenbeginn mit 63 ausgerichtet haben, müssen Sie nicht an diesen Plänen festhalten, wenn die Altersteilzeit endet: Sie müssen nicht gleich in den Ruhestand gehen. Bekommen Sie zum Beispiel noch ein interessantes Angebot für eine andere Stelle, hindert Sie nichts daran, diese anzunehmen und den Rentenbeginn nach hinten zu schieben. Dann sammeln Sie weiter Entgeltpunkte für Ihr Rentenkonto und erhöhen Ihre Rentenansprüche.

> **Was würde passieren, wenn ich statt meiner bisherigen Stelle nur noch einen Minijob annehme?**

Dann geht nicht nur Ihr derzeitiges Einkommen zurück, auch Ihre Rente fällt später niedriger aus, da Sie ja für den niedrigeren Verdienst weniger Beiträge an die Rentenkasse zahlen. Dazu kommt, dass Sie mit dem Minijob unter Umständen einen wichtigen Teil der Leistungen der gesetzlichen Rentenversicherung einbüßen: Sie setzen den Schutz für den Fall einer Erwerbsminderung aufs Spiel, wenn Sie nicht aus eigener Tasche den Rentenbeitrag, den Ihr Arbeitgeber pauschal für Sie überweist, aufstocken.

Früher waren davon viele Minijobber betroffen, denn wenn sie nicht selbst aktiv wurden, blieb es bei den Rentenbeiträgen des Arbeitgebers. Heute ist das umgekehrt: Sie müssen selbst aktiv werden, wenn Sie auf den kompletten Schutz der Rentenversicherung verzichten, und dies Ihrem Arbeitgeber mitteilen, der darüber die Minijobzentrale informiert. Wenn Sie nichts unternehmen, zahlt der Betrieb, in dem Sie arbeiten, für Sie als geringfügig Beschäftigten bei einem Verdienst von höchstens 450 Euro im Monat 15 Prozent Rentenbeitrag, und Sie zahlen derzeit 3,9 Prozent obendrauf. Damit haben Sie zumindest die Gewissheit, dass Sie Anspruch auf sämtliche Leistungen der Rentenversicherung haben und behalten – auch auf die Erwerbsminderungsrente. Ihr Rentenanspruch aus einem oder mehreren Jahren Minijob ist jedoch eher gering.
Beispiel: Karla Schuster verdient in einer Großküche 450 Euro im Monat. Ihr Arbeitgeber überweist pauschal 67,50 Euro (15 Prozent) an die Rentenversicherung. Wenn sie aus eigener Tasche 17,55 Euro im Monat als Rentenbeitrag zuzahlt, ste-

hen ihr weiter sämtliche Leistungen der Rentenversicherung und damit auch der Erwerbsminderungsschutz zu. Ein Monatsverdienst von 450 Euro (im Jahr 5 400 Euro) bringt nach derzeitigem Stand allerdings gerade einmal 4,43 Euro Monatsrente in den alten und 4,85 Euro in den neuen Bundesländern.

Zum Vergleich: Würden Sie ein Jahr lang jeden Monat zum Beispiel brutto 1 400 Euro verdienen, brächte Ihnen das eine Jahr immerhin ein Rentenplus von 13,79 Euro pro Monat in den alten und 15,10 Euro in den neuen Bundesländern. Ein Vermögen ist das nicht, aber deutlich mehr als beim Minijob.

Das können Sie tun: Können Sie es finanziell verkraften, nicht nur weniger Gehalt, sondern auch deutlich weniger Rente zu beziehen? Die Checkliste auf Seite 110 hilft Ihnen beim Finanzcheck und liefert einen Überblick, mit welchen Ausgaben Sie im Alter rechnen sollten.

Sofern Sie es tatsächlich beim Minijob belassen wollen, prüfen Sie, ob Sie bereits die Voraussetzungen für eine Altersrente erfüllen. Denn diese wird nicht aufgrund des Nebenjobs gekürzt, wenn Sie nebenbei maximal 450 Euro monatlich verdienen. Zeigt sich, dass Sie schon eine Frührente bekommen können? Können Sie abschlagsfrei in Rente gehen oder nur mit Abschlägen von 0,3 Prozent jeden Monat? Lassen Sie sich am besten von der Deutschen Rentenversicherung ausrechnen, wie hoch die Rente jeweils ausfällt.

Wenn Sie noch nicht in Rente gehen wollen: Überlegen Sie, ob es noch eine Alternative zum Minijob gibt. Wäre es stattdessen möglich, so viel zu arbeiten, dass Sie monatlich mehr als 450, aber höchstens 850 Euro verdienen? Auch dann haben Sie mehr Freizeit, verlieren aber nicht so viel an Einkommen und künftigen Rentenansprüchen. Und wenn Sie in der sogenannten Gleitzone verdienen, müssen Sie nur reduzierte Sozialabgaben leisten.

> **Mein Chef will Personalkosten sparen und hat mir eine Abfindung angeboten. Die Summe klingt toll. Soll ich sie annehmen?**

Treffen Sie diese Entscheidung nicht, bevor Sie genau ausgerechnet haben, wie lange die Abfindung reicht. Gut möglich, dass Sie mit der Leistung Ihres Chefs die Zeit bis Rentenbeginn überbrücken können. Aber auch wenn Ihnen die genannte Summe auf den ersten Blick üppig erscheint, sollten Sie am besten mithilfe eines Renten- oder Finanzexperten klären, ob sie tatsächlich so lange vorhält.

Das können Sie tun: Ist das Angebot Ihres Arbeitgebers tatsächlich so vielversprechend, wie es aussieht? Beachten Sie, dass zahlreiche Faktoren darüber entscheiden. Allein die folgenden Fragen vermitteln einen ersten Eindruck davon, dass Arbeitnehmer das vermeintlich verlockende Angebot ihres Arbeitgebers vorab gut prüfen sollten:

■ **Wie hoch ist der angebotene Betrag und wie viel bleibt davon nach Abzug der Steuern übrig?**

So attraktiv eine Zahl von zum Beispiel 60 000 oder 100 000 Euro klingt – eine Abfindung in dieser Höhe wird längst nicht komplett auf Ihrem Konto landen. Dafür müssen Sie Steuern zahlen. Das Finanzamt wird sie nach der „Fünftelregelung" berechnen (siehe Kasten unten). Auch wenn diese Regelung im Vergleich zur Steuerrechnung für Ihr sonstiges Einkommen Vorteile bringt, kommen Sie um die Zahlungen an das Finanzamt nicht herum. Je nachdem, wie hoch Ihr Einkommen oder das Ihrer Familie sonst ist, kann es gut sein, dass zum Beispiel von 60 000 Euro Abfindung nach Steuern nur noch 45 000 Euro übrig bleiben.

■ **Wie hoch sind Ihre regelmäßigen Ausgaben und welche regelmäßigen Einnahmen stehen ihnen gegenüber?**

Anhand dieser Werte können Sie kalkulieren, wie viel Geld Sie jeden Monat von Ihrer Abfindung abzweigen müssen, um Ihre alltäglichen Ausgaben decken oder Ihren bisherigen Lebensstandard halten zu können. Solange Sie nach dem Ausscheiden aus dem Job Arbeitslosengeld I beziehen, wird die finanzielle Lücke nicht allzu groß sein, sodass Sie jeden Monat nur eine eher geringe Summe von Ihrem Abfindungspolster entnehmen müssen.

INFO   **Abfindung versteuern**

Wenn Sie eine Abfindung bekommen, wird das Finanzamt diese als außerordentliche Einkünfte berücksichtigen, wenn es ermittelt, wie viel Einkommensteuer Sie zahlen müssen. Im Auszahlungsjahr steigt das zu versteuernde Einkommen und damit auch die Steuerbelastung enorm an, zumal der Steuersatz nicht proportional zum höheren Einkommen steigt, sondern Sie überproportional mehr zahlen.

Um diese Wirkung abzumildern, rechnet das Finanzamt nach der sogenannten Fünftelregelung. Kurz gesagt, ermittelt es die Steuerschuld für ein Fünftel der gezahlten Abfindung und multipliziert das Ergebnis dann mit fünf. Trotz dieser Vergünstigung bleibt es natürlich bei einer steuerlichen Belastung, durch die ein beträchtlicher Teil der mit dem Arbeitgeber vereinbarten Summe wegfällt.

Klären Sie deshalb vor Unterschrift des Abfindungsvertrags auf jeden Fall, welche Ansprüche Sie aus der Arbeitslosenversicherung haben. Je nachdem, welche Lösung Sie mit Ihrem Arbeitgeber vereinbaren, kann es zum Beispiel sein, dass Sie vorübergehend eine Sperre für Leistungen der Arbeitsagentur erhalten, etwa wenn Sie sich einvernehmlich mit dem Arbeitgeber auf den Ausstieg geeinigt haben.

Beachten Sie auch die übrigen Zweige der Sozialversicherung: Solange Sie Arbeitslosengeld I beziehen, wird die Arbeitsagentur für Sie die Beiträge für die Kranken- und Pflegeversicherung sowie Ihre Rentenbeiträge übernehmen. Ohne Ansprüche auf Leistungen müssen Sie aber selbst für diese Sozialausgaben aufkommen.

Außerdem sollten Sie nicht damit kalkulieren, direkt im Anschluss an das Arbeitslosengeld I Arbeitslosengeld II zu bekommen. Bevor diese Leistung ausgezahlt wird, prüfen die Mitarbeiter der Jobcenter Ihre finanzielle Situation. Und da Sie die Abfindung bekommen haben, werden Sie so lange keine zusätzlichen Leistungen beziehen können, bis Ihre finanziellen Reserven verbraucht sind.

Sobald die Phase mit Arbeitslosengeld I vorüber ist, Sie das Rentenalter aber noch nicht erreicht haben, kann die monatliche finanzielle Lücke also deutlich wachsen. Wenn Sie zum Beispiel in den ersten zwei Jahren jeden Monat 700 Euro aus der Abfindung abzweigen müssen und danach ein Jahr lang jeden Monat 2 000 Euro benötigen, um die Lücke zu schließen, sind Sie bereits bei Ausgaben von 40 800 Euro. Wie viel bleibt dann noch übrig – zum Beispiel für die finanziellen Notfälle des Alltags wie eine Autoreparatur?

- **Für welchen Zeitraum muss die Abfindung reichen?**

Je näher Sie vor der Rente stehen, desto besser können Sie kalkulieren. Wenn Sie zum Beispiel 61 Jahre alt sind und genügend Versicherungsjahre aufweisen, dürfen Sie mit dem 63. Geburtstag in Rente gehen. Aber Achtung: Zeiten der Arbeitslosigkeit in den letzten zwei Jahren vor Rentenbeginn zählen in der Regel nicht für die geforderten 45 Jahre Wartezeit für die neue abschlagsfreie „Rente mit 63" mit. Kommen Sie nicht auf die 45 Jahre und wollen Sie trotzdem mit 63 vorzeitig in Rente gehen, bleibt Ihnen nur, für den früheren Rentenbeginn Abschläge bei den Leistungen hinzunehmen. Dieses Minus sollten Sie einplanen, denn auch diese Einbußen sollten die Abfindung des Arbeitgebers wettmachen.

Ein Alternative wäre, dass Sie auf den vorgezogenen Ruhestand verzichten und so die dauerhaften Abschläge bei der Rente vermeiden – dann müssen Sie dafür aber im Gegenzug länger ausschließlich von Ihrer Abfindung leben.

Ob die vom Arbeitgeber angebotene Zahlung genügt, um die Zeitspanne bis Rentenbeginn zu überbrücken, kann somit nur je nach Einzelfall überprüft werden. Die Zeit dafür sollten Sie sich unbedingt nehmen.

> Ich habe ein spannendes Angebot für ein neues Projekt bekommen und werde noch drei Jahre weiterarbeiten, obwohl ich schon 64 Jahre bin. Soll ich trotzdem pünktlich Rente beantragen?

Das hängt von Ihrem Einkommen und den bisher erworbenen Rentenansprüchen ab. Lassen Sie sich ausrechnen, ob es sich finanziell lohnt, den Rentenbeginn hinauszuzögern, um durch zusätzliche Beitragsjahre den Rentenzuschlag mitzunehmen, oder ob am Ende mehr herauskommt, wenn Sie pünktlich in Rente gehen und so früher Leistungen beziehen.

Denn auf der einen Seite gilt: Versicherte, die erst nach Erreichen der Regelaltersgrenze in Rente gehen, erhalten für jeden Monat Mehrarbeit auf Dauer einen Rentenzuschlag von 0,5 Prozent. Das Plus macht sich im Laufe der Jahre bezahlt.

Auf der anderen Seite gilt: Rentner, die nach Erreichen der Altersgrenze für die Regelaltersrente Leistungen aus der Rentenversicherung beziehen, dürfen in einem Job so viel verdienen, wie sie wollen, ohne Rentenkürzungen fürchten zu müssen. Das kann auch einen pünktlichen Rentenbeginn in Kombination mit der weiteren Berufstätigkeit finanziell attraktiv machen.

Welche Variante günstiger ist, hängt vom jeweiligen Einzelfall ab:

Beispiel: Hubert Speckmann, geboren 1950, plant, genau zwei Jahre länger zu arbeiten, als er aufgrund seines Geburts-

jahres eigentlich muss. Jetzt hat er zwei Möglichkeiten.

- Variante 1: Er stellt trotzdem pünktlich den Rentenantrag, sodass er im Alter von 65 Jahren und vier Monaten seine erste Leistung bezieht. Angenommen, bis zu diesem Zeitpunkt hat er 60 Entgeltpunkte gesammelt. Das entspricht in den alten Bundesländern einer Monatsrente von 1 716,60 Euro. Das Geld ist ihm sicher. In den 24 Monaten bis zum tatsächlichen Ende seiner Berufstätigkeit kann er also nach jetzigen Stand insgesamt 41 198,40 Euro an Rentenleistungen erhalten. Dazu bekommt er jeden Monat als Angestellter weiter Gehalt.

Für seinen Verdienst zahlt er selbst Beiträge an die Kranken- und Pflegeversicherung. An die Renten- und Arbeitslosenversicherung muss er allerdings nichts mehr überweisen, da er die Altersgrenze überschritten hat. Nur sein Chef muss noch anteilig Beiträge abführen.

- Variante 2: Herr Speckmann stellt den Rentenantrag so, dass er die erste Rente mit 67 Jahren und vier Monaten bezieht. Für die 24 Monate Mehrarbeit bekommt er einen Zuschlag: Der Rentenzugangsfaktor liegt für ihn nicht bei 1,0, sondern bei 1,12. Dazu kommt, dass er in den zwei zusätzlichen Arbeitsjahren noch mehr Entgeltpunkte gesammelt hat – zum Beispiel 1,6 Punkte. Somit kommt er im Alter von 67 Jahren und vier Monaten nicht auf 60 Entgeltpunkte wie in Variante 1, sondern auf 61,6 Punkte. Daraus und aus dem höheren Zugangsfaktor ergibt sich ein monatlicher Rentenanspruch von 1 973,86 Euro in den alten Bundesländern – das sind 257,26 Euro mehr als beim Rentenbeginn im Alter von 65 Jahren und vier Monaten.

■ Vergleich: Und was ist nun – allein im Hinblick auf die Rentenleistungen, die er insgesamt erhält – günstiger: ein pünktlicher Start der Rentenzahlungen oder das Hinauszögern der ersten Zahlung?

Im Fall von Hubert Speckmann gehen wir der Einfachheit halber davon aus, dass es in den kommenden Jahren keine Rentensteigerungen geben wird. Daraus ergibt sich: Durch den „pünktlichen" Rentenbezug ab dem Alter von 65 Jahren und vier Monaten sind ihm über 41 000 Euro an Rentenleistungen sicher, auf die er bei dem späteren Rentenbeginn verzichtet. Bis er diese Differenz mit der höheren Monatsrente, die wir in Variante 2 ermittelt haben, ausgeglichen hat, müssen über 13 Jahre vergehen.

Bei dieser Rechnung sind steuerliche Aspekte, die je nach Ihrer gesamten finanziellen Situation eine besondere Bedeutung bekommen können, nicht berücksichtigt. Sprechen Sie deshalb vor Ihrer Entscheidung mit Ihrem Steuerberater, mit welcher Belastung Sie zu rechnen hätten, wenn Sie zusätzlich zum Gehalt eine Rente beziehen.

Außen vor bleibt außerdem, was Hubert Speckmann mit den 41 000 Euro vorzeitiger Rente macht. Vielleicht braucht er das Geld nicht zwingend, um seinen Alltag zu finanzieren, sodass er es anlegen kann. Durch die Zinsen wäre der Vorteil durch den pünktlichen Rentenbeginn noch etwas größer.

Das können Sie tun: Das Verschieben der ersten Rentenzahlung lohnt sich umso mehr, je höher der Verdienst in dieser Zeit ist und je mehr Entgeltpunkte Sie bis dato insgesamt erworben haben. Wenn Sie hingegen Ihr Arbeitsleben lang eher wenig verdient haben und wenig Punkte sammeln konnten, wirkt sich der höhere Zugangsfaktor – also die 0,5 Prozent für jeden zusätzlichen Arbeitsmonat – nicht so stark aus.

Lassen Sie sich vor einer solchen Entscheidung ausrechnen, was Ihnen das Verschieben des Rentenbeginns bringt. Wie lange wird es dauern, bis sich die höhere Rente insgesamt lohnt? Diese Werte können Sie sich zum Beispiel direkt in einer Beratungsstelle der Deutschen Rentenversicherung ermitteln lassen. Sie können auch die Hilfe eines freien Rentenberaters in Anspruch nehmen.

Berücksichtigen Sie außerdem, wie Ihre finanziellen Möglichkeiten darüber hinaus aussehen. Können Sie die Rente bei pünktlichem Rentenbeginn zinsbringend anlegen, oder benötigen Sie die Zahlungen etwa für neue Hobbys oder die langersehnten Reisepläne? Auch ein Besuch beim Steuerberater oder Lohnsteuerhilfeverein dürfte in der Situation sinnvoll sein.

BESONDERE ARBEITS- UND LEBENSSITUATIONEN

Nicht immer liegt die Entscheidung über die berufliche Zukunft bei Ihnen: etwa wenn die Gesundheit nicht mehr mitspielt oder Sie auf familiäre Veränderungen reagieren müssen.

> **Wie bekomme ich Rentenbeiträge zurück?**
> **So wie es jetzt aussieht, komme ich nur auf vier Jahre Wartezeit bis zum Ruhestand. Für eine Rente reicht das ja nicht.**

Sie können eine Beitragserstattung beim Rentenversicherungsträger beantragen. Doch das lohnt sich nur bedingt. Alternativ kann es sich für Sie auszahlen, ein Jahr lang freiwillig Beiträge an die Rentenkasse nachzuzahlen, um sich doch den Anspruch auf eine Altersrente zu sichern.

Beiträge, die an die gesetzliche Rentenversicherung gezahlt wurden, kann sich grundsätzlich nur erstatten lassen, wer nicht pflichtversichert ist und gleichzeitig nicht zur freiwilligen Versicherung in der Rentenversicherung berechtigt ist. Aufgrund dieser Vorgabe kommt eine Beitragserstattung für viele nicht infrage: Angestellte müssen darüber gar nicht nachdenken. Und auch Selbstständige, die viele Jahre bis zum Ruhestand haben, können das Thema erst einmal abhaken.

Einige Gruppen gibt es aber doch, die das Recht auf die Erstattung haben. Das gilt zum Beispiel für Freiberufler, die in einem Kammerberuf tätig sind, wie Rechtsanwälte oder Ärzte. Sie sind verpflichtet, über ein berufsständisches Versorgungswerk Beiträge für das Alter zurückzulegen. In der gesetzlichen Rentenversicherung sind sie damit versicherungsfrei.

Haben sie etwa durch eine betriebliche Ausbildung vor Aufnahme des Studiums Ansprüche an die gesetzliche Rentenversicherung erworben, aber die geforderten fünf Jahre nicht erfüllt (und es besteht kein Recht zur freiwilligen Versicherung), können Sie sich die geleisteten Beiträge erstatten lassen, sobald sie das möchten.

Diese Möglichkeit zur Beitragserstattung hat auch ein Versicherter, wenn er bei Erreichen der Altersgrenze für die Regelaltersrente die geforderte Mindestwartezeit von fünf Jahren noch nicht erfüllt hat. Allerdings bekommt er nur die Beiträge zurück, die er selbst eingezahlt hat. Wenn also zum Beispiel ein Mann vor Beginn seiner Selbstständigkeit als Cafébetreiber vier Jahre als Angestellter beschäftigt war, erhält er zwar die selbst gezahlten Beiträge zurück, nicht aber die seines früheren Arbeitgebers. Hat eine Frau nur zwei Entgeltpunkte für Kindererziehung auf ihrem Rentenkonto, bekommt sie dafür gar keine Erstattung, da sie selbst ja gar keine Beiträge eingezahlt hat.

Das können Sie tun: Es mag sinnvoll erscheinen, sich die Rentenbeiträge zurückzahlen zu lassen, die sowieso keine Rente bringen. Doch häufig gibt es eine bessere Alternative. Wenn Ihnen zum Beispiel nur ein Beitragsjahr für den Bezug einer Rente fehlt, lohnt es sich, zwölf Monate lang freiwillige Beiträge an die Rentenkasse zu zahlen, um die geforderte Mindestwartezeit zu erfüllen. Es reicht schon, wenn Sie monatlich den freiwilligen Mindestbeitrag einzahlen, der derzeit bei 85,05 Euro liegt. **Beispiel:** Christian Albers hat über viele Jahre sein eigenes Fahrradgeschäft geführt. Vorher hat er eine dreijährige Ausbildung absolviert sowie ein Jahr lang als Angestellter gearbeitet. Aus dieser Zeit kommt er insgesamt auf 2,8 Entgeltpunkte. Wenn er nun zwölf Monate lang jeweils 85,05 Euro als freiwilligen Rentenbeitrag zahlt, erhöht das sein Punktekonto nur minimal auf insgesamt rund 3 Punkte. Doch erst durch diese Zahlung sichert er sich eine Rente: Nach derzeitigem Stand bekäme er für drei Entgeltpunkte in den alten Bundesländern eine Monatsrente von 85,83 Euro, in den neuen Ländern

79,17 Euro. Das ist zwar nicht viel, aber umgerechnet zeigt sich: Nach gut einem Jahr Rentenbezug hat er sich die freiwillig gezahlten Beiträge zurückgeholt. Je länger er die Rente bezieht, desto mehr hat er von den freiwilligen Einzahlungen.

Die Rente fließt für Versicherte wie Christian Albers aber frühestens, sobald sie die Voraussetzungen – in dem Fall die notwendigen fünf Jahre – erfüllen. Um keine Leistung zu verschenken, wäre es somit in Herrn Albers' Fall sinnvoll, wenn er ein Jahr vor Erreichen der Altersgrenze mit den monatlichen Einzahlungen beginnt, damit die erste Rente pünktlich bei ihm eingeht. Eventuell kann er die Beiträge auch auf einen Schlag zahlen. Es kommt darauf an, wann er sich dafür entscheidet, dass er sein Rentenkonto mit freiwilligen Beiträgen aufstocken will. Denn er kann nur bis Ende März auf einen Schlag freiwillige Beiträge für das Vorjahr nachzahlen. Geht er im Dezember 2016 in Rente, muss er also spätestens bis 31. März 2016 die Zahlung für 2015 geleistet haben, um die Lücke der zwölf fehlenden Beitragsmonate zu schließen.

Wollte er für zwei Jahre nachzahlen, kann er aber nicht im Jahr des Rentenbeginns die gesamten Beiträge auf einmal überweisen, sondern sollte am besten spätestens im November 2014 mit den monatlichen Zahlungen beginnen.

Sie können natürlich auch mehr als den geforderten Mindestbeitrag einzahlen. Möglich sind freiwillige Beiträge bis maximal 1 124,55 Euro im Monat (im Jahr 2014). Wie viel Ihnen die Zahlungen in einer bestimmten Höhe an Rente bringen, können Sie sich vorab in einer Beratungsstelle der Deutschen Rentenversicherung ausrechnen lassen.

◣ RÜCKKEHR INS HEIMATLAND
Haben Sie nur vorübergehend in Deutschland gelebt und erfüllen die Wartezeit von fünf Jahren für eine Rente nicht? Auch dann können Sie sich bei der Rückkehr in Ihr Heimatland die geleisteten Beiträge erstatten lassen. Suchen Sie aber vorher eine Beratungsstelle der Rentenversicherung auf, um nichts zu verschenken. Vielleicht gibt es doch noch Beitragszeiten, die in Ihrem Fall zählen, von denen Sie aber nichts wissen?

> Trotz der neuen Regeln zur Mütterrente fehlt mir mit zwei Kindern ein Versicherungsjahr für eine Altersrente. Gehe ich also wieder mal leer aus?

Nein, Sie müssen nicht leer ausgehen. Gerade in dieser Situation dürfte es sich für Sie lohnen, freiwillige Beiträge an die Rentenkasse zu bezahlen. Sie müssen also erst einmal eigenes Geld in die Hand nehmen, doch diese Investition haben Sie schnell wieder heraus.

Das können Sie tun: Als Mutter von zwei Kindern, die vor 1992 geboren wurden, kommen Sie neuerdings auf vier Versicherungsjahre in der Rentenversicherung – früher waren es nur zwei. Für die Regelaltersrente brauchen Sie aber fünf Jahre. Auch hier gilt somit: Wenn Sie für die fehlenden zwölf Monate den freiwilligen Mindestbeitrag von derzeit 85,05 Euro an die Rentenkasse zahlen, kommen Sie auf eine Rente.

Sie müssen zwar insgesamt erst einmal rund 1 020 Euro Beiträge aufbringen, doch dafür haben Sie dann Anspruch auf eine lebenslange Rente. Nach derzeitigem Stand würden Sie je nach Wohnort etwa 105 (Ost) bis 115 Euro (West) im Monat bekommen. Wenn Sie diese Leistung ein Jahr lang bekommen, haben Sie die eingezahlten Beiträge schon wieder raus.

Falls Sie diese eigene Rente zusätzlich zu einer Witwenrente beziehen, müssen Sie sich erst einmal keine Sorgen machen: Eine so niedrige Altersrente führt nicht dazu, dass die Witwenrente gekürzt wird. In Kombination mit anderem Einkommen – etwa aus einem Minijob und Ersparnissen – kann Ihre neue Altersrente allerdings zu einer Kürzung Ihrer Witwenrente führen (siehe Seite 56).

Ich habe gelesen, dass sich freiwillige Rentenbeiträge lohnen. Stimmt das wirklich?

Ja, es stimmt, freiwillige Beiträge können eine Menge Vorteile haben. Wie die zwei vorhergehenden Beispiele zeigen, können sie helfen, um sich überhaupt einen Rentenanspruch zu sichern. Davon können zum Beispiel Mütter profitieren, die sonst nie in die Rentenkasse eingezahlt haben. Ähnlich ist es für Selbstständige und Beamte. Wenn sie heute nicht mehr in die Rentenkasse einzahlen müssen, aber etwa aus einer früheren Berufsausbildung oder eben auch aus Kindererziehung ein paar Jahre Wartezeit haben, können sie diese Zeit mit freiwilligen Rentenbeiträgen auf bis zu fünf Jahre aufstocken, um eine Rente zu bekommen.

Aber auch sonst können die freiwilligen Zahlungen etwas bringen – wenn Sie zum Beispiel planen, vorzeitig in Rente zu gehen, oder wenn Sie nach einer Anlagealternative zu den Angeboten von Banken und privaten Versicherern suchen.

Aber Achtung: Nicht jeder kann ohne weiteres und zu jedem Zeitpunkt freiwillige Beiträge an die Rentenkasse zahlen. Nur unter bestimmten Voraussetzungen sind die freiwilligen Zahlungen erlaubt. Je nachdem, was für Sie gilt, ist es möglich, dass Sie einmalig eine größere Summe an die Rentenkasse zahlen oder über einen längeren Zeitraum hinweg.

Das können Sie tun: Wenn Sie selbstständig tätig und bei der Altersvorsorge komplett auf sich allein gestellt sind, sollten Sie unbedingt dafür sorgen, dass Sie im Alter eine sichere Einnahmequelle haben. Diese kann aus privaten Geldanlagen und Versicherungen bestehen, muss sie aber nicht: Die gesetzliche Rentenversicherung ist eine attraktive Alternative. Die freiwilligen Rentenbeiträge können interessanter sein als beispielsweise eine private Rentenversicherung.

Die Stiftung Warentest hat Anfang 2014 die Renditen der gesetzlichen Rente mit denen privater Policen und denen aus Rürup-Verträgen verglichen. Ergebnis: Die

INFO **Für Beamte und Angestellte im öffentlichen Dienst**

Wann lohnen sich freiwillige Rentenbeiträge? Das ist nur eine Spezialfrage, mit der sich Beamte beim Thema Versorgung im Alter beschäftigen sollten. Die Antwort und viele weitere Informationen für Beschäftigte im öffentlichen Dienst liefert der neue Ratgeber „Pension und Rente im öffentlichen Dienst". Sie erhalten ihn für 19,90 Euro im Handel oder unter www.test.de/shop.

gesetzliche Rente steht im Vergleich bestens da. Sie hängt die privaten Versicherer, die mit dem niedrigen Zinsniveau auf den Kapitalmärkten zu kämpfen haben, ab. Nur die Rürup-Rente kann dank des Steuervorteils, den diese Verträge den Kunden bringen, einigermaßen mithalten. Mehr zu den Testergebnissen finden Sie unter www.test.de.

Für Angestellte sind freiwillige Beiträge an die gesetzliche Rentenversicherung hingegen nur unter einer Voraussetzung möglich: Wenn sie planen, vorzeitig in Rente zu gehen, und dafür einen Abschlag bei den Rentenansprüchen in Kauf nehmen müssen, können sie durch eine größere Einmalzahlung an die Rentenkasse die Abschläge vermeiden (ausführlich ab Seite 111). Sie sichern sich dadurch auf Dauer also eine höhere Altersrente.

Lassen Sie sich am besten in einer Beratungsstelle der gesetzlichen Rentenversicherung ausrechnen, was Ihnen die Einmalzahlung an zusätzlicher Rente brächte. Erkundigen Sie sich auch bei einem privaten Versicherer, mit welcher Privatrente Sie rechnen könnten, wenn Sie dort die gleiche Summe einzahlen würden. Vermutlich wird aber die gesetzliche Rente besser abschneiden.

> **Ich bin 58 Jahre alt, und vermutlich geht demnächst mein Antrag auf Erwerbsminderungsrente durch – wahrscheinlich gerade mal 700 Euro im Monat. Kann das sein?**

Ja, das kann sein. Damit liegen Sie ziemlich nah an den durchschnittlichen Erwerbsminderungsrenten, die jedes Jahr in Deutschland gezahlt werden. Ende 2012 bekamen Männer in den alten Bundesländern im Schnitt 741 Euro im Jahr, in den neuen Ländern 652 Euro. Für Frauen waren es 672 Euro in den alten und 697 Euro in den neuen Ländern.

Zum Leben reichen diese Summen allein meistens nicht. Die Höhe der Rente hängt davon ab, wie viel Sie in der Vergangenheit verdient und wie viel Beitrag Sie gezahlt haben. Für Sie als Rentenempfänger im Alter von 58 Jahren kommt ein weiterer Nachteil dazu: Aufgrund des Alters müssen Sie auch bei der Erwerbsminderungsrente Abschläge in Kauf nehmen. Von Ihrem tatsächlichen Rentenanspruch zieht die Rentenkasse 10,8 Prozent ab.

Einen Abschlag in dieser Höhe mussten bis Ende 2011 alle Versicherten hinnehmen, die vor dem 60. Geburtstag ihre erste Erwerbsminderungsrente bezogen

INFO **Wenn bei der Arbeit etwas passiert**

Ein Fehltritt in der Montagehalle oder ein schwerer Fahrradunfall auf dem Weg ins Büro: In dem Fall ist nicht nur die gesetzliche Rentenversicherung gefragt, sondern auch die gesetzliche Unfallversicherung.

Wenn Ihnen bei der Arbeit oder auf dem direkten Weg dorthin etwas zustößt, zahlt die Unfallversicherung zum Beispiel ein Verletztengeld, die Kosten für die Behandlung und Reha-Maßnahmen. Sollten Sie bei dem Arbeitsunfall ums Leben kommen, haben Ihre Angehörigen Anspruch auf eine Hinterbliebenenrente. Tragen Sie bei dem Arbeitsunfall eine dauerhafte körperliche Beeinträchtigung (Invalidität) von mindestens 20 Prozent davon, erhalten Sie eine Unfallrente.

Ehe die Unfallkasse zahlt, prüft sie allerdings jeden Fall ganz genau. Gut möglich, dass sie die Zahlung verweigert, zum Beispiel, wenn der Unfall nicht auf direktem Weg zur Arbeit passiert ist, weil Sie einen kurzen Abstecher zur Post gemacht haben.

Steuerlich gibt es zwischen der Unfallrente und den Renten aus der gesetzlichen Rentenversicherung einen entscheidenden Unterschied: Die Unfallrente beziehen Sie, ohne dafür Steuern zahlen zu müssen.

haben, ohne Abschläge gab es die Erwerbsminderungsrente nur bei einem Zahlungsbeginn ab dem 63. Lebensjahr. Seit Anfang 2012 steigt aber auch für die Erwerbsminderungsrente in den meisten Fällen das Eintrittsalter an – stufenweise von 63 auf 65 Jahre. Ab 2024 ist ein Bezug der Erwerbsminderungsrente ohne Abschläge erst im Alter von 65 Jahren möglich (siehe Tabelle Seite 51).

Das können Sie tun: Prüfen Sie, ob es andere, eventuell höhere Sozialleistungen wie Krankengeld gibt, die Sie beantragen können. Lassen Sie sich auch über eine medizinische Rehabilitation beraten. Wenn Sie die Erwerbsminderungsrente beantragt haben und davon ausgehen, dass Ihr Rentenbescheid Fehler enthält, oder Sie sich in den Rechenschritten und Zahlenkolonnen nicht zurechtfinden, holen Sie sich Hilfe, zum Beispiel in den Beratungsstellen der Wohlfahrtsverbände oder gleich bei einem freien Rentenberater. Für dessen Unterstützung müssen Sie zwar zahlen, aber das Honorar können Sie wieder hereinholen, wenn Sie dank der Unterstützung mehr Rente erhalten.

Neben der Erwerbsminderungsrente dürfen Sie hinzuverdienen – sofern die Gesundheit dies zulässt. Wenn Sie derzeit eine Rente wegen voller Erwerbsminderung erhalten, ist gestattet, dass Sie in einem Minijob regelmäßig bis zu 450 Euro monatlich dazuverdienen. Liegt Ihr Verdienst höher, wird Ihre Rente gestaffelt reduziert – um ein Viertel, die Hälfte oder um drei Viertel. Die Verdienstgrenzen ermittelt der Rentenversicherer individuell für jeden Rentner. Wie beim Nebenverdienst zur Altersrente ist vor allem entscheidend, wie viele Entgeltpunkte der Versicherte in den drei Jahren vor Eintritt der Erwerbsminderung gesammelt hat.

Wer eine Rente wegen teilweiser Erwerbsminderung bezieht, hat mehr Freiräume. Hat er in den letzten drei Jahren das Durchschnittseinkommen aller Beitragszahler bezogen, gilt derzeit: Die Rente wird komplett ausgezahlt bei einem Verdienst bis 1 907,85 Euro in den alten und bis 1 759,81 Euro in den neuen Bundesländern. Verdient er derzeit bis zu 2 322,60 Euro in den alten und 2 142,38 Euro in den neuen Ländern, erhält er die Hälfte seiner Rente.

Lohnt es sich, wenn ich meinen Versorgungsausgleich aus unserem Scheidungsverfahren noch einmal prüfen lasse?

Das kann sich durchaus lohnen – vor allem, wenn Sie in der Zeit zwischen 1977 und 2009 geschieden wurden. Denn 2009 haben sich die Regeln für den Versorgungsausgleich deutlich verändert.

Auch die neuen Regeln zur Mütterrente können Folgen für die Aufteilung der Ansprüche haben: Wenn eine Frau, die vor 1992 Mutter geworden ist, dank der zusätzlichen Rentenansprüche für Kindererziehung nun erstmals eine eigene Rente oder mehr Geld aus der Rentenkasse bekommt, kann das auch für den Exmann Vorteile haben: Es kann sein, dass er ihr weniger von seinen eigenen Rentenansprüchen abtreten muss.

Denn Versorgungsausgleich bedeutet, dass sämtliche Ansprüche der beiden Ehepartner aus den Ehejahren im Zuge der Scheidung zu gleichen Teilen aufgeteilt werden – zum Beispiel die Ansprüche auf die gesetzliche Rente, auf Betriebsrenten und aus privaten Vorsorge- und Versicherungsverträgen. Bis 2009 wurden alle Ansprüche auf die gesetzliche Rente umgerechnet. Hat der Ehemann eine Betriebsrente abgeschlossen, hatte die Frau Anspruch auf eine anteilige Erhöhung der gesetzlichen Rente. Heute ist das anders, denn sämtliche Versorgungsansprüche werden grundsätzlich separat aufgeteilt. Für die Partner kann das heißen, dass einer von ihnen nach heutigem Recht insgesamt mehr Ansprüche hat, weil inzwischen ganz anders gerechnet wird.

Um diese Ansprüche zu bekommen, kann er beim Familiengericht frühestens sechs Monate vor Rentenbeginn einen Antrag auf Abänderung des Versorgungsausgleichs stellen. Allerdings folgt das Gericht nur dann dem Antrag, wenn wesentliche Änderungen – die Größenordnung ist gesetzlich vorgegeben – vorliegen.

Das können Sie tun: Unüberlegt und unvorbereitet sollten Sie den Antrag auf eine Überprüfung der Versorgungsansprüche nicht stellen: Was, wenn die erneute Prüfung ergibt, dass Sie beim Versorgungsausgleich zu gut weggekommen sind? Wenden Sie sich deshalb vorab an einen Fachanwalt für Familienrecht oder einen Rentenberater, um in Ihrem Fall Chancen und Risiken eines Abänderungsantrags auszuloten. Mit dem Experten lässt sich sicher auch schnell klären, ob sich der Antrag überhaupt lohnt oder ob die Veränderungen bei den Rentenansprüchen nicht groß genug sind.

Wenn Sie sich für die Überprüfung entscheiden und sich für Sie zusätzliche Ansprüche an die gesetzliche Rentenversicherung ergeben, kann das auch noch einen weiteren Vorteil haben: Rentenzeiten, die Sie aus einem Versorgungsausgleich erworben haben, werden auf die Wartezeiten für bestimmte Renten angerechnet – zum Beispiel auf die 35-jährige Wartezeit bei der Rente für langjährig Versicherte ab 63 Jahren. Für die geforderten 45 Jahre Wartezeit für die abschlagsfreie Rente mit 63 zählen sie aber nicht mit.

Möglich ist auch, dass Ihr Versorgungsausgleich noch einmal überprüft wird, ohne dass Sie dies beantragen – wenn Ihre Scheidung schon länger zurückliegt und ein Partner in den alten, der andere in den neuen Bundesländern gearbeitet hat. Dann kann es sein, dass Ihr Versorgungsausgleich zunächst nur vorläufig ergangen ist und nun automatisch überprüft wird.

WENN DER EXPARTNER STIRBT

Entgeltpunkte, die Sie beim Versorgungsausgleich abgeben mussten, können Sie wiederbekommen, wenn Ihr ehemaliger Partner stirbt. Er darf die Leistungen aus dem Versorgungsausgleich aber nicht länger als 36 Monate bezogen haben. Den Antrag stellen Sie schriftlich bei der Deutschen Rentenversicherung.

STATION III:
IM RUHESTAND

Bevor Sie pünktlich zu Ihrem neuen Lebensabschnitt als Rentner Ihre Leistungen aus der Rentenkasse beziehen können, müssen Sie sie beantragen. Komplett bleibt Ihnen das Geld nicht, denn Sie müssen mit Sozialabgaben und zum Teil auch mit Steuern rechnen. In diesem Kapitel erklären wir Ihnen die grundlegenden Regelungen und geben Ihnen einen Überblick darüber, welche Möglichkeiten Sie haben, wenn Sie mit Ihrer Rente nicht hinkommen.

DIE ERSTE RENTE BEANTRAGEN

Ihre erste Rente bekommen Sie nicht automatisch: Sie müssen vorher bei der Rentenversicherung einen Antrag stellen. Wollen Sie eine Rente ohne Abschläge, beginnt sie im Regelfall zum Ersten des Monats, nachdem Sie die Altersgrenze für die Regelaltersrente erreicht haben:

Wenn Sie zum Beispiel am 20. Mai 1958 geboren sind, dürfen Sie im Alter von 66 Jahren in Rente gehen. Die erste Rente ohne Abschläge können Sie somit ab dem 1. Juni 2024 beziehen.

Rentenantrag pünktlich stellen

Stellen Sie den Antrag am besten etwa ein Vierteljahr vor dem geplanten Rentenbeginn, damit die erste Zahlung pünktlich fließen kann. Wenn möglich sollten Sie aber schon vorher – spätestens etwa ein Jahr vor Rentenbeginn – prüfen, ob auf Ihrem Versicherungskonto alle Zeiten Ihres Erwerbslebens richtig gespeichert sind. Nutzen Sie dafür die Renteninformationen und -auskünfte, die Sie erhalten haben. Ist der Versicherungsverlauf nicht vollständig, beantragen Sie beim Rentenversicherer ein Kontenklärungsverfahren. Dieses kann unter Umständen einige Monate dauern und sogar die Rentenzahlung verzögern.

Stellen Sie den Rentenantrag zu spät, bleibt die Verzögerung im ersten Moment noch ohne finanzielle Folgen, denn die Rente kann nach dem Antrag auch rückwirkend gezahlt werden. Zu viel Zeit sollten Sie sich allerdings mit dem Antrag nicht lassen, denn sonst büßen Sie doch Leistungen ein:

INFO   Formular R100 – 17 Seiten bis zur Rente

Der offizielle Rentenantrag (Formular R100) sieht erst einmal abschreckend aus – 17 Seiten sind auszufüllen. Doch es ist alles halb so schlimm:

Gut dran sind diejenigen, die vorgearbeitet haben – ihre Renteninformationen samt Versicherungsverlauf vorab kontrolliert haben oder ein Kontenklärungsverfahren bei der Rentenversicherung durchführen ließen. In dem Fall müssen Sie bei vielen Fragen nur dann Angaben machen, wenn es noch Versicherungszeiten gibt, die bisher nicht von der Rentenversicherung berücksichtigt wurden. Um einige Angaben, wie etwa zur Person, zur Bankverbindung oder zur Krankenkasse, kommen Sie dann aber auch nicht herum.

Allerdings: Niemand muss den Rentenantrag allein ausfüllen. Jeder Versicherte kann sich zum Beispiel einen Termin in der Sprechstunde der Deutschen Rentenversicherung geben lassen, sodass die Mitarbeiter dort die Daten aufnehmen.

Weitere Informationen und Ausfüllhilfen bietet eine Broschüre der Deutschen Rentenversicherung: „Rentenantrag – so geht's". Diese Broschüre können Sie im Internet unter www.deutsche-rentenversicherung.de kostenlos herunterladen. Hier finden Sie auch die Adressen von Beratungsstellen. Weitere Ansprechpartner fasst außerdem unser Service-Kasten auf Seite 180 zusammen.

Beispiel: Sie erreichen am 20. Mai die Altersgrenze, Ihre erste Rente soll ab Juni fließen. Dann können Sie auch noch im August Ihren Antrag beim Rentenversicherer einreichen und bekommen ab dem 1. Juni wie gewünscht Ihre Rente – gegebenenfalls rückwirkend.

Stellen Sie Ihren Rentenantrag spätestens drei Monate nachdem alle Voraussetzungen für den Rentenbeginn erfüllt sind. Reichen Sie den Antrag erst nach Ablauf dieser Frist ein, bekommen Sie Ihr Geld erst ab dem Antragsmonat.

Pflicht ist es nicht, doch am einfachsten ist es, wenn Sie das offizielle Antragsformular für die Altersrente nutzen (siehe Kasten oben). Dieses können Sie in den Beratungsstellen der Rentenversicherung bekommen oder sich nach einem Anruf über die kostenlose Servicehotline (Tel. 0 800/1000 480 70) zuschicken lassen.

Zusammen mit dem ausgefüllten Formular müssen Sie eine Geburtsurkunde einreichen. Wenn Sie noch arbeiten, benötigen Sie außerdem von Ihrem Arbeitgeber eine sogenannte Entgeltvorausbescheinigung. Daraus geht hervor, wie hoch Ihr Einkommen in den letzten Monaten bis Rentenbeginn sein wird. Diese Bescheinigung kann bis zu drei Monate im Voraus ausgestellt werden. Wenn die Rentenversicherung dieses Einkommen kennt, kann sie es direkt bei der Rentenberechnung berücksichtigen.

Falls Sie arbeitslos sind, benötigen Sie eine Bescheinigung über die Leistungen der Arbeitsagentur.

Wollen Sie die Altersrente für schwerbehinderte Menschen beantragen, müssen Sie eine Kopie Ihres Schwerbehindertenausweises beilegen. Sinnvoll ist, wenn Sie den Antrag persönlich in einer Beratungsstelle stellen und der Berater die Unterlagen dann vor Ort kopiert.

Schwarz auf weiß: Der Rentenbescheid

Nachdem Sie Ihren Rentenantrag gestellt haben, bekommen Sie einen Rentenbescheid, aus dem hervorgeht, wann die Rentenzahlung beginnt, wie hoch sie ist und welche Versicherungszeiten für die Berechnung berücksichtigt wurden. Beim Wort „Bescheid" werden Sie womöglich überrascht sein, dass Ihnen statt eines Formulars von vielleicht drei oder vier Seiten quasi ein komplettes Dossier zugeschickt wird. Dieses enthält neben den Informationen zu der zu erwartenden Rente zahlreiche Zusatzinformationen, für deren Durchsicht Sie einige Zeit einkalkulieren sollten.

Diese Informationen bietet der Bescheid

■ **Rentenhöhe und Zahlungsbeginn:** Sie erhalten einen Versicherungsverlauf – also eine Übersicht über sämtliche Zeiten (zum Beispiel Pflichtbeitragszeiten, Zeiten, in denen Sie im Mutterschutz oder arbeitslos waren) und die diesen Zeiten zugewiesenen Entgeltpunkte.

Besonders umfangreich wird die Darstellung, wenn Ihr Versicherungsverlauf etwa neben Beitragszeiten als Angestellter auch verschiedene beitragsfreie Zeiten aufweist (zum Beispiel Arbeitslosigkeit, Mutterschutz oder politische Verfolgung). Denn in dem Fall muss der Rentenversicherer noch eine Bewertung dieser beitragsfreien Zeiten vornehmen und Ihre Rentenansprüche aus dieser Zeit ermitteln. Weitere Rechenschritte sind nötig, wenn Sie zum Beispiel bis Ende 1991 in bestimmten Phasen sehr wenig verdient haben und mindestens 35 Versicherungsjahre vorweisen können. Dann werden Ihnen unter Umständen zusätzliche Entgeltpunkte gutgeschrieben aufgrund des geringen Arbeitsentgelts.

■ **Beginn und Zahlungsmodalitäten für die Rente:** Die Rente wird durch den Rentenservice der Deutschen Post angewiesen. Sie wird grundsätzlich zum Monatsende gezahlt. Wenn Sie gesetzlich kranken- und pflegeversichert sind, wird nicht die komplette Monatsrente („Bruttorente") überwiesen, sondern das, was nach Abzug der Versicherungsbeiträge übrig bleibt. Aus dem Bescheid können Sie entnehmen, welche Summe letztlich auf Ihrem Konto eingehen wird.

Sind Sie privat krankenversichert, müssen Sie sich selbst um die Beitragszahlung kümmern. Als freiwillig gesetzlich Versicherter müssen Sie einen Antrag auf Beitragszuschuss stellen.

■ **Mitteilungspflichten:** Sie müssen den Rentenversicherer informieren, zum Beispiel, wenn Sie eine Rente aus der gesetzlichen Unfallversicherung beziehen oder wenn Sie Ihren Aufenthaltsort ins Ausland verlegen. Aus dem Rentenbescheid erfahren Sie, wann Sie in welcher Form aktiv werden müssen.

- **Steuern und Rente:** Der Versicherer teilt Ihnen mit, dass Sie unter Umständen gegenüber dem Finanzamt in der Pflicht sind und Ihre Einkünfte dort erklären müssen (mehr dazu auch ab Seite 154).

- **Ihr Recht:** Sie erfahren, wo und unter welchen Voraussetzungen Sie Widerspruch gegen den Rentenbescheid einlegen können.

- **Möglicher Anspruch auf Grundsicherung:** Fällt Ihre monatliche Rente eher niedrig aus, erhalten Sie vom Rentenversicherer automatisch den Hinweis, dass Sie unter Umständen Anspruch auf Grundsicherung im Alter und bei Erwerbsminderung haben (siehe Seite 158). Den entsprechenden Antrag, über den der Träger der Sozialhilfe an Ihrem Wohnort entscheidet, bekommen Sie gleich dazu. Vom Rentenversicherer erhalten Sie allerdings keinen Hinweis, ob dieser Antrag tatsächlich durchgeht, denn er weiß nicht, in welcher Höhe Sie zusätzliche Einkünfte haben, die dem Anspruch auf Grundsicherung entgegenstehen.

- **Rentnerausweis:** Wenn Sie im Ruhestand sind, kann Ihnen das Vergünstigungen bringen – zum Beispiel für Museums- oder Theaterbesuche oder die Nutzung von öffentlichen Verkehrsmitteln. Deshalb erhalten Sie einen Rentnerausweis.

Den Rentenbescheid prüfen

Stimmt die umfangreiche Rechnung der Rentenversicherung? Als Laie fällt es schwer, die einzelnen Rechenschritte nachzuvollziehen und alle Informationen richtig einzuordnen. Deshalb sollten Sie den Rentenbescheid unbedingt prüfen lassen – wenn möglich mithilfe eines Rentenexperten. Ansprechpartner finden Sie zum Beispiel über den Bundesverband der freien Rentenberater (www.rentenberater. de) oder im Branchenbuch. Es können Fehler auftreten – zum Beispiel durch Zahlendreher, fehlerhafte Übertragung von Daten des Arbeitgebers oder das Auslassen bestimmter Versicherungszeiten. Eine Übersicht zu möglichen Fehlerquellen finden Sie ab Seite 164.

Sobald der Rentenbescheid vorliegt, haben Sie einen Monat Zeit, um dagegen Widerspruch einzulegen, wenn Sie Fehler feststellen. Diesen Widerspruch sollten Sie begründen, damit bei der erneuten Überprüfung auf die kritischen Punkte geachtet werden kann.

Das zusätzliche Einkommen

Gemeinsam mit der Zahlung der ersten gesetzlichen Rente werden für viele von Ihnen auch Beträge aus anderen Vorsorgeverträgen fällig: Häufig wird die Riester- oder eine Betriebsrente ausgezahlt. Auch die Leistungen aus einer privaten Rentenpolice können beginnen, oder Sie erhalten auf einen Schlag eine größere Summe aus der Kapitallebensversicherung. Vielleicht planen Sie auch, Ihre Immobilie zu verkaufen, oder Ihnen steht ein Erbe ins Haus, sodass das finanzielle Polster wächst.

Am besten machen Sie sich einen genauen Plan von Ihrer finanziellen Situation: Wie viel Geld benötigen Sie regelmäßig? Wie viel sichere regelmäßige Einnahmen haben Sie? Besteht eine finanzielle Lücke, die Sie mithilfe Ihrer Ersparnisse schließen müssen?

Geldanlage im Alter

Selbst wenn Sie einen Teil der zusätzlichen finanziellen Mittel aus Hausverkauf, Erbschaft oder Lebensversicherung für die alltäglichen Ausgaben benötigen, bleibt vielleicht noch ein Polster, das Sie erst einmal nicht antasten müssen und zum Beispiel für schlechtere Zeiten – etwa bei Pflegebedürftigkeit – zurücklegen wollen.

Diese Bilanz, die Sie spätestens am Beginn des Ruhestands ziehen sollten, hilft Ihnen, Entscheidungen für Ihre weitere Geldanlage zu treffen. Denn eines ist klar: Das Geld, das Sie erst einmal nicht zwingend benötigen, muss nicht einfach auf Ihrem Girokonto herumliegen, sondern Sie sollten die Möglichkeit nutzen, es renditebringend anzulegen.

Geeignete Produkte

Wenn Ihnen eine größere Summe zur Verfügung steht, können Sie das Geld zum Beispiel in eine private Rentenversicherung mit Sofortrente investieren. Dann zahlt Ihnen der private Versicherer regelmäßig eine bestimmte Summe aus. Der Versicherungsvertrag kann für Sie infrage kommen, wenn Sie dringend noch eine regelmäßige, sichere Einnahmequelle benötigen. Bevor Sie ihn abschließen, sollten Sie jedoch genau kalkulieren, wie viel Zusatzrente Sie tatsächlich jeden Monat benötigen.

Eine Alternative zu dieser Form der regelmäßigen Geldleistung wäre ein Auszahlplan der Bank. Bei diesem Produkt vereinbaren Sie von vornherein eine feste Laufzeit und einen festen Zinssatz. Vor Ablauf der vereinbarten Zeit kommen Sie aber in der Regel nicht an Ihr Geld heran. Sie können also nicht flexibel auf einen kurzfristigen finanziellen Engpass reagieren und Geld aus dem Auszahlplan abziehen. Daher sollten Sie vor Vertragsabschluss auch hier genau kalkulieren, in welcher Höhe Sie regelmäßig Auszahlungen benötigen und wie viel Geld Sie dementsprechend investieren.

Zahlen Sie nicht Ihr gesamtes freies Vermögen in einen solchen Auszahlplan oder eine private Rentenpolice ein, sondern legen Sie einen Teil lieber flexibler an, etwa auf einem Tages- oder Festgeldkonto für den Notfall. Solange die Zinsen nicht überragend sind, sollten Sie sich nicht zu lange binden.

Die größten Renditechancen – auch im Alter – bieten Investmentfonds. Aufgrund des Risikos, das beispielsweise mit Aktienfonds verbunden ist, sollten aber Ruheständler, die auf sichere Einnahmen angewiesen sind, die Finger davon lassen. Wer hingegen seinen täglichen Finanzbedarf vollständig aus anderen Geldquellen abgedeckt hat, kann sich die Investition in Aktienfonds durchaus weiter leisten – aber eben nur in dem Maß, wie eventuelle Verluste zu verkraften sind.

Stimmen die finanziellen Möglichkeiten, können die Anleger einen Teil ihres Vermögens in Fonds investieren und dann immer wieder mal – am besten orientiert an der Börsenlage – Anteile verkaufen und sich so quasi eine Zusatzrente sichern.

ERST INFORMIEREN – DANN ANLEGEN

Wie mache ich auch im Ruhestand noch das Beste aus meinem Geld? Finanztest hat die wichtigsten Informationen zusammengestellt. Sie können sie unter anderem im Internet unter www.test.de nachlesen (Suchwort: Geldanlage zu Rentenbeginn). Unter www.test.de finden Sie auch viele weitere Informationen, zum Beispiel zur Anlageberatung für Senioren und jeweils aktuell eine Übersicht zu den Konditionen von Tages- und Festgeld sowie Bewertungen von Investmentfonds.

MIT DIESEN ABZÜGEN MÜSSEN SIE RECHNEN

Aus Ihrem Rentenbescheid wissen Sie, wie hoch Ihre Ansprüche im Ruhestand sind. Wenn Sie gesetzlich krankenversichert sind, werden von Ihrer Bruttorente noch Ihre Beiträge zur gesetzlichen Kranken- und Pflegeversicherung abgezogen. Nur den Rest – die Nettorente – bekommen Sie ausbezahlt.

Es kann sein, dass zusätzlich das Finanzamt Geld von Ihnen erwartet. Womöglich müssen Sie auch als Rentner noch Steuern zahlen.

Als Rentner gut versichert

Die Entscheidung, wie Sie im Rentenalter krankenversichert sein werden, ist schon während des Berufslebens gefallen. Wenn Sie vor dem Ruhestand gesetzlich krankenversichert waren, werden Sie es auch im Rentenalter sein. Die Beiträge, die Sie jeden Monat dafür zahlen müssen, hängen von der Höhe Ihrer Rente ab.

Beispiel: Gunter Beckmann ist pflichtversicherter Rentner in der gesetzlichen Krankenversicherung. Seine Monatsrente beträgt 1 244 Euro brutto. Der Beitragssatz für die gesetzliche Krankenversicherung liegt derzeit bei allen Krankenkassen bei 15,5 Prozent, für die gesetzliche Pflegeversicherung bei 2,05 Prozent für Erwachsene mit Kindern (2,3 Prozent für Erwachsene ohne Kinder). Den Beitrag für die Krankenkasse muss Herr Beckmann aber nicht komplett allein aufbringen. Einen Teil (7,3 Prozent der Bruttorente) übernimmt der Rentenversicherungsträger. Für die Krankenkasse zahlt Herr Beckmann somit 8,2 Prozent seiner Bruttorente als Beitrag – 102,01 Euro im Monat.

Dazu kommt der Beitrag für die gesetzliche Pflegeversicherung. Diesen muss Herr Beckmann allein übernehmen. Hat er Kinder, sind es 25,50 Euro im Monat. Dabei zählen bereits erwachsene Kinder mit. Hat er keine Kinder und ist er nach 1939 geboren, sind es 28,61 Euro.

Herrn Beckmanns Anteil an den Sozialabgaben zieht der Rentenversicherer gleich von der Bruttorente ab, sodass er statt 1 244 Euro jeden Monat 1 116,49 Euro überwiesen bekommt (wenn er Kinder

---

INFO **Krankenkassenwechsel auch im Alter**

Einmal AOK, immer AOK – einmal Techniker Krankenkasse, immer Techniker Krankenkasse? Nein, auch im Rentenalter können Sie noch Ihre Krankenkasse wechseln. In der Regel ist der Wechsel möglich, wenn Sie seit mindestens 18 Monaten in Ihrer bisherigen Kasse versichert waren.

Auch wenn viele Leistungen der gesetzlichen Krankenkassen gleich sind, gibt es doch einige Unterschiede, die für Sie je nach Ihren persönlichen Bedürfnissen und Ansprüchen entscheidend sein können. Wenn Sie chronisch erkrankt sind, sollten Sie zum Beispiel darauf achten, ob Ihre Krankenkasse ein spezielles Versorgungsprogramm (Disease-Management-Programm) für Ihre Erkrankung anbietet. Wenn Sie viel reisen, kann es sich lohnen, eine Kasse auszuwählen, die die Kosten für Reiseimpfungen übernimmt. Und unter welchen Voraussetzungen zahlt Ihre Krankenkasse für eine Haushaltshilfe? Hier gibt es zum Teil enorme Unterschiede.

Hilfe bei der Wahl der passenden Krankenkasse bietet der Produktfinder Krankenkassen der Stiftung Warentest unter www.test.de/krankenkassen. Dort können Sie Service und Leistungen der Krankenkassen bequem miteinander vergleichen.

---

hat, ohne Kinder etwas weniger). Beiträge zur Arbeitslosen- und zur Rentenversicherung muss er für die ausgezahlte Rente nicht aufbringen.

Weitere Einnahmen – weitere Abgaben

Im Ruhestand bleibt es allerdings nicht nur bei den Sozialabgaben für die gesetzliche Rente. Wer gesetzlich versichert ist und eine Rente aus einer betrieblichen Altersvorsorge bezieht, muss dafür ebenfalls Beiträge zur Kranken- und Pflegeversicherung zahlen.

Da es hierfür keinen Zuschuss aus der Rentenkasse gibt, sind die Abzüge besonders hoch: Die Betriebsrentner müssen die 15,5 Prozent für die Kranken- und die rund 2 Prozent für die Pflegeversicherung komplett allein aufbringen. Von 400 Euro Betriebsrente im Monat bleiben somit gerade einmal knapp 330 Euro übrig.

ABGABEN FÜR NEBENJOB

Sind Sie als Rentner nebenbei noch berufstätig, kann es sein, dass Sie auch für Ihren Verdienst Sozialabgaben leisten müssen. Wenn Sie zum Beispiel bereits eine Rente beziehen, aber als Angestellter noch über 450 Euro im Monat verdienen, sind Sie aufgrund Ihrer Beschäftigung versicherungspflichtig in der Krankenversicherung. Sie müssen Sozialversicherungsbeiträge für Ihr Arbeitseinkommen und für die Rente zahlen. Für Einkünfte aus einer selbstständigen Nebentätigkeit gelten wiederum andere Regeln. Eine Übersicht zu den möglichen Abgaben bietet die Tabelle auf den Seiten 150/151.

MIT DIESEN ABGABEN MÜSSEN GESETZLICH VERSICHERTE RENTNER RECHNEN

Der allgemeine Beitragssatz für die gesetzliche Krankenversicherung liegt 2014 bei 15,5 Prozent, wird 2015 aber auf 14,6 Prozent sinken. Freiwillig Versicherte zahlen oft einen reduzierten Satz, der dann von 14,9 auf 14 Prozent fällt. Dazu können die Kassen jedoch einen einkommensabhängigen Zusatzbeitrag erheben. Obendrauf kommen immer die Beiträge an die Pflegeversicherung.

Einkommen	Das zahlen Pflichtversicherte in der Krankenversicherung der Rentner (KVdR)	Das zahlen Rentner, die freiwillig gesetzlich krankenversichert sind[3]
Gesetzliche Rente (Alters-, Hinterbliebenen- und Erwerbsminderungsrente)	Fällig werden 15,5 Prozent der Bruttorente. 8,2 Prozent werden vor Auszahlung der Rente abgezogen, die restlichen 7,3 Prozent übernimmt automatisch die Deutsche Rentenversicherung.[1]	Fällig werden 15,5 Prozent der Bruttorente. 8,2 Prozent zahlt der Rentner auf jeden Fall selbst, die restlichen 7,3 Prozent kann er als Zuschuss von der Deutschen Rentenversicherung erhalten, wenn er den Antrag dafür stellt.[1]
Versorgungsbezüge: zum Beispiel Betriebsrente aus einer Direktversicherung, Pensionen, eine über den Arbeitgeber abgeschlossene Riester-Rente sowie Leistungen aus einem berufsständischen Versorgungswerk	**Rente:** 15,5 Prozent der Leistung, wenn sie höher als 138,25 Euro monatlich ist.[1][2] **Einmalzahlung:** Sie wird auf 120 Monate umgelegt. Ergibt sich ein Wert von mehr als 138,25 Euro im Monat, sind zehn Jahre lang 15,5 Prozent Krankenkassenbeitrag zu zahlen.[1][2]	**Rente:** 15,5 Prozent der Leistung.[1] **Einmalzahlung:** Sie wird auf 120 Monate umgelegt. Der Rentner zahlt zehn Jahre lang 15,5 Prozent des monatlichen Werts – unabhängig von dessen Höhe.[1]
Riester-Rente	Keine Beiträge zur Kranken- und Pflegeversicherung.	14,9 Prozent der Leistung.[1]
Rürup-Rente	Keine Beiträge zur Kranken- und Pflegeversicherung.	14,9 Prozent der Leistung.[1]
Rente aus der gesetzlichen Unfallversicherung	Keine Beiträge zur Kranken- und Pflegeversicherung.	14,9 Prozent der Rente.[1]
Rente aus einer privaten Rentenversicherung	Keine Beiträge zur Kranken- und Pflegeversicherung.	14,9 Prozent der Rente.[1]

Einkommen	Das zahlen Pflichtversicherte in der Krankenversicherung der Rentner (KVdR)	Das zahlen Rentner, die freiwillig gesetzlich krankenversichert sind[3]
Auszahlung aus der privaten Kapitallebensversicherung	Keine Beiträge zur Kranken- und Pflegeversicherung.	Die Auszahlung wird auf 120 Monate umgelegt. Der Rentner zahlt zehn Jahre lang 14,9 Prozent des Monatswerts.[1]
Einkommen aus angestellter Beschäftigung	**Verdienst bis 450 Euro im Monat:** Der Arbeitgeber überweist für den jobbenden Rentner pauschal Sozialabgaben. **Verdienst über 450 Euro im Monat:** Der jobbende Rentner wird als Arbeitnehmer versicherungspflichtig. Er zahlt für den Verdienst anteilig Beiträge zur Kranken- und Pflegeversicherung, als Frührentner auch zur Arbeitslosen- und Rentenversicherung.	**Verdienst bis 450 Euro im Monat:** Der Arbeitgeber übernimmt für den jobbenden Rentner die Beiträge zur Krankenversicherung. Beiträge zur Pflegeversicherung zahlt dieser jedoch aus eigener Tasche. **Verdienst über 450 Euro im Monat:** Der jobbende Rentner wird aufgrund seiner Beschäftigung als Arbeitnehmer versicherungspflichtig und zahlt für den Verdienst anteilig Beiträge zur Kranken- und Pflegeversicherung, als Frührentner auch zur Arbeitslosen- und Rentenversicherung.
Arbeitseinkommen: Gewinn aus einer selbstständigen Tätigkeit	Liegt der Gewinn bei über 138,25 Euro monatlich, sind darauf Abgaben zu zahlen.[1][2]	14,9 Prozent des Gewinns.
Einkünfte aus Kapitalvermögen (zum Beispiel Zinsen, Dividenden, Gewinne aus Wertpapierverkäufen)	Keine Beiträge zur Kranken- und Pflegeversicherung.	14,9 Prozent der Einkünfte: Einkünfte sind Kapitaleinnahmen minus Werbungskosten. Ohne Nachweis werden pauschal 51 Euro als Werbungskosten abgezogen.
Mieteinkünfte	Keine Beiträge zur Kranken- und Pflegeversicherung.	14,9 Prozent der Einkünfte (Mieteinnahmen minus Werbungskosten).[1]

1) Für die gesetzliche Pflegeversicherung zahlen Rentner mit Kindern und kinderlose Rentner, die vor 1940 geboren wurden, 2,05 Prozent Beitrag. Alle anderen zahlen 2,3 Prozent.

2) Auch wenn pflichtversicherte Rentner mit der Summe aus ihren Versorgungsbezügen und dem Arbeitseinkommen ihrer selbstständigen Tätigkeit den Wert von 138,25 Euro monatlich überschreiten, müssen sie dafür Beiträge zur gesetzlichen Kranken- und Pflegeversicherung zahlen.

3) Beiträge werden maximal bis zur Beitragsbemessungsgrenze fällig. Sie liegt derzeit bei 4050 Euro im Monat.

Quelle: GKV-Spitzenverband

Pflichtversicherung mit Vorteilen

Für die meisten Ruheständler war es das aber mit den Sozialabgaben. Selbst wenn sie weiteres Einkommen wie Miet- und Kapitaleinkünfte haben, gehen dafür keine Sozialabgaben ab. Das gilt allerdings nicht für alle Rentner. Einige müssen für solche zusätzlichen Posten Beiträge zur gesetzlichen Kranken- und Pflegeversicherung zahlen. Entscheidend, wie jemand im Alter krankenversichert ist.

Die große Mehrzahl der Rentner ist pflichtversichert in der Krankenversicherung der Rentner (KVdR). Auch wenn es der Name kaum vermuten lässt: Gut dran ist, wer es in diese Pflichtversicherung schafft. Dazu müssen Rentner zwei Bedingungen erfüllen:

Vorversicherungszeit. Sie sind in der zweiten Hälfte ihres Arbeitslebens zu mindestens 90 Prozent der Zeit in einer gesetzlichen Kasse versichert gewesen.

Rentenanspruch. Sie haben Anspruch auf eine Rente aus der gesetzlichen Rentenversicherung – auf eine Alters-, Erwerbsminderungs- oder Hinterbliebenenrente.

Sind beide Vorgaben erfüllt, beginnt die Krankenversicherungspflicht in der Regel mit dem Tag, an dem sie ihren Rentenantrag stellen.

Die für die KVdR geforderte Vorversicherungszeit erfüllen problemlos alle, die während ihres Berufslebens durchgängig gearbeitet haben und selbst Mitglied in einer gesetzlichen Krankenkasse waren. Es spielt keine Rolle, ob die Versicherten in dieser Zeit Pflichtbeiträge gezahlt haben oder etwa als Selbstständige oder gutverdienende Angestellte freiwillig in einer ge-

setzlichen Krankenkasse versichert gewesen sind.

Unproblematisch sind auch Phasen, in denen ein Ehepartner, meist die Frau, über den anderen familienversichert war. Auch diese Jahre werden auf die notwendige Vorversicherungszeit angerechnet.

Zum Hindernis kann die geforderte Vorversicherungszeit dagegen für diejenigen werden, die im Berufsleben länger privat geschützt waren: Selbst wenn sie mehrere Jahre vor Rentenbeginn in eine gesetzliche Krankenkasse zurückgewechselt sind, wird die Kasse genau ausrechnen, ob die Zeit für die Pflichtversicherung genügt.

Die zweite Voraussetzung für die KVdR, den Rentenanspruch, erfüllen Senioren, wenn sie zuvor etwa als Angestellte für mindestens fünf Jahre Beiträge in die gesetzliche Rentenversicherung eingezahlt haben. Damit erreichen sie die für die Regelaltersrente notwendige Wartezeit. Auch andere Lebensphasen wie Kindererziehungszeiten oder Arbeitslosigkeit werden auf diese Wartezeit angerechnet.

Nicht jeder schafft die Vorgaben

Allen, die zum Ende des Berufslebens gesetzlich krankenversichert waren, aber nicht die nötigen Zeiten für die günstige Pflichtversicherung vorweisen können, bleibt nur, sich freiwillig gesetzlich krankenzuversichern. Das kann allerdings deutlich teurer werden als die Pflichtversicherung. Denn freiwillig Versicherte müssen für mehr Einkommensarten Beiträge zur Kranken- und Pflegeversicherung aufbringen (siehe auch Tabelle Seite 150). Die

Krankenkasse zieht für ihre Beitragsrechnung das gesamte Einkommen heran, das ihnen für den Lebensunterhalt zur Verfügung steht – also zum Beispiel auch die Auszahlung aus einer Kapitallebensversicherung oder Mieteinkünfte. Freiwillig Versicherten kann es sogar passieren, dass sie für das Einkommen ihres Ehepartners Beiträge zahlen müssen – wenn dieser privat krankenversichert ist. Unbegrenzt müssen aber auch sie nicht zahlen. Die gesetzliche Krankenkasse berücksichtigt nur das Einkommen bis zur sogenannten Beitragsbemessungsgrenze. Diese liegt 2014 bei 4050 Euro im Monat.

Kleiner Trost für die freiwillig Versicherten: Für Zusatzeinnahmen wie private Rente oder Mieteinkünfte zahlen sie nicht den allgemeinen Beitragssatz von derzeit 15,5 Prozent, sondern nur einen etwas reduzierten Satz von derzeit 14,9 Prozent.

 ### FÜR FREIWILLIG VERSICHERTE ZUSCHUSS NUR AUF ANTRAG

Auch als Rentner, der im Alter freiwillig gesetzlich krankenversichert ist, haben Sie Anspruch darauf, dass Ihnen die Rentenversicherung einen Zuschuss zu Ihrem Krankenkassenbeitrag zahlt, der für die gesetzliche Rente fällig wird. Diesen Zuschuss müssen Sie aber beantragen. Pflichtversicherte Rentner erhalten ihn automatisch. Falls Sie unsicher sind: Fragen Sie bei der Krankenkasse, ob Sie den Beitragszuschuss beantragen müssen.

Sinkender Beitragssatz

Ab dem kommenden Jahr kann es sein, dass Rentner – egal ob pflichtversichert oder freiwillig – etwas weniger für die Krankenversicherung zahlen müssen: Dann wird der allgemeine Beitragssatz von 15,5 auf 14,6 Prozent sinken (der reduzierte Satz von 14,9 auf 14,0 Prozent). Allerdings dürfen die Krankenkassen dann einkommensabhängige Zusatzbeiträge verlangen. Noch bleibt abzuwarten, wie die Kassen diese Regelung umsetzen.

Privatpatienten zahlen meistens mehr

Auch wenn die Abgaben für Rentner, die freiwillig gesetzlich krankenversichert sind, in die Höhe schnellen können: Sie sind häufig doch noch etwas niedriger als die Beiträge, die Rentner zahlen müssen, die im Alter privat kranken- und pflegeversichert sind. Wer sich im Berufsleben für eine private Krankenversicherung entschieden hat und dieser noch nach dem 55. Geburtstag treu geblieben ist, ist automatisch auch im Rentenalter privat versichert. Eine Rückkehr in die gesetzliche Krankenversicherung ist in der Regel nach dem 55. Geburtstag nicht mehr möglich.

Der private Krankenversicherungsschutz kann im Ruhestand zu einer echten Kostenfalle werden. Zwar zahlt die Rentenkasse auch privat Krankenversicherten einen Zuschuss zu den Versicherungsbeiträgen, aber nicht mehr, als die Versicherten aufgrund ihrer Rentenhöhe als Zuschuss für die gesetzliche Krankenkasse erhalten hätten. Anders als bei gesetzlich Versicherten sind die Versicherungsbeiträge aber bei Privatpatienten nicht von der Einkommenshöhe und der Art der Einnahmen abhängig. Ihre Beiträge berechnet der private Versicherer anhand des Alters, der vereinbarten Leistungen und des Krankheitsrisikos.

Die Versicherten sollten einkalkulieren, dass sie häufig im Alter mindestens dreimal so viel für den Schutz aufbringen müssen wie etwa beim Vertragsabschluss mit Mitte 30. Monatsbeiträge von 700 Euro oder mehr sind im Rentenalter keine Seltenheit. Die Beiträge zahlen Sie direkt an das Versicherungsunternehmen. Als Mitglied der privaten Krankenversicherung sind Sie automatisch in der privaten Pflegepflichtversicherung.

Rente und Steuern: Oft weiter Kontakt zum Finanzamt

„Als Rentner habe ich nichts mehr mit dem Finanzamt zu tun." Diese auch heute noch häufig anzutreffende Annahme war früher für viele Ruheständler richtig. Doch inzwischen sollten Sie sich als Rentner nicht darauf verlassen. 2005 hat das Alterseinkünftegesetz die Besteuerung der Renten komplett verändert. Seither müssen von Jahr zu Jahr mehr Rentner eine Steuererklärung einreichen und Steuern zahlen.

Die Finanzämter kontrollieren seit einigen Jahren verstärkt, ob Rentner und Pensionäre ihrer Pflicht zur Jahresabrechnung auch nachkommen und ihre Steuerschulden begleichen.

Immer mehr Rente steuerpflichtig

Durch eine Gesetzesreform vor einigen Jahren wurde unter anderem für die Leistungen aus der gesetzlichen Rentenversicherung die nachgelagerte Besteuerung eingeführt. Seither gilt, dass die Renten –

je nach Beginn der Auszahlung – zu mindestens 50 Prozent steuerpflichtig sind (siehe Tabelle rechts). Je später die erste Rente ausgezahlt wird, desto höher ist der steuerpflichtige Anteil. Für alle, die erst 2040 oder später das Rentenalter erreichen, ist die Rente auf Dauer zu 100 Prozent steuerpflichtig.

Durch diese Regelung haben viele Rentner mehr steuerpflichtige Einkünfte als noch vor einigen Jahren. Und sobald jemand steuerpflichtige Einkünfte in einer bestimmten Höhe hat, ist er verpflichtet, eine Steuererklärung beim Finanzamt einzureichen. Für 2014 liegt der entscheidende Wert für die Pflicht zur Steuererklärung bei 8 354 Euro.

⬛ EIGENINITIATIVE GÜNSTIG

Warten Sie im Zweifel nicht, bis das Finanzamt Sie dazu auffordert, eine Steuererklärung abzugeben. Sie müssen davon ausgehen, dass es auf jeden Fall weiß, wie viel Rente Sie bekommen. Renten- und Pensionskassen, Lebensversicherer und Versorgungswerke müssen regelmäßig ihre Auszahlungen melden. Womöglich schulden Sie sogar noch für die vergangenen Jahre eine Steuererklärung? Geben Sie Ihre Unterlagen dann stillschweigend ab und zahlen Sie offene Steuern nach, um größeren Sanktionen zu entgehen.

Steuerfreibetrag gilt auf Dauer

Für die Ruheständler von heute bleibt aber zumindest ein Teil der Rente steuerfrei. Das Finanzamt ermittelt für jeden Rentner seinen persönlichen Steuerfreibe-

SO VIEL IST VON IHRER RENTE STEUERFREI

Der steuerpflichtige Anteil der Rente steigt für jüngere Jahrgänge an. Wer erst 2040 oder später in Rente geht, muss die Leistungen aus der gesetzlichen Rentenversicherung komplett beim Finanzamt abrechnen. Das gilt auch für Auszahlungen aus einem berufsständischen Versorgungswerk, aus der landwirtschaftlichen Alterskasse und einem Rürup-Vertrag.

Rentenbeginn	Steuerfreier Teil zu Beginn der Rente in Prozent	Rentenbeginn	Steuerfreier Teil zu Beginn der Rente in Prozent
bis 2005	50	2023	17
2006	48	2024	16
2007	46	2025	15
2008	44	2026	14
2009	42	2027	13
2010	40	2028	12
2011	38	2029	11
2012	36	2030	10
2013	34	2031	9
2014	32	2032	8
2015	30	2033	7
2016	28	2034	6
2017	26	2035	5
2018	24	2036	4
2019	22	2037	3
2020	20	2038	2
2021	19	2039	1
2022	18	ab 2040	0

INFO **Auf Antrag von der Steuererklärung befreit**

Muss die Steuererklärung sein? Wenn Sie unsicher sind, was für Sie als Neurentner Pflicht ist, holen Sie sich am besten den Rat eines Steuerberaters oder fragen Sie in einem Lohnsteuerhilfeverein nach Unterstützung. Etwas Klarheit kann auch ein Anruf beim früheren Sachbearbeiter im Finanzamt bringen. Sie können beim Finanzamt auch formlos einen Antrag stellen, dass Sie von der Steuererklärung befreit werden.

Das Finanzamt wird Ihren Fall dann genau prüfen. Wenn sich dabei aufgrund der Einkommenssituation herausstellt, dass Ihr zu versteuerndes Einkommen so niedrig ist, dass keine Steuern zu zahlen sind, können Sie sich ab dann die Mühe der weiteren Steuererklärungen sparen.

trag. Dieser gilt für die gesamte Zeit, in der die Rente fließt. Das Finanzamt legt ihn endgültig im zweiten Jahr des Ruhestands fest. So werden mögliche Rentenerhöhungen im ersten Jahr noch für den Steuerfreibetrag berücksichtigt. Ein Plus aus späteren Rentensteigerungen ist aber komplett steuerpflichtig.

Beispiel: Adele Schneider aus Leipzig hat 2012 ihre erste Rente bezogen. Für sie sind dauerhaft 36 Prozent der Jahresrente aus dem Jahr 2013 steuerfrei – so wie für jeden anderen Neurentner aus dem Jahr 2012.

Die Leipzigerin kam 2013 auf eine Gesamtrente von 13 680 Euro. Als Freibetrag stehen ihr rund 4 925 Euro (36 Prozent von 13 680 Euro) zu. Dieser Rentenfreibetrag gilt nun für jedes Steuerjahr – auch wenn die Renten steigen. Auf Dauer bleiben somit nicht 36 Prozent der Leistungen steuerfrei, sondern ein immer kleiner werdender Teil.

Selbst wenn die Rentnerin kein weiteres Einkommen hat, ergeben sich für sie trotz des Steuerfreibetrags von 4 925 Euro steuerpflichtige Renteneinkünfte von rund 8 653 Euro. Per Gesetz ist sie damit für 2013 und für 2014 zur Steuererklärung verpflichtet.

Abseits der jährlichen Rentenanpassungen gilt: Ändert sich Ihre Rente aus anderen Gründen, zum Beispiel weil weniger Einkommen bei einer Hinterbliebenenrente angerechnet wird, berechnet das Finanzamt den Steuerfreibetrag neu. Lassen Sie sich vom Rententräger eine neue Rentenbezugsmitteilung schicken, auf der die Neuberechnung berücksichtigt ist. Dann können Sie zum Beispiel mithilfe der Mitarbeiter im Lohnsteuerhilfeverein überprüfen, ob die neuen Daten richtig berücksichtigt wurden. Reklamieren Sie falsche Daten beim Finanzamt.

Steuererklärung heißt nicht automatisch Steuern zahlen

Zu den steuerpflichtigen Einkünften aus der gesetzlichen Rente können weitere Einkünfte kommen – zum Beispiel aus Vermietung und Verpachtung, aus Kapitalvermögen oder auch steuerpflichtige Einkünfte aus anderen Vorsorgeverträgen – etwa aus einem Riester-Vertrag oder einer Betriebsrente. Auch Einkünfte aus einer Beschäftigung zählen mit. Mit all diesen Einkünften zusammen kommt manch einer schneller als gedacht über die für die Steuererklärung entscheidende Grenze von derzeit 8 354 Euro im Jahr.

Die Pflicht zur Steuererklärung bedeutet aber nicht automatisch, dass Steuern zu zahlen sind. Denn das Finanzamt muss von den Einkünften zahlreiche Posten abziehen, zum Beispiel

- Ausgaben für Versicherungen (auch Krankenversicherung),
- Ausgaben für die Gesundheit (zum Beispiel Kuraufenthalt, selbst gezahlte Medikamente und Untersuchungen) und
- weitere Sonderausgaben wie Spenden und Kirchensteuern.

Erst danach steht fest, ob ein Rentner Steuern zahlen muss. Am Ende dieser Rechnung steht das zu versteuernde Einkommen. Für 2014 gilt: Nur wenn auch dieses höher als 8 354 Euro ist, verlangt das Finanzamt Steuern. Viele Rentner bleiben letztlich noch unter diesem Betrag.

WENN DIE RENTE NICHT ZUM LEBEN REICHT

Das Risiko, im Alter arm zu sein, wächst. Darauf haben wir am Anfang dieses Ratgebers bereits hingewiesen. Besonders gefährdet sind zum Beispiel alleinstehende Frauen, die überwiegend nur Teilzeit oder als Minijobber gearbeitet haben, sowie ehemalige Selbstständige, die gar keine oder nur wenig Beiträge an die Rentenversicherung geleistet haben. Auch diejenigen, die über längere Zeit Hartz-IV-Leistungen bezogen haben, werden häufig lediglich geringe Leistungsansprüche für den Ruhestand aufgebaut haben.

Lebensleistung belohnen

Und was ist nun der richtige Weg, um dieser Problematik zu begegnen? Schon in den vergangenen Jahren wurde nach dem passenden Konzept gesucht – zum Beispiel noch von der vorherigen Bundesregierung aus Union und FDP. Nach Plänen des früheren Bundesarbeitsministeriums sollte eine sogenannte Lebensleistungsrente eingeführt werden. Danach sollten Versicherte, die 40 Versicherungsjahre in der Rentenversicherung nachweisen und außerdem etwas für die private Altersvorsorge getan haben, aus Steuermitteln im Alter so bezuschusst werden, dass sie ein Einkommen oberhalb des Niveaus der Grundsicherung (siehe Seite 158) haben.

Bis zum Regierungswechsel im vergangenen Herbst wurden diese Gedanken allerdings nicht in die Praxis umgesetzt. Auch die neue Bundesregierung aus Union und SPD hat dieses Thema bisher nicht endgültig weiter behandelt. In das große

Rentenpaket aus dem Juli 2014 wurde eine mögliche „Lebensleistungsrente" nicht mit aufgenommen. Somit bleibt es erst einmal dabei, dass Rentner mit wenig Einkommen auf andere Weise versuchen müssen, ihre finanzielle Situation zu verbessern.

Arbeiten neben der Rente

Eine Möglichkeit, um das finanzielle Polster aufzustocken, ist, neben der Rente weiter berufstätig zu sein. Die Zahl derer, die sich im Alter mit Nebenjobs ihr Konto aufbessern, ist in den vergangenen Jahren stetig gestiegen. Ende September 2013 gingen knapp 190 000 Menschen über 65 einer sozialversicherungspflichtigen Beschäftigung nach, mehr als 850 000 hatten zumindest einen Minijob. Das sind deutlich mehr ältere Berufstätige als früher: Die Arbeitsagentur zählte zum Beispiel Ende 2010 noch rund 80 000 Minijobber im Rentenalter weniger.

Wenn Sie die Altersgrenze für die Regelaltersrente (siehe Seite 40) erreicht haben, müssen Sie sich keine Sorgen machen, dass aufgrund des Verdienstes die Rente gekürzt werden könnte. Falls Sie jedoch eine Witwenrente beziehen, kann es zu Kürzungen der Rente kommen – selbst wenn Sie nur Einkommen aus einen Minijob haben (siehe Seite 56).

Für Sie als jobbender Rentner ist allerdings nicht sicher, dass Sie Ihren Verdienst aus dem Nebenjob quasi „brutto für netto" erhalten. Denn je nach Einkommenshöhe müssen Sie mit Sozialabgaben rechnen. Wenn Sie über 450 Euro verdienen, sind Sie auch als Rentner versiche-

rungspflichtig. Dann müssen Sie selbst für Ihren Verdienst Beiträge zur Kranken- und Pflegeversicherung leisten. Beiträge zur Renten- und Arbeitslosenversicherung fallen für Sie nicht mehr an, sobald Sie die Grenze für die Regelaltersrente erreicht haben. Ihr Arbeitgeber muss dagegen für Ihren Verdienst für alle Zweige der Sozialversicherung Beiträge überweisen.

Für einen Minijob müssen Sie selbst keine Beiträge an die Sozialversicherung abführen. Der Arbeitgeber zahlt aber pauschal Beiträge für Kranken- und Rentenversicherung. Sind Sie privat krankenversichert, zahlen Sie Beiträge für Kranken- und Pflegeversicherung unabhängig vom Einkommen.

 IN DER STEUERERKLÄRUNG ANGEBEN

Wenn Sie mehr als 450 Euro monatlich verdienen, können für den Arbeitslohn auch Steuern fällig werden. Entscheidend ist, wie hoch Ihr Einkommen aus Rente, Job, Kapitalvermögen oder auch Vermietung insgesamt sind und welche Posten Sie absetzen können. Mehr zur Steuerrechnung lesen Sie ab Seite 154.

Letzter Ausweg Grundsicherung

Ein Nebenjob, um die Rente aufzubessern, wird aber längst nicht für jeden infrage kommen. Allein die Gesundheit wird vielen Rentnern einen Strich durch die Rechnung machen. Als Ausweg bleibt im letzten Schritt noch der Weg zu den Sozialhilfeträgern, um „Grundsicherung" zu beantragen, genauer: „Grundsicherung im Alter und bei Erwerbsminderung".

Die Leistungen der Grundsicherung sind im Sozialgesetzbuch XII geregelt. Sie sind keine besondere Form der Rente, sondern werden über Steuermittel finanziert.

Anspruch auf Grundsicherung haben Personen,

- die bedürftig sind und
- je nach Geburtsjahr mindestens zwischen 65 und 67 Jahre alt sind (hier gelten die seit Anfang 2012 steigenden Altersgrenzen wie für die Regelaltersrente) oder
- das 18. Lebensjahr vollendet haben und unabhängig von der jeweiligen Arbeitsmarktlage aus medizinischen Gründen dauerhaft voll erwerbsgemindert sind.

Anspruch auf die Grundsicherung können somit alle haben, die die Altersgrenze für die Regelaltersrente bereits erreicht haben, wenn sie unter einer bestimmten Einkommensgrenze bleiben.

Auch Jüngere, die voll erwerbsgemindert sind und einen unbefristeten Rentenanspruch haben, können einen Anspruch auf Grundsicherung haben, sofern ihr Einkommen entsprechend gering ist. Empfänger einer vollen Erwerbsminderungsrente, die aufgrund ihres Gesundheitszustandes eigentlich nur Anspruch auf eine halbe Rente hätten, aber wegen fehlender Chancen auf dem Arbeitsmarkt eine volle Rente beziehen, sind dagegen außen vor. Sie können eventuell Anspruch auf andere Sozialleistungen haben. Beratungsstellen, in denen Sie dies klären können, finden Sie zum Beispiel bei den Sozial- und Wohlfahrtsverbänden.

TAG DER ANTRAGSTELLUNG

Grundsicherung gibt es ausschließlich auf Antrag. Sie erhalten sie nicht rückwirkend. Die Zahlung beginnt mit dem ersten Tag des Monats, in dem Sie den Antrag stellen.

Was deckt die Grundsicherung ab?

Die Grundsicherung soll helfen, unter anderem die Ausgaben für den Lebensunterhalt, für Unterkunft und Heizung, für Kranken- und Pflegeversicherung zu decken. Für besondere Personengruppen – etwa Menschen mit Behinderung – wird ein Mehrbedarf berücksichtigt. Als Bedarfs-

---

INFO Finanzielle Förderung prüfen

Wenn Sie Anspruch auf die Grundsicherung im Alter haben, können Sie nicht zusätzlich Wohngeld erhalten. Kommt die Grundsicherung für Sie allerdings nicht infrage, obwohl Sie finanziell knapp sind, kann sich ein Antrag auf Wohngeld lohnen. Ob Sie diese Unterstützung erhalten, hängt von der Höhe des Gesamteinkommens, der Anzahl der Haushaltsmitglieder und der Höhe der Miete oder der monatlichen Belastung für Eigenheimbesitzer ab. Den Antrag stellen Sie bei der örtlichen Wohngeldbehörde, also zum Beispiel bei der Gemeinde-, Stadt- oder Kreisverwaltung. Dort können Sie auch die notwendigen Bedingungen erfragen.

satz für den Lebensunterhalt wie Lebensmittel, Bekleidung und Haushaltsgeräte werden für den Haushaltsvorstand seit Anfang 2014 monatlich 391 Euro gezahlt. Leben Ehepartner oder eingetragene Lebenspartner zusammen im Haushalt, gelten 353 Euro pro Person als Regelbedarf.

Dazu kommen Ausgaben für die Unterkunft, die „angemessen" sind. Ist Ihre Mietwohnung nicht zu groß, übernimmt das Sozialamt Miete und Nebenkosten. Auch wenn Sie im Eigenheim leben, kann es Unterstützung zum Wohnen geben, zum Beispiel für noch zu zahlende Kreditzinsen oder Reparaturkosten.

Zudem übernimmt das Sozialamt die Kosten für die gesetzliche Kranken- und Pflegeversicherung im Rahmen der Grundsicherung. Privatversicherte müssen aber eventuell einen Teil der Beiträge selbst tragen.

Bei Notfällen, etwa wenn die Waschmaschine plötzlich streikt, kann das Grundsicherungsamt auch ein Darlehen an die Bedürftigen vergeben, das sie anschließend abstottern können.

Wer ist bedürftig?

Wie hoch darf das eigene Einkommen sein, damit ein Anspruch auf Grundsicherung besteht? Wenn Sie Ihren monatlichen Bedarf – zum Beispiel für Miete, Lebensmittel, Kleidung und die übrigen Ausgaben des alltäglichen Lebens – nicht aus eigenen Mitteln decken können, lohnt es sich, beim Grundsicherungsamt Ihren Anspruch prüfen zu lassen. Geht aus Ihrem Rentenbescheid hervor, dass Ihre monatliche Bruttorente unter dem Wert

von 758 Euro bleibt, werden Sie automatisch von der Rentenversicherung einen Antrag auf Grundsicherung erhalten.

Allerdings: Eine Garantie, dass Sie nach dem Ausfüllen des Antrags tatsächlich die finanzielle Unterstützung erhalten, haben Sie damit noch längst nicht, denn der Rentenversicherungträger weiß zum Beispiel nicht, ob Sie zum Beispiel noch Ersparnisse haben, die als Vermögen angerechnet werden, ob Sie über Mieteinnahmen verfügen oder welches Einkommen Ihr Ehepartner besitzt.

Zuständig für die Grundsicherung ist nicht die Rentenversicherung, sondern sind die Sozialhilfeträger an Ihrem Wohnort. Entweder Sie senden Ihren Antrag direkt dorthin. Oder Sie schicken ihn an den Rentenversicherungträger, der ihn an die zuständige Stelle weiterleitet.

Ehe Sie Grundsicherung erhalten, prüfen die Sozialhilfestellen, welches Einkommen Ihnen beziehungsweise den Mitgliedern in Ihrem Haushalt insgesamt zur Verfügung steht. Hier zählen zum Beispiel die Altersrente oder eine Witwenrente komplett mit, ebenso Zinsen, Miet- und Pachteinnahmen. Auch Erwerbseinkommen aus angestellter oder selbstständiger Tätigkeit wird angerechnet, allerdings nach Abzug eines Freibetrags von 30 Prozent. Vorhandenes Vermögen, etwa aus Wertpapieren, Sparguthaben oder größere Summen Bargeld, müssen Sie aufbrauchen, bevor Grundsicherung fließen kann.

Es zählt das Einkommen des Antragstellers und seines Ehepartners. Wohnen andere Personen mit im Haushalt wie Kinder, Enkel oder Geschwister, spielt deren Einkommen aber keine Rolle, wenn für Sie der Anspruch auf Grundsicherung überprüft wird.

Erwachsene Kinder dürfen nur für die finanzielle Unterstützung der bedürftigen Eltern herangezogen werden, sofern ihr Bruttoeinkommen über 100 000 Euro im Jahr liegt. Hat ein Antragsteller mehrere Kinder, werden deren Jahreseinkommen nicht addiert, sondern jeder Sohn und jede Tochter darf bis zu 100 000 Euro im Jahr verdienen.

Wenn die bedürftigen Eltern jedoch pflegebedürftig werden und beispielsweise die Ausgaben für einen Platz im Heim zu begleichen sind, gilt diese Einkommensgrenze von 100 000 Euro für die Kinder nicht. Dann können sie auch schon bei einem niedrigeren Einkommen zumindest anteilig zur Kasse gebeten werden.

◤ INFORMATION UND HILFE

Sollen Sie beispielsweise für die Pflege Ihres Vaters mit aufkommen und sind nicht sicher, ob die Rechnung so stimmt, holen Sie sich auf jeden Fall fachliche Unterstützung. Rat können Sie zum Beispiel bei den Wohlfahrtsverbänden bekommen oder auch bei einem Fachanwalt für Sozialrecht.

Und so kann eine Rechnung zur Grundsicherung aussehen:

Beispiel: Greta Schuster ist Witwe und lebt allein in Bonn in einer Zweizimmerwohnung. Sie ist gehbehindert und hat nur wenige Jahre vor der Ehe gearbeitet und so lediglich eigene Rentenansprüche in Höhe von 100 Euro monatlich erworben. Zusätzlich bekommt sie seit dem Tod ihres Mannes 300 Euro Witwenrente. Von beiden Renten bleiben ihr nach Abzug der Beiträge zur Kranken- und Pflegeversicherung 360 Euro.

Bedarf an Grundsicherung

Regelsatz Haushaltsvorstand	391,00 Euro
Mehrbedarf für Gehbehinderung (17 % von 391 Euro)	+66,47 Euro
Ausgaben für Wohnung (inkl. Heiz- u. Nebenkosten)	+300,00 Euro
Bedarf:	757,47 Euro
abzüglich des eigenen Einkommens	−360,00 Euro
Monatliche Leistung	397,47 Euro

Frau Schuster hätte unter diesen Umständen Anspruch auf 397,47 Euro Grundsicherung im Monat. Die Leistung wird in der Regel für ein Jahr bewilligt. Danach ist ein neuer Antrag notwendig.

STATION III:
MEHR BEKOMMEN, WENIGER ABGEBEN

Die dritte Station Ihres Renten-Fahrplans ist erreicht: Sie können sich auf die monatlichen Rentenzahlungen verlassen. Trotzdem haben Sie noch Handlungsspielräume, die Ihre Finanzen beeinflussen können. In diesem Kapitel zeigen wir beispielsweise, was es Ihnen bringt, wenn Sie als Rentner etwas dazuverdienen, wann Sie Steuern sparen können und was es für Sie bedeutet, wenn Sie Ihre Rente im Ausland beziehen möchten.

NOCH KEIN ALTES EISEN

Rund 1,4 Millionen Anträge auf eine Rente gehen jedes Jahr ein, meistens für die Altersrente. Doch ein Rentenbeginn ist immer häufiger nicht gleichbedeutend mit dem Ende der Arbeitszeit: „Unternehmen setzen auf Erfahrung älterer Mitarbeiter. Betriebe holen Rentner zurück in den Job!" In die Diskussion über Fachkräftemangel und Altersarmut mischten sich zuletzt auch immer wieder Reportagen und Berichte über Rentner, die weiter arbeiten – und das, weil sie es wollen, und nicht, weil sie aus finanziellen Gründen dazu gezwungen sind.

Häufig sind es ihre ehemaligen Arbeitgeber, die nicht auf das Wissen der erfahrenen Kollegen verzichten wollen, um dem Fachkräftemangel zu begegnen. Sie holen die Mitarbeiter zurück.

Für alle, die neben der Rente noch Geld verdienen, gelten etwas andere Regeln beim Versicherungsschutz und der Steuer als noch während des „normalen" Arbeitslebens. Die gute Nachricht: Je nach Verdienst kann es sein, dass Sie netto nicht weniger oder zumindest kaum weniger verdienen als brutto. Ein Teil der Sozialabgaben für den Nebenverdienst entfällt, sobald Sie die Grenze für die Regelaltersrente überschritten haben.

Doch gut möglich, dass sich zumindest das Finanzamt noch bei Ihnen meldet und einen Teil des Einkommens verlangt. Denn neben der Rente zählt auch das Einkommen aus Ihrer Beschäftigung mit, wenn es um die Frage geht, ob eine Steuererklärung Pflicht ist und ob Sie sogar Steuern zahlen müssen.

RENTENBESCHEID PRÜFEN, ABGABEN NIEDRIG HALTEN

Ob Krankenversicherung oder Steuer: Auch im Alter können Abzüge auf Sie zukommen. Umso wichtiger ist, dass Sie Ihren Rentenbescheid gut prüfen, damit Sie nicht auf Dauer Geld verschenken.

> **Die Leistungen, die mir laut Rentenbescheid zustehen, sind niedriger, als ich erwartet hatte. Können sich da Fehler eingeschlichen haben?**

Ja, Sie sollten prüfen, ob der Rentenbescheid korrekt ist. Manche Punkte können Sie selbst klären, wenn Sie zum Beispiel die Sozialversicherungsbescheinigungen Ihres Arbeitgebers gut aufgehoben haben und die Werte zu Ihrem Einkommen und den gezahlten Rentenbeiträgen mit denen aus dem Rentenbescheid vergleichen.

An einigen Stellen werden Sie aber allein nicht weiterkommen, auch weil es zwischenzeitlich immer wieder Gesetzesänderungen gegeben hat. Wurden mögliche Vorteile, die Ihnen aus früheren Zeiten zustanden, richtig berücksichtigt? Um das zu klären, wenden Sie sich zum Beispiel an einen Rentenberater.

Vor allem, wenn Sie viele Wechsel in Ihrem Arbeitsleben hatten – Jobwechsel mit längeren Zwischenphasen, längere Krankheiten und Rehabilitationsphasen, Schwangerschaft, Wechsel zwischen angestellter und selbstständiger Beschäftigung –, kann es passieren, dass nicht alle Phasen richtig berücksichtigt wurden. Aber auch sonst sollten Sie sich die Mühe machen, alle Daten zu prüfen, und sich Hilfe holen.

Das können Sie tun: Auf folgende Punkte sollten Sie unter anderem achten, wenn Sie Ihren Rentenbescheid durchgehen:

■ Zahlendreher: Aus einem Jahreseinkommen von 52 400 können leicht 42 500 Euro werden. Prüfen Sie, ob die Rentenkasse Ihr Einkommen und die Beitragszahlungen richtig berücksichtigt hat. Nutzen Sie dazu zum Beispiel die Sozialversicherungsbescheinigungen, die Sie von Ihrem Arbeitgeber jedes Jahr erhalten haben.

■ Beitragszeiten: Sind all Ihre Beitragszeiten richtig auf Ihrem Versicherungskonto registriert? Wurden alle Jobs berücksichtigt, zum Beispiel auch Nebentätigkeiten während des Studiums? Wenn Sie zwischenzeitlich selbstständig waren: Sind auch freiwillige Beiträge angerechnet, die Sie gezahlt haben?

- **Ausbildungszeiten:** Die Lehrlingszeit wird für bis zu drei Jahre besser bewertet. Stimmen die Daten, die die Rentenkasse berücksichtigt hat? Die Aufwertung für die Lehrlingszeit steht Ihnen zu, bis Sie damals die letzte Prüfung bestanden hatten.
- **Arbeitsunfähigkeit und Arbeitslosigkeit:** Wurden Tage, an denen Sie krank waren, richtig eingerechnet? Wurden die Zeiten während einer vorübergehenden Arbeitslosigkeit anerkannt?
- **Scheidung:** Stimmen die Daten, mit denen die Rentenkasse beim Versorgungsausgleich gerechnet hat, oder hat es hier einen Zahlendreher oder Übertragungsfehler gegeben?
- **Umzug:** Wenn Sie mehrmals zwischen den alten und den neuen Bundesländern gewechselt haben: Wurde für den Verdienst in Magdeburg oder Dresden immer der Umrechnungsfaktor für die neuen Länder (siehe Seite 32) berücksichtigt? Und ist im Zuge mehrerer Jobwechsel rund um die Wendezeit alles richtig vermerkt?

Natürlich können manche Fehler wie beispielsweise Zahlendreher erst kurzfristig aufgetreten sein. Andere Fehlerquellen können Sie schon früher beseitigen, wenn Sie etwa Ihre Renteninformation oder -auskunft, die Sie regelmäßig erhalten, direkt kontrollieren. Schauen Sie sich am besten gleich an, ob der Versicherungsverlauf korrekt wiedergegeben ist, ob alle Berufsphasen berücksichtigt wurden. Je eher Sie aktiv werden, desto leichter fällt es Ihnen, die notwendigen Unterlagen und Belege bei der Rentenkasse einzureichen, um Ihr Konto klären zu lassen.

Falls Sie einen Fehler im Rentenbescheid feststellen oder vermuten, sollten Sie sich nicht allzu viel Zeit lassen: Nur einen Monat haben Sie nach Erhalt des Bescheids, um dagegen Widerspruch einzulegen. Dafür genügt ein formloses Schreiben, in dem Sie Ihre Versicherungsnummer angeben. Darin sollten Sie bereits auf die kritischen Stellen hinweisen, damit diese Punkte noch einmal überprüft werden können. Die Versicherungsnummer finden Sie auf dem Rentenbescheid, dem Sie widersprechen wollen.

Für Rentner, die im Ausland leben, verlängert sich die Widerspruchsfrist auf drei Monate.

INFO **Nachträglich neu rechnen lassen**

Womöglich passiert Ihnen das: Jahre, nachdem Sie den Rentenbescheid erhalten haben, finden Sie doch noch Bescheinigungen eines früheren Arbeitgebers, mit denen Sie belegen können, dass Ihnen eigentlich eine höhere Rente zusteht. In dem Fall haben Sie die Möglichkeit, nachträglich zu verlangen, dass Ihre Rente neu berechnet wird. Allerdings wird die höhere Rente nur für maximal vier Jahre rückwirkend gezahlt. Umso wichtiger ist es, dass Sie von Anfang an Klarheit haben und eventuelle Lücken in Ihrer Erwerbsbiografie so früh wie möglich schließen, um kein Geld zu verschenken.

Die zuständige Abteilung des Rentenversicherers wird Ihren Widerspruch prüfen. Bleibt sie bei ihrer Entscheidung, übergibt sie den Fall an den Widerspruchsausschuss. Dieser ist zur Hälfte mit ehrenamtlichen Vertretern der Versicherten und der Arbeitgeber besetzt und soll den Versicherten lange und unter Umständen erfolglose Verfahren vor dem Sozialgericht ersparen. Der Widerspruchsausschuss teilt dem Versicherten seine Entscheidung per Widerspruchsbescheid mit: Entweder er gibt dem Widerspruch ganz oder teilweise statt oder er weist ihn zurück.

Wenn Sie mit dieser Entscheidung nicht einverstanden sind, haben Sie die Möglichkeit, vor dem für Sie zuständigen Sozialgericht zu klagen. Welches Gericht zuständig ist, können Sie der Rechtsbehelfsbelehrung in Ihrem Widerspruchsbescheid entnehmen. Sie können schriftlich Klage einreichen oder die Klage in der Geschäftsstelle des Gerichts mündlich vortragen. Für beide Schritte benötigen Sie zwar keinen Rechtsanwalt, aber die Unterstützung eines Experten in rentenrechtlichen Fragen dürfte sich auszahlen.

Sind Sie auch mit der Entscheidung des Sozialgerichts nicht einverstanden, können Sie sich an die höheren Instanzen wenden und in Berufung gehen – erst beim Landessozialgericht, später eventuell beim Bundessozialgericht. Spätestens dann müssen Sie allerdings einen Rechtsanwalt einschalten (siehe Kasten unten). Mit dem Spruch des Bundessozialgerichts ist das Verfahren abgeschlossen.

RECHTSSCHUTZVERSICHERER ZAHLEN NICHT IMMER

Wenn Sie mit Ihrem Rentenbescheid nicht einverstanden sind und eine Rechtsschutzversicherung abgeschlossen haben, klären Sie mit dem Versicherer, unter welchen Voraussetzungen er für die Kosten eines Anwalts aufkommt. Sind sozialrechtliche Fragen in Ihrem Schutz integriert, kann es sein, dass der Versicherer schon für den Anwalt zahlt, wenn er beim Widerspruch hilft, oder erst, sobald es zu einem Gerichtsverfahren kommt. Fragen Sie nach den genauen Voraussetzungen, damit Sie abschätzen können, welche Ausgaben auf Sie zukommen können.

INFO Einen Experten finden

Einen Rechtsanwalt, der Sie beispielsweise bei Ihrer Scheidung oder nach einem Autounfall erfolgreich unterstützt hat, kennen Sie. Aber ist er auch im Sozialrecht versiert?
Wenn nicht, fragen Sie ihn, ob er einen entsprechenden Kollegen kennt. Kommen Sie auf diesem Weg nicht weiter, können Sie sich zum Beispiel an den Deutschen Anwaltsverein wenden und unter www.dav.de im Internet nach einem Fachanwalt für Sozialrecht suchen. Auch über die Rechtsanwaltskammer in Ihrer Region können Sie fündig werden und selbst online nach einem Experten schauen.

> 2013 bin ich mit Abschlägen in Frührente gegangen. Jetzt hätte ich die neue Rente mit 63 bekommen können. Wie komme ich da noch ran?

So ärgerlich es sein mag: Wenn Sie seit dem vergangenen Jahr die „Rente für langjährig Versicherte" mit Abschlägen beziehen, können Sie nicht nachträglich noch in die „neue" abschlagsfreie Rente mit 63 wechseln – auch dann nicht, wenn Sie die Voraussetzungen für diese Rente für „besonders langjährig Versicherte" erfüllen.

Das können Sie tun: Eine Möglichkeit hätten Sie noch, wenn Sie bisher Ihre Altersrente mit Abschlägen nur beantragt haben, aber noch keine Rente bekommen: In dem Fall können Sie den Rentenantrag noch zurücknehmen. Das geht, solange Sie noch keinen bindenden Rentenbescheid haben. Bindend ist der Rentenbescheid, wenn er nicht mehr angefochten werden kann. Im Klartext: Auch im ersten Monat nach Erhalt des Bescheids können Sie noch Widerspruch einlegen, danach nicht mehr. Ausnahme: Wird der Bescheid ins Ausland verschickt, gilt eine Widerspruchsfrist von drei Monaten.

Wenn Sie unsicher sind, ob sich noch etwas ändern lässt oder nicht, oder wenn Sie fürchten, dass vielleicht mit dem Rentenbescheid etwas falsch gelaufen ist, sprechen Sie zum Beispiel mit einem freien Rentenberater oder einem Fachanwalt für Sozialrecht.

Liegt Ihr Rentenbescheid schon länger vor und ist die Widerspruchsfrist abgelaufen, bleiben Ihnen nur andere Wege, Ihre Rente aufzubessern, zum Beispiel mit einem Nebenjob. Kleiner Trost: Hier macht es keinen Unterschied, ob Sie eine Frührente mit Abschlägen oder ohne Abschläge beziehen. Für alle Frührentner, die vor Erreichen der Altersgrenze für die Regelaltersrente nebenbei arbeiten, gibt es Verdienstgrenzen. Wenn Sie diese regelmäßig überschreiten, wird Ihre Rente anteilig gekürzt. In zwei Monaten im Jahr dürfen Sie aber mehr – maximal das Doppelte der jeweiligen Grenze – verdienen, ohne dass Sie gleich einen Teil der Rente verlieren.

Erst wenn Sie so alt sind, dass Sie Anspruch auf die Regelaltersrente hätten, also je nach Geburtsjahr zwischen dem 65. und dem 67. Lebensjahr, dürfen Sie regelmäßig so viel hinzuverdienen, wie Sie wollen und können.

 INFORMATION IM RENTENBESCHEID

Welche Verdienstgrenzen in der ersten Zeit nach Rentenbeginn für Sie gelten, finden Sie in Ihrem Rentenbescheid. Diese Grenzen ändern sich allerdings jedes Jahr. Bevor Sie eine Nebentätigkeit antreten, erkundigen Sie sich am besten kurzfristig in einer Servicestelle der Deutschen Rentenversicherung, welche Grenzen aktuell für Sie gelten.

> Nur weil ich zusätzlich zur Rente Zinsen für meine Sparbriefe bekomme, muss ich eine Steuererklärung machen. Was kann ich dagegen tun?

Zunächst einmal: Es muss nicht unbedingt von Nachteil sein, wenn Sie als Rentner mit Sparvermögen eine Steuererklärung abgeben – entweder weil Sie dazu verpflichtet sind oder dies freiwillig tun. Auch wenn Sie eine Steuererklärung einreichen, heißt das nicht automatisch, dass Sie Steuern zahlen müssen. Im Gegenteil: Es kann sogar sein, dass Sie sich auf diesem Weg zu viel gezahlte Steuern zurückholen können.

Das liegt an den Steuerregeln, die seit 2009 für Kapitalerträge – also beispielsweise für Zinsen aus Sparbriefen oder Erträge aus Aktienfonds oder anderen Wertpapieren – gelten. Für Kapitalerträge werden seither pauschal 25 Prozent Abgeltungsteuer fällig. Nur Einnahmen bis 801 Euro im Jahr sind für jeden Sparer und Anleger steuerfrei.

In den meisten Fällen kümmert sich die Bank darum, dass für jeden Euro oberhalb des sogenannten Sparerpauschbetrags von 801 Euro Abgeltungsteuer an das Finanzamt fließt. Das klingt erst einmal bequem, doch gerade für viele Rentner bedeutet diese Regelung, dass sie unter Umständen eine Menge Geld verschenken, wenn sie sich auf diese pauschale Abrechnung durch ihre Bank verlassen. Denn wenn sie stattdessen selbst aktiv werden und ihre Kapitaleinnahmen in der Steuererklärung beim Finanzamt abrech-

nen, stehen ihre Chancen nicht schlecht, Geld zurückzubekommen: Entweder müssen sie gar keine Steuern für ihr Kapitalvermögen bezahlen, weil sie insgesamt – zum Beispiel aus Zinsen und eben ihrer monatlichen Rente – ein sehr geringes Jahreseinkommen haben. Oder ihr persönlicher Steuersatz liegt unter 25 Prozent. Dann gilt auch für ihre Zinsen dieser niedrigere Steuersatz. Alles, was die Bank zu viel überwiesen hat, kann der Sparer zurückbekommen.

Damit das Finanzamt genau nachrechnet, müssen die Rentner in der Anlage KAP zur Steuererklärung die sogenannte Günstigerprüfung beantragen. Was diese Prüfung bringen kann, zeigt die folgende Beispielrechnung für das Steuerjahr 2013:
Beispiel: Christa Berger ist 67 Jahre alt und seit 2012 Rentnerin. Ihre Bruttorente lag 2013 insgesamt bei 19 200 Euro im Jahr. Zusätzlich hat sie Geld in Sparbriefen und Festgeld angelegt, sodass sie für 2013 auf 2 801 Euro Zinsen kommt. Einer Kirche gehört Frau Berger nicht an.

■ **Schritt 1: Steuerberechnung der Bank im Laufe des Jahres**
Für ihre 2 801 Euro Zinsen hat die Bank im Laufe des Jahres 2013 Abgeltungsteuer und Solidaritätszuschlag an das Finanzamt gezahlt: Nach Abzug des Sparerpauschbetrags von 801 Euro blieben 2 000 Euro steuerpflichtige Kapitaleinkünfte übrig.

INFO Mehr Informationen für Rentner

Der Finanztest-Ratgeber „Steuererklärung für Rentner und Pensionäre" beantwortet zahlreiche Fragen, die Rentner beim Umgang mit dem Finanzamt beachten sollten, und führt Schritt für Schritt durch die Steuererklärung. Dieser Ratgeber wird jedes Jahr aktualisiert und ist im Buchhandel oder direkt bei der Stiftung Warentest unter www. test.de/shop erhältlich.

Davon hat die Bank 500 Euro Abgeltungsteuer (25 Prozent) sowie 27,50 Euro Solidaritätszuschlag abgezogen und an das Finanzamt überwiesen. Das macht insgesamt Abgaben von 527,50 Euro.

■ Schritt 2: Steuererklärung ohne Kapitalerträge

Bei der Abrechnung durch die Bank kann es Frau Berger belassen: Gibt sie in der Steuererklärung ihre Kapitaleinkünfte nicht an, rechnet das Finanzamt nur die Steuerbelastung für ihre Rente aus:

Da Frau Berger 2012 in Rente gegangen ist, sind von ihren 19 200 Euro Rente 64 Prozent steuerpflichtig – das sind 12 288 Euro im Jahr. Von diesem Wert zieht das Finanzamt in ihrer Steuererklärung einige Posten ab: 102 Euro als Werbungskostenpauschale, 36 Euro als Sonderausgabenpauschale sowie in diesem Beispielfall 2 500 Euro zusätzlich für die Versicherungsbeiträge, die Frau Berger gezahlt hat. So bleibt für die ältere Dame ein zu versteuerndes Jahreseinkommen von 9 650 Euro. Dafür erhebt das Finanzamt 234 Euro Einkommensteuer für 2013, Solidaritätszuschlag wird bei dieser Einkommenshöhe nicht fällig.

Zusammen mit den 527,50 Euro Abgeltungsteuer plus Solidaritätszuschlag, die die Bank eingezogen hat, ergeben sich somit insgesamt Abgaben in Höhe von 761,50 Euro.

■ Schritt 3: Wenn Kapitalerträge doch in der Steuererklärung stehen

Könnte Frau Berger ihre Abgaben senken? Entscheidend ist, wie hoch die Belastung ist, wenn die Rentnerin sich die Mühe macht, ihre Kapitalerträge in der Steuererklärung einzutragen, und dann die Günstigerprüfung beantragt.

Wenn sie das tut, sichert sie sich auf jeden Fall einen Vorteil: Weil sie älter als 64 Jahre ist, erhält sie für ihre Zinsen zusätzlich zum Sparerpauschbetrag von 801 Euro einen Altersentlastungsbetrag. Für Frau Berger, die am 25. Januar 1947 geboren wurde, erkennt das Finanzamt nach Abzug des Sparerpauschbetrags noch einmal 28,8 Prozent der verbleibenden Zinsen (1 368 Euro maximal) als weiteren Freibetrag an. Übrig bleiben steuerpflichtige Zinseinkünfte in Höhe von 1 424 Euro:

Zinsen	2 801 Euro
Sparerpauschbetrag	– 801 Euro
Altersentlastungsbetrag (28,8 % von 2 000 Euro)	– 576 Euro
Zinseinkünfte insgesamt	1 424 Euro

Diese Zinseinkünfte in Höhe von 1 424 Euro addiert das Finanzamt nun zum steuerpflichtigen Anteil ihrer Rente und zieht wiederum Werbungskosten, Sonderausgaben und Versicherungsbeiträge ab:

Zinseinkünfte	1 424 Euro
steuerpfl. Anteil Rente	+12 288 Euro
Werbungskosten	– 102 Euro
Sonderausgabenpauschale	– 36 Euro
Versicherungsbeiträge	–2 500 Euro
Zu versteuerndes Einkommen 2013	11 074 Euro

Für das zu versteuernde Einkommen von 11 074 Euro erhebt das Finanzamt 493 Euro Einkommensteuer, Solidaritätszuschlag wird nicht fällig.

Der Vergleich zeigt: Für Frau Berger hat es sich gelohnt, die Steuererklärung zu machen und hier ihre Kapitalerträge abzurechnen. Sie zahlt nach dieser umfangreichen Rechnung insgesamt 493 Euro Steuern für das Jahr 2013. Hätte sie nur ihre Rente in der Steuererklärung abgerechnet und sich auf die pauschale Versteuerung ihrer Zinsen durch die Bank verlassen, hätte sie für 2013 insgesamt 761,50 Euro gezahlt (234 Euro + 527,50 Euro). Das wären knapp 270 Euro zusätzlich gewesen.

Frau Berger bekommt sogar Geld vom Finanzamt zurück: Sie musste für ihr gesamtes Einkommen aus gesetzlicher Rente und Zinsen mit 493 Euro weniger Steuern zahlen, als ihre Bank für ihre Zinsen im Laufe des Jahres an Abgeltungsteuer und Solidaritätszuschlag überwiesen hat (527,50 Euro). Sie erhält daher eine Steuererstattung von 34,50 Euro.

Das können Sie tun: Je nach Einkommen kann es sein, dass Sie als Rentner
■ eine Steuererklärung abgeben müssen und auch Steuern zahlen müssen,
■ eine Steuererklärung abgeben müssen, aber keine Steuern zahlen müssen oder sogar Geld erstattet bekommen,
■ keine Steuererklärung abgeben müssen und auch keine Steuern für Sie anfallen.

Häufig wird sich die Situation klären, wenn Sie als Rentner einmal mit dem Finanzamt abgerechnet haben. Ändert sich dann an Ihrer Einkommenssituation nichts Entscheidendes, wissen Sie auch, was in den darauffolgenden Jahren auf Sie zukommt. Sprechen Sie am besten direkt mit dem zuständigen Sachbearbeiter im Finanzamt oder lassen Sie sich durch einen Steuerberater oder in einem Lohnsteuerhilfeverein beraten.

Zeigt sich, dass Ihr Einkommen als Rentner insgesamt so niedrig ist, dass Sie keine Steuern zahlen müssen, können Sie das Ganze noch einfacher gestalten und bei Ihrem Finanzamt eine „Nichtveranlagungsbescheinigung" (NV-Bescheinigung) beantragen. Diese Bescheinigung legen Sie Ihrer Bank vor. Dann werden die Mitarbeiter dort für Ihre Kapitalerträge im Laufe eines Jahres keine Abgeltungsteuer mehr an das Finanzamt überweisen – ganz gleich, wie hoch diese sind. Sie können sich also am Jahresende die Mühe mit der Steuererklärung sparen.

> 800 Euro kostet mich meine private Kranken-
> versicherung jetzt. Das kann ich mir bei meiner
> niedrigen Rente nicht leisten. Wie komme ich in
> eine gesetzliche Kasse?

Als Rentner gar nicht. Für Versicherte ab dem 55. Lebensjahr ist eine Rückkehr in das gesetzliche System in aller Regel ausgeschlossen. Sie können nur versuchen, aus Ihrer Situation als Privatpatient das Beste zu machen und durch einige Veränderungen am Versicherungsschutz die Beiträge zu senken.

Hilfreich ist außerdem, wenn Sie in jungen Jahren Geld zurückgelegt haben, um sich von diesem Polster die mit zunehmendem Alter wachsenden Versicherungsbeiträge leisten zu können.

Das können Sie tun: Einige Möglichkeiten bleiben Ihnen auch im Rentenalter, um die Beiträge für die private Krankenversicherung zu senken:

- **Leistungen:** Sie können versuchen, die Leistungen zu reduzieren. Sie verzichten zum Beispiel während eines Krankenhausaufenthalts auf die Unterbringung im Einzelzimmer und erklären sich bereit, im Mehrbettzimmer zu schlafen. Das kann je nach Tarif einige Hundert Euro Beitragsersparnis im Jahr bringen.
- **Selbstbehalt:** Sie können den Selbstbehalt für Ihren Tarif erhöhen. Das bedeutet: Wenn Sie zum Beispiel auf eine Behandlung bei Ihrem Hausarzt angewiesen sind, übernehmen Sie einen größeren Teil der Kosten selbst. Dieser Entschluss kann jedoch zu einer enormen finanziellen Belastung werden, wenn Sie schwer erkranken oder einen Unfall haben und über längere Zeit regelmäßig behandelt werden müssen. Dann kann der höhere Selbstbehalt die eingesparten Monatsbeiträge ganz rasch auffressen.

- **Tarifwechsel:** Vielleicht besteht die Möglichkeit, in einen gleichartigen, aber etwas günstigeren Tarif bei Ihrem Versicherer zu wechseln. Oder Sie wechseln je nach Vertrag nur einen einzelnen Tarifbaustein aus, sodass der Versicherer etwa beim Zahnersatz weniger Ausgaben übernimmt als bisher.

- **Spezialtarife:** Als letzte Möglichkeit bleibt Ihnen noch, in den Standardtarif für Rentner oder in den sogenannten Basistarif in der privaten Krankenversicherung zu wechseln. Diese Tarife beinhalten in etwa die Leistungen, die die gesetzliche Krankenversicherung bietet. In bestimmten Leistungsbereichen müssen Sie damit gegenüber Ihrem bisherigen Schutz extreme Einschnitte hinnehmen. Ganz billig sind aber auch diese Tarife nicht. Die

Versicherer dürfen für diese „Grundab-sicherung" so viel Beitrag verlangen, wie gesetzlich Versicherte maximal für die gesetzliche Krankenversicherung zahlen müssen. Im Moment sind das knapp 630 Euro im Monat. Zumindest im Basistarif schöpfen die Versicherer diesen Spielraum in der Regel auch aus.

Wenn Sie Ihren Versicherungsschutz umbauen, um Beiträge zu sparen, versu-chen Sie, Ihre Ansprüche nicht zu weit zu-rückzuschrauben. Überstürzen Sie die Entscheidung für Einschnitte bei den Leis-tungen oder einen Tarifwechsel nicht, son-dern überlegen Sie sich gut, ob Sie bei-spielsweise im Ernstfall die Ausgaben für einen höheren Selbstbehalt tatsächlich aufbringen können. Ein Zurück zu den alten Vertragsvereinbarungen ist in der Regel nicht mehr möglich.

NEBEN DER RENTE ARBEITEN

Ein Job neben der Rente lohnt sich häufig auch finanziell. Abzüge müssen Sie nur in seltenen Fällen fürchten.

> Für den Verdienst aus meinem Job neben der Frührente wurden ja noch Rentenbeiträge be-zahlt. Bringen die mir etwas, wenn ich jetzt so richtig in Rente gehe und trotzdem weiterarbeite?

Ja, wenn Sie als Frührentner nur eine Teil-rente hatten (siehe Seite 122), bringen Ih-nen auch die Rentenbeiträge aus Ihrem Zusatzjob etwas. Wenn Sie alt genug für eine Regelaltersrente sind, können Sie beim Rentenversicherer die Vollrente bean-tragen. Ihre Rente wird dann trotz eines möglichen Jobs also nicht mehr um ein Drittel, die Hälfte oder zwei Drittel gekürzt wie vor Erreichen der Regelaltersgrenze.

Wenn die Rentenhöhe ermittelt wird, zäh-len auch die Rentenansprüche mit, die Sie durch Ihren Zusatzjob neben der Teilrente erworben haben.

Die zusätzlichen Entgeltpunkte aus dem Nebenjob machen sich auf Ihrem Konto allerdings nur bezahlt, wenn Sie tat-sächlich einen Antrag auf Vollrente stel-len. Die Rente wird nicht automatisch neu berechnet.

Das können Sie tun: Stellen Sie den Antrag auf Vollrente spätestens innerhalb von drei Monaten, nachdem Sie die Altersgrenze erreicht haben. Wenn Sie also zum Beispiel Anfang Februar die Regelaltersgrenze erreichen, sollten Sie den Antrag bis Ende Mai stellen. Dann werden die Entgeltpunkte, die Sie in den Vorjahren erworben haben, für die Vollrente angerechnet, die Ihnen ab März zusteht.

Unabhängig von Ihrem Alter können Sie einen Antrag auf Vollrente auch dann stellen, wenn Sie bisher Teilrentner waren und nun Ihren Nebenjob aufgeben oder mit ihm auf Dauer nicht mehr als 450 Euro monatlich verdienen. Auch dann wird die Rente neu berechnet.

In dem Fall wird der Rentenversicherer einen Beleg über Ihr entfallendes oder geändertes Einkommen von Ihnen verlangen – zum Beispiel die Bestätigung Ihres früheren Arbeitgebers. Wenn Sie den Bescheid über Ihre Vollrente erhalten, sollten Sie unbedingt prüfen, ob die Angaben und Rechengrößen korrekt sind (siehe auch Seite 164).

Ich kann neben der Rente 900 Euro im Monat verdienen. Lohnt sich die Mühe: Was bleibt mir denn vom Gehalt übrig?

Eine ganze Menge. Ein Nebenjob schmälert Ihre Rente grundsätzlich nicht, sobald Sie die Grenze für die Regelaltersrente erreicht haben. Außerdem gehen für einen zusätzlichen Verdienst weniger Sozialabgaben ab als im Berufsleben, weil die Beiträge zur Renten- und zur Arbeitslosenversicherung wegfallen. Auch wenn Sie womöglich Steuern zahlen müssen, kann sich der Zusatzjob also lohnen.

Das können Sie tun: Fragen Sie Ihren potenziellen Arbeitgeber oder erkundigen Sie sich bei Ihrer Krankenkasse, mit welchen Sozialabgaben Sie als Rentner für Ihren Nebenjob rechnen müssen. Viele Krankenkassen bieten im Internet einen Abgabenrechner an. Bei einem Bruttoverdienst von 900 Euro bleiben Ihnen nach Abzug der Beiträge für Kranken- und Pflegeversicherung noch über 800 Euro.

Erkundigen Sie sich außerdem bei einem Steuerberater oder in einem Lohnsteuerhilfeverein, welche Abgaben ans Finanzamt auf Sie zukommen. Wenn Ihre steuerpflichtigen Einkünfte im Jahr 2014 über 8 354 Euro liegen, ist die Steuererklärung für Sie Pflicht. Ergibt sich, dass Sie über ein zu versteuerndes Jahreseinkommen von mehr als 8 354 Euro verfügen, kommen Sie auch um die Steuerzahlungen nicht herum (siehe Seite 154).

IM PRIVATLEBEN AUF DER SICHEREN SEITE

Ob in Deutschland oder auf einer warmen Sonneninsel: Auch im Ruhestand sollten Sie die notwendigen Vorkehrungen treffen, dass Sie und Ihre Familie finanziell gut abgesichert sind.

> **Meine Frau und ich sind im Ruhestand und wollen uns scheiden lassen. Gibt es da auch noch den Versorgungsausgleich?**

Ja, auch wenn ein Partner oder beide Partner schon eine Rente beziehen, kommt es bei einer Scheidung zum Versorgungsausgleich. Entscheidend sind – wie bei einer Scheidung in jungen Jahren – die während der Ehe erworbenen Rentenansprüche in Form von Entgeltpunkten.

Die von beiden Partnern erworbenen Rentenansprüche werden geteilt. Wenn also beispielsweise der Ehemann während der Ehe durch seine Beschäftigung als Angestellter 35 Entgeltpunkte erworben hat und seine Frau nur 15 Punkte, hat sie Anspruch auf einen Ausgleich von zehn Punkten.

Für die Höhe des Versorgungsausgleichs ist hingegen unerheblich, wie hoch die Rentenzahlungen in den Jahren seit Ruhestandsbeginn tatsächlich waren. Selbst wenn der Mann jeden Monat deutlich höhere Leistungen ausgezahlt bekommen hat als seine Frau, wird die Höhe dieser Auszahlungen beim Versorgungsausgleich nicht berücksichtigt.

Das können Sie tun: Verschaffen Sie sich mithilfe Ihres Rechtsanwalts einen Überblick über die Höhe des zu erwartenden Versorgungsausgleichs. Die Informationen über die gesammelten Entgeltpunkte entnehmen Sie dem Rentenbescheid – bei einer Scheidung vor Ruhestandsbeginn können Sie bei der Rentenversicherung eine Übersicht über die während der Ehe erworbenen Ansprüche beantragen.

Neben der gesetzlichen Rente müssen auch die Leistungen aus anderen Vorsorgeverträgen aufgeteilt werden. Das heißt aber nicht zwingend, dass Sie und Ihr Ex-partner für jeden einzelnen Vertrag „halbe-halbe" machen müssen. Im Zuge des Scheidungsverfahrens ist auch eine andere Aufteilung der Ansprüche möglich (siehe Seite 100) – zum Beispiel eine Eigentumswohnung als Ausgleich für zwei private Rentenpolicen. Die getroffene Regelung muss vom Familiengericht abgesegnet werden. Das soll verhindern, dass einer der Partner über den Tisch gezogen wird.

> Ich möchte, dass es meinen Kindern und meiner Lebensgefährtin nach meinem Tod gut geht. Was kann ich für ihre Absicherung tun?

Ihre Kinder haben über die gesetzliche Rentenversicherung Anspruch auf eine Waisenrente, solange sie noch minderjährig sind oder auch länger, wenn sie sich noch in der Ausbildung befinden – nach derzeitigem Recht maximal bis zum 27. Geburtstag. Ihre Partnerin hat nur einen Anspruch an die gesetzliche Rentenversicherung, wenn Sie verheiratet sind, nicht wenn Sie ohne Trauschein zusammenleben. Wollen Sie es bei dieser familiären Situation belassen und sie trotzdem absichern, ist es umso wichtiger, dass Sie zum Beispiel mit einer privaten Versicherung für alternativen Schutz sorgen.

Denn eine Freundin „ohne Trauschein" geht leer aus. Auch der Versorgungsausgleich beziehungsweise das Rentensplitting, das unter Ehepartnern möglich ist, kommt in dem Fall nicht infrage.

Die Nachteile zeigen sich auch in anderen Bereichen: Wenn der Verstorbene keine anderen Vorkehrungen – etwa über ein Testament – getroffen hat, hat die Lebensgefährtin keinen Erbanspruch. Dem kann der Partner begegnen, indem er sie zum Beispiel in sein Testament mit aufnimmt und klarstellt, was sie bekommen soll.

Weitere Möglichkeiten, um Partner finanziell abzusichern, bieten Versicherungsverträge: Eine unverheiratete Partnerin kann zum Beispiel als Bezugsberechtigte in der Risikolebensversicherung eingetragen werden. Sollte der Mann als die versicherte Person sterben, erhält die Freundin die vertraglich vereinbarte Versicherungssumme. Diese Option besteht natürlich auch, wenn Kinder im Todesfall von der Versicherungsleistung profitieren sollen.

NACH DER TRENNUNG DEN BEZUGSBERECHTIGTEN ÄNDERN

Wenn Sie sich haben scheiden lassen und nun einen neuen Partner absichern wollen, denken Sie daran, die bezugsberechtigte Person in einem bestehenden Versicherungsvertrag zu ändern. Diese Änderung müssen Sie Ihrem Lebensversicherer schriftlich mitteilen, sodass er den Versicherungsschein (die Police) entsprechend aktualisiert.

INFO Mehr Information: Testament, Erbe, Schenkung

Welche Vorgaben sind beim Testament zu beachten? Wer hat einen Erbanspruch? Mit welchen Abgaben muss ich bei einer vorzeitigen Schenkung rechnen? Wenn Sie den Nachlass regeln und Ihre Angehörigen absichern wollen, tauchen unzählige Fragen auf. Umfassende Antworten liefert der Finanztest-Ratgeber „Vererben und Erben", den Sie im Buchhandel oder direkt unter www.test.de/shop erwerben können.

Das können Sie tun: Eine weitere Möglichkeit zur Absicherung eines Partners, mit dem Sie nicht verheiratet sind, wäre, ihm schon zu Lebzeiten Geld zu übertragen. Allerdings kommt bei solchen gut gemeinten Gesten schnell das Finanzamt ins Spiel: Für Schenkungen an Personen, mit denen Sie nicht verwandt sind, gilt ein Steuerfreibetrag von 20 000 Euro. Diesen Freibetrag dürfen Sie alle zehn Jahre in Anspruch nehmen. Verschenken Sie mehr, werden für jeden zusätzlichen Euro mindestens 30 Prozent Steuern fällig.

Für Schenkungen an nahe Familienangehörige ist der Spielraum deutlich größer. Einem Ehepartner könnten Sie zum Beispiel alle zehn Jahre bis zu 500 000 Euro übertragen, ohne dass dafür Schenkungsteuer fällig wird. Wenn Sie Sohn oder Tochter Bargeld, Ersparnisse oder auch eine Immobilie übertragen, sind bis zu 400 000 Euro alle zehn Jahre steuerfrei.

Ich möchte noch einmal heiraten. Beeinflusst das meine Witwenrente?

Ja, mit der Hochzeit verlieren Sie den Anspruch auf die Witwenrente, die Ihnen aus einer früheren Ehe zusteht. Sowohl eine kleine als auch eine große Witwenrente enden mit Ablauf des Monats, in dem Sie erneut heiraten. Wenn Sie zusätzlich bereits eine Altersrente bekommen, ändert sich an deren Höhe mit der erneuten Hochzeit allerdings nichts.

Das können Sie tun: Wenn Sie eine große Witwenrente bekommen, können Sie vor Ihrer erneuten Hochzeit eine einmalige Abfindung dafür beantragen. Deren Höhe wird grundsätzlich so ermittelt: Die Witwenrente, die Sie im Schnitt jeden Monat in den vergangenen zwölf Monaten bezogen haben, wird mit 24 multipliziert. Eine Abfindung in dieser Höhe können Sie auch bekommen, wenn Sie eine kleine Witwenrente nach altem Recht beziehen (siehe altes und neues Recht im Vergleich Seite 58). Erhalten Sie dagegen eine kleine Witwenrente nach neuem Recht, sieht die Rechnung anders aus. Diese kleine Rente wird nur für 24 Monate bezahlt. Heiraten Sie vor Ablauf dieser zwei Jahre erneut – zum Beispiel sechs Monate vorher –, beträgt die Rentenabfindung das Sechsfache des durchschnittlichen Rentenbetrags in den letzten zwölf Monaten.

Beachten Sie: Die Abfindung auf eine Witwenrente bekommen Sie anlässlich Ihrer erneuten Eheschließung nicht automatisch, sondern nur, wenn Sie bei der Rentenversicherung den Antrag dafür stellen.

> **Dank der neuen Regeln zur Mütterrente steht mir endlich Rente zu. Wie bekomme ich sie?**

Wenn Sie alt genug für die Regelaltersrente sind und nun dank der Neuregelungen erstmals einen Rentenanspruch haben, müssen Sie bei der Deutschen Rentenversicherung einen Rentenantrag stellen.

Anspruch auf eine Altersrente haben Sie, wenn Sie mindestens fünf Versicherungsjahre in der gesetzlichen Rentenversicherung vorweisen. Wenn eine Frau also zum Beispiel drei Kinder erzogen hat, die vor 1992 geboren wurden, kommt sie nun allein durch die Kindererziehung auf sechs Versicherungsjahre. Auch wenn sie selbst nie in die Rentenkasse eingezahlt hat und keine anderen Rentenzeiten auf ihrem Konto gespeichert sind, kommt sie neuerdings immerhin auf einen Rentenanspruch von rund 170 Euro in den alten und knapp 160 Euro Monatsrente in den neuen Bundesländern.

Das können Sie tun: Wenn Sie bereits das Rentenalter erreicht haben, stellen Sie den Rentenantrag so schnell wie möglich. Aber: Ein bisschen haben Sie bereits verschenkt, wenn Sie sich erst jetzt darum kümmern. Die Regelungen zur Mütterrente gelten seit dem 1. Juli 2014. Um Ihren Rentenanspruch gleich ab diesem Termin geltend zu machen, hätten Sie den Antrag spätestens bis zum 31. Oktober 2014 stellen müssen. Stellen Sie ihn später, wird die Rente nicht rückwirkend, sondern ab dem dann laufenden Monat gezahlt.

> **Kann es sein, dass meine Witwenrente durch die neuen Regeln zur Mütterrente gekürzt wurde?**

Ja, die neuen Regeln zur Mütterrente können tatsächlich dazu führen, dass eine Witwenrente niedriger ausfällt. Da neuerdings die Erziehung von Kindern, die vor 1992 geboren wurden, bei der Rente besser honoriert wird, erhalten die Erziehenden – meist die Frauen – pro Kind einen zusätzlichen Entgeltpunkt auf ihrem Rentenkonto. In den alten Bundesländern bringt jeder zusätzliche Punkt derzeit 28,61 Euro mehr Monatsrente, in den neuen Ländern 26,39 Euro.

Wenn nun eine Frau neben ihrer eigenen Altersrente noch eine Witwenrente bezieht, kann es sein, dass das schöne Mütterrenten-Plus dahinschmilzt, weil im Gegenzug die Witwenrente gekürzt wird. Denn auf die Witwenrente wird anderes Einkommen angerechnet, sobald ein bestimmter Freibetrag überschritten wird.

Dieser Freibetrag liegt derzeit bei rund 755 Euro in den alten und 696 Euro in den neuen Bundesländern (siehe ausführlich Seite 56). Wenn also eine Witwe zum Beispiel durch ihren Nebenjob und eine eigene (nun höhere) Altersrente plötzlich den Freibetrag überspringt, muss sie hinnehmen, dass ihre Witwenrente gekürzt wird.

Das können Sie tun: Dass Ihre Witwenrente gekürzt wird, sobald Sie mit Ihrem zusätzlichen Einkommen den aktuellen Freibetrag überschreiten, können Sie nicht verhindern. Wenn Sie sich neben der Rente etwas Geld dazuverdienen wollen, können Sie aber vielleicht mit der Wahl des Jobs noch etwas erreichen. Wenn Sie etwa nach der Schule Kinder im Hort der Kirchengemeinde betreuen oder den örtlichen Chor leiten und dafür eine Aufwandsentschädigung von höchstens 2 400 Euro im Jahr (200 Euro im Monat) erhalten, ist diese steuer- und sozialabgabenfrei und wird auch nicht auf die Witwenrente angerechnet.

Eines sollten Sie bei der Jobsuche allerdings beachten: Bei der Witwenrente gilt anders als bei der Altersrente nicht automatisch die Regel, dass ein Minijob ohne Folgen bleibt. Auch der Verdienst aus einem 450-Euro-Job wird auf den aktuell geltenden Freibetrag angerechnet, sodass er mit anderem Einkommen zusammen zur Rentenkürzung führen kann.

> ## Wir wollen nach Gran Canaria übersiedeln. Was passiert mit unserer deutschen Rente?

Keine Sorge, Sie können Ihre Rente auch ins Ausland gezahlt bekommen. Diese Möglichkeit nutzen mittlerweile viele Ruheständler. Je nachdem, wie Sie kranken- und pflegeversichert sind, kann es jedoch sein, dass Sie nach der Übersiedlung einige Einschnitte hinnehmen müssen, denn die Deutsche Rentenversicherung finanziert einige Leistungen im Ausland nicht: Einschnitte kann es je nach Auswanderungsland zum Beispiel geben, wenn Sie eine Rente wegen voller Erwerbsminderung beziehen und diese aus Gründen der Arbeitsmarktlage gezahlt wird. Das ist dann der Fall, wenn Sie als Versicherter eigentlich lediglich Anspruch auf eine Rente wegen teilweiser Erwerbsminderung haben und Sie nur aufgrund der fehlenden Aussichten auf eine Anstellung die doppelten Rentenleistungen (Rente wegen voller Erwerbsminderung) bekommen. Diese Rente fließt weiter, wenn Sie in ein Land der EU auswandern, nach Island, Liechtenstein, Norwegen oder in die Schweiz. Auch in einigen anderen Staaten ist das möglich. Für die meisten anderen

INFO   **Vorab informieren**

Die Fragen zur Sozialversicherung sollten auf Ihrer Checkliste zum Auswandern weit oben stehen, doch es gibt weitere Punkte, die Sie vor dem Umzug klären sollten: Wie weit reicht der Schutz Ihrer privaten Versicherungsverträge? Wie ist die finanzielle Absicherung, falls Sie im Ausland pflegebedürftig werden? Welche Steuerbelastung kommt auf Sie zu? Nehmen Sie sich Zeit, Ihren Umzug zu planen. Je nach

Zielland sind die Regelungen unterschiedlich. Sprechen Sie mit Ihrer Krankenkasse, einem Steuerberater oder nutzen Sie das Beratungsangebot der Deutschen Rentenversicherung. Überlegen Sie sich auch: Möchte ich tatsächlich komplett auswandern, oder wäre es eine Alternative, den gewöhnlichen Wohnsitz in Deutschland zu belassen und zum Beispiel nur die Wintermonate im sonnigen Süden zu verbringen?

Staaten gilt jedoch, dass Sie nach dem Umzug dorthin nur Anspruch auf die Rente wegen teilweiser Erwerbsminderung haben.

Das können Sie tun: Klären Sie vor dem Umzug ins Ausland frühzeitig ab, was er für Ihren Sozialversicherungsschutz bedeutet. Das kann je nach Berufslaufbahn unterschiedlich sein. Wenn Sie zum Beispiel in der Vergangenheit sowohl in Deutschland als auch in Spanien gearbeitet haben – also in beiden Ländern Rentenansprüche erworben haben –, fallen Sie beim Umzug nach Spanien automatisch in die dortige Krankenversicherung. Haben Sie hingegen nur in Deutschland Rentenansprüche erworben und sind als Rentner in der gesetzlichen Krankenversicherung pflichtversichert, bleiben Sie trotz Umzug in der deutschen Krankenversicherung. Damit haben Sie weiter Anspruch auf den Zuschuss aus der Rentenkasse zur Kranken- und Pflegeversicherung. Die Rente wird Ihnen im Ausland auf ein Konto vor Ort überwiesen. Je nach Wohnsitzland können dafür Gebühren anfallen.

Außerdem müssen Sie unter Umständen gewisse Abstriche hinnehmen, wenn in Ihrem neuen Land eine andere Währung als der Euro gilt.

Um die Rentenzahlung kümmert sich der RentenService der Deutschen Post. Dort sollten Sie auch Änderungen wie eine neue Adresse oder Bankverbindung melden. Mehr Informationen unter www. post.de/rentenservice.

RIESTER-RENTE AUCH BEI WOHNSITZ IN DER EU

Was für die gesetzliche Rente innerhalb der EU und des EWR gilt, trifft auch auf die geförderte Riester-Rente zu: Auch diese Leistungen werden Ihnen in die entsprechenden Staaten überwiesen, ohne dass Sie fürchten müssen, die staatliche Förderung erstatten zu müssen. Wenn Sie allerdings Ihren Wohnsitz in einen anderen Staat verlegen, müssen Sie die staatliche Förderung, die Ihnen im Erwerbsleben gutgeschrieben wurde, zurückzahlen.

WER HILFT WEITER?

Deutsche Rentenversicherung

Nehmen Sie unbedingt das Beratungsangebot der Deutschen Rentenversicherung in Anspruch, um Ihre individuelle Situation zu klären! Sie können das kostenlose Servicetelefon nutzen:
Telefon 0800/1000 4800
Sprechzeiten:
Montag bis Donnerstag 7.30 bis 19.30 Uhr, Freitag 7.30 bis 15.30 Uhr.
Darüber hinaus können Sie die Beratungsstellen der Deutschen Rentenversicherung direkt aufsuchen.

Weitere Informationen und Kontaktdaten erhalten Sie über die Internetseite www.deutsche-rentenversicherung.de. Hier können Sie zudem zahlreiche Informationsbroschüren herunterladen oder bestellen – zum Beispiel auch zum aktuellen Reformpaket.
Über die Homepage können Sie auch direkt Beratungstermine in einer Beratungsstelle vor Ort vereinbaren. Oder Sie stellen Ihre Fragen mithilfe des Kontakt-Formulars.

Versichertenälteste

Weitere Ansprechpartner sind die Versichertenältesten: ehrenamtliche Versichertenberater, die zum Beispiel aus den Reihen der Gewerkschaften oder sonstigen Arbeitnehmervereinigungen kommen.
Sie beraten Versicherte und Rentner ebenfalls kostenlos, nehmen Rentenanträge entgegen oder helfen beim Ausfüllen der Antragsformulare.

Freie Rentenberater

Unterstützung in Rentenfragen können Sie sich auch bei freien Rentenberatern holen. Diese verlangen für die Beratung zwar ein Honorar, aber das kann sich auszahlen, wenn es Ihnen etwa gelingt, mithilfe des Beraters doch noch einen Rentenanspruch durchzusetzen oder wichtige Fragen in Ihrer Versicherungslaufbahn zu klären. Adressen von Rentenberatern finden Sie zum Beispiel über den Bundesverband der Rentenberater unter www.rentenberater.de
(Stichwort: „Rentenberater finden").

Sozialverbände und Wohlfahrtsorganisationen

Auch Sozialverbände und Wohlfahrtsorganisationen können Ansprechpartner in Rentenfragen sein.

Rechtsanwälte

Je nach Situation kann eine weitere Anlaufstelle ein Fachanwalt für Arbeits- und Sozialrecht sein. Wenn Sie eine Rechtsschutzversicherung haben, klären Sie am besten frühzeitig, ob und in welchem Umfang sie für die anwaltliche Beratung in sozialrechtlichen Fragen aufkommt.

GLOSSAR

Abschlag: Wer vorzeitig in den Ruhestand geht, muss häufig einen Abschlag auf die Rentenleistungen hinnehmen. Für jeden Monat der vorgezogenen Zahlungen verliert der Rentner 0,3 Prozent der Leistungen. Das Minus gilt für die gesamte Zeit des Rentenbezugs. Nur wer Anspruch auf die 2014 eingeführte abschlagsfreie Rente mit 63 hat, muss trotz vorzeitigen Rentenbeginns keine Rentenkürzung fürchten.

Alterseinkünftegesetz: Dieses seit 2005 geltende Gesetz hat die Besteuerung der Altersvorsorge komplett umgekrempelt. Wichtigste Neuerung war die Einführung der nachgelagerten Besteuerung: Einnahmen im Alter wie die Renten aus der gesetzlichen Rentenversicherung oder einem berufsständischen Versorgungswerk müssen seither zu einem Großteil oder komplett versteuert werden, während ein stetig steigender Anteil der Beiträge zur Altersvorsorge steuermindernd als Sonderausgaben geltend gemacht werden kann.

Altersgrenzen: Für den Bezug von Altersrenten müssen Versicherte eine Altersgrenze erreichen. Für die Regelaltersrente lag diese lange bei 65 Jahren. Seit Anfang 2012 steigt sie stufenweise auf 67 Jahre an. Auch für andere Rentenformen, zum Beispiel die Altersrente für langjährig Versicherte sowie die Erwerbsminderungsrente, gelten neue Altersgrenzen.

Anrechnungszeiten: Zeiten, in denen zwar keine Beiträge gezahlt wurden, die aber bei der Rentenberechnung berücksichtigt oder wenigstens auf die Wartezeit angerechnet werden, beispielsweise Schul- und Hochschulbesuch ab dem 17. Lebensjahr oder Arbeitslosigkeit ohne den Bezug von Arbeitslosenunterstützung.

Beitragsbemessungsgrenze: Höchstbetrag des Bruttoeinkommens, für das Versicherte Beiträge zur Sozialversicherung zahlen müssen. Einnahmen, die über diese Grenze hinausgehen, bleiben bei der Beitragsberechnung unberücksichtigt. Im Jahr 2014 liegt die Beitragsbemessungsgrenze für die gesetzliche Renten- und Arbeitslosenversicherung in den alten Bundesländern bei 71 400 Euro und in den neuen Ländern bei 60 000 Euro. Die Beitragsbemessungsgrenze in der gesetzlichen Kranken- und Pflegeversicherung liegt bei 48 600 Euro.

Beitragsfreie Zeiten: In der gesetzlichen Rentenversicherung müssen auch bestimmte Zeiten für die Leistungen berücksichtigt werden, in denen der Versicherte aufgrund einer besonderen Lebenssituation keine Beiträge einzahlen konnte. Sie werden bei der Berechnung der Renten einbezogen oder zumindest auf die Wartezeit angerechnet. Dazu gehört zum Beispiel eine Phase der Arbeitslosigkeit ohne Bezug von Arbeitslosenunterstützung oder die Schwangerschaftszeit.

Beitragssatz: Bestimmter Anteil des Bruttoeinkommens des Versicherten, den er als Beitrag zu den einzelnen Zweigen der Sozialversicherung leisten muss. Für die Rentenversicherung beträgt der Beitragssatz im Jahr 2014 18,9 Prozent. Angestellte teilen sich diesen Beitragssatz je zur Hälfte mit ihrem Arbeitgeber. Versicherungspflichtige Selbstständige zahlen diesen Beitragssatz meist komplett allein, wenn sie sich für einen einkommensgerechten Beitrag entscheiden. Alternativ können sie jeden Monat den Regelbeitrag überweisen.

Beitragszeiten: Monate, in denen der Versicherte Beiträge in die gesetzliche Rentenversicherung eingezahlt hat. Als Beitragszeiten gelten auch Zeiten, in denen der Versicherte Arbeitslosengeld oder -hilfe, Krankengeld oder Unterhaltsgeld bezogen hat. In diesen Phasen hat die Stelle, die die Sozialleistung gezahlt hat – beispielsweise die Arbeitsagentur oder Krankenkasse –, Pflichtbeiträge an die Rentenversicherung abgeführt.

Berücksichtigungszeit: Sie soll Nachteile in der Rentenversicherung ausgleichen, die durch fehlende oder niedrige Beiträge entstehen, etwa weil die Versicherte Kinder erzogen hat. Berücksichtigt wird die Zeit von der Geburt bis zum vollendeten zehnten Lebensjahr des Kindes. Sie wirkt sich bei der Wartezeit aus und kann sich bei der Rentenhöhe bemerkbar machen.

Berufsständische Versorgungswerke: Öffentlich-rechtliche Institutionen, die auf Landesebene organisiert sind: Hier sind die Selbstständigen Pflichtmitglieder, die einen kammerfähigen Beruf ausüben, zum Beispiel Ärzte, Apotheker, Architekten oder Rechtsanwälte. Als Pflichtmitglieder in diesen Versorgungseinrichtungen sind sie versicherungsfrei in der gesetzlichen Rentenversicherung. Auch angestellt Beschäftigte, die einen kammerfähigen Beruf ausüben, müssen zumindest bisher keine Beiträge an die gesetzliche Rentenversicherung zahlen. Sie sind von der Versicherungspflicht befreit, sodass sie über ihr Versorgungswerk das Polster für die Altersvorsorge aufbauen können. Kammerberufler können trotzdem Anspruch auf Leistungen aus der gesetzlichen Rentenversicherung haben: Sie können beantragen, dass Ihnen nach der Geburt eines Kindes die Kindererziehungszeiten der gesetzlichen Rentenversicherung gutgeschrieben werden, solange ihr Versorgungswerk keine vergleichbare Leistung anbietet.

Bezugsgröße: Jährlich festgelegte Einkommenshöhe, auf deren Basis zum Beispiel der Regelbeitrag für Selbstständige in der gesetzlichen Rentenversicherung festgelegt wird (18,9 Prozent der Bezugsgröße im Jahr 2014). Diese Größe ist außerdem Rechengrundlage, um zu ermitteln, wie hoch das fiktive Einkommen von Personen ist, die ihre Angehörigen unentgeltlich pflegen. Für dieses fiktive Einkommen überweist die Pflegekasse Rentenbeiträge, vorausgesetzt, die zu betreuende Person ist einer Pflegestufe zugewiesen. Die Bezugsgröße 2014 liegt bei 2 765 Euro im Monat in den alten Bundesländern und 2 345 Euro in den neuen Bundesländern.

Deutsche Rentenversicherung Bund: Dazu haben sich im Oktober 2005 die Bundesversicherungsanstalt für Angestellte und der Verband Deutscher Rentenversicherer zusammengeschlossen. Die früheren Landesversicherungsanstalten (LVA) heißen seitdem Deutsche Rentenversicherung mit dem jeweiligen regionalen Zusatz, zum Beispiel Deutsche Rentenversicherung Westfalen.

Durchschnittseinkommen: Einkommen, das Versicherte in Deutschland im Durchschnitt in einem Jahr verdienen. Wer genau dieses Einkommen in einem Jahr erreicht, erhält einen Entgeltpunkt für sein Rentenkonto gutgeschrieben. Das voraussichtliche Durchschnittseinkommen für 2014 beträgt 34 857 Euro, im Jahr 2013 waren es 34 071 Euro. Dieser Wert kann sich im Nachhinein allerdings noch ändern, endgültig festgelegt wird das jeweilige Durchschnittseinkommen immer erst im übernächsten Jahr.

Dynamische Rente: Die Rentenhöhe folgt der Lohnentwicklung. Sie ist also abhängig vom Produktivitätsfortschritt der Volkswirtschaft.

Entgeltpunkt: Entscheidend für die Höhe einer Rente aus der gesetzlichen Rentenversicherung ist, wie viele Entgeltpunkte ein Versicherter im Lauf seines Arbeitslebens erworben hat, denn jeder Punkt wird mit dem aktuellen Rentenwert multipliziert und hat damit einen finanziellen Gegenwert. Wer in einem Jahr so viel verdient wie der Durchschnitt aller Beitragszahler, erhält einen Entgeltpunkt. Verdient er

mehr oder weniger, bekommt er entsprechend mehr oder weniger Punkte für sein Rentenkonto gutgeschrieben.

Ersatzzeiten: Zeiten, in denen der Versicherte ohne eigenes Verschulden keine Beiträge zahlen konnte, beispielsweise durch politische Haft in der DDR oder während einer Kriegsgefangenschaft. Ersatzzeiten werden bei der Wartezeit berücksichtigt und können auch die Rentenhöhe beeinflussen.

Erwerbsminderung: Voll erwerbsgemindert ist derjenige, der weniger als drei Stunden am Tag arbeiten kann. Teilweise erwerbsgemindert ist, wer mehr als drei und weniger als sechs Stunden arbeiten kann. Eine weitere Voraussetzung für den Anspruch auf eine Erwerbsminderungsrente ist im Regelfall, dass die Versicherten in den fünf Jahren vor Eintritt des Versicherungsfalls mindestens drei Jahre lang Pflichtbeiträge in die gesetzliche Rentenversicherung eingezahlt haben. Nur unter bestimmten Voraussetzungen reichen auch freiwillige Beiträge für den Rentenanspruch aus.

Erziehungsrente: Wurde eine Ehe nach dem 30. Juni 1977 geschieden und ist der frühere Ehegatte verstorben, erhält der hinterbliebene Expartner eine Erziehungsrente, wenn er mindestens ein Kind erzieht. Er darf allerdings nicht wieder verheiratet sein und muss die Wartezeit von mindestens fünf Jahren erfüllen.

Generationenvertrag: Ungeschriebener Solidaritätspakt der drei Generationen: Kinder, aktiv Beschäftigte und Alte. Die aktiv Beschäftigten zahlen ihre Beiträge in die gesetzliche Rentenversicherung ein. Davon werden die Renten der heute Älteren bezahlt. So stützt die Generation der Berufstätigen die Generation der Ruheständler. Um den Vertrag weiterhin aufrechterhalten zu können, ist genügend Nachwuchs notwendig.

Grundsicherung: Sie soll den Lebensunterhalt von Rentnern und Erwerbsgeminderten sichern, deren Einkünfte keinen ausreichenden Lebensstandard ermöglichen. Im Unterschied zur Sozialhilfe bittet der Staat bei der Grundsicherung die Kinder des Bedürftigen nicht automatisch zur Kasse. Sie werden erst bei einem Einkommen von über 100 000 Euro im Jahr in die Pflicht genommen.

Kindererziehungszeiten: Sie sollen Nachteile in der Rentenversicherung ausgleichen, die durch fehlende oder niedrige Beiträge aufgrund von Kindererziehung entstanden sind. Diese Zeiten wirken sich sowohl bei der Wartezeit als auch bei der Rentenhöhe aus. So erhält beispielsweise eine Mutter für ein Kind, das ab dem 1. Januar 1992 geboren wurde, drei Jahre Beitragszeiten auf Basis des Durchschnittseinkommens gutgeschrieben. Ihr stehen also bis zu drei Entgeltpunkte zu. Arbeitet sie vor Ablauf der drei Jahre wieder, hängt es von ihrem Verdienst ab, ob sie die vollen drei Punkte für ihr Konto geschenkt bekommt oder zumindest anteilig davon profitiert. Auf Antrag kann auch der Vater die Erziehungszeiten gutgeschrieben bekommen.

Kontenklärung: Klärung aller für die Rente bedeutsamen Daten beim Rentenversicherungsträger. Lücken auf dem Konto, beispielsweise weil Ausbildungszeiten fehlen, sollen durch das Klärungsverfahren geschlossen werden. Der Versicherte ist selbst dafür verantwortlich, dass alle notwendigen Daten auf seinem Versicherungskonto verzeichnet sind. Wenn es Lücken aufweist, sollte der Versicherte einen Antrag auf Kontenklärung stellen, um später seine volle Rente beziehen zu können.

Künstlersozialkasse (KSK): Versicherungseinrichtung für selbstständige Künstler und Publizisten. Wer zum Beispiel als Schriftsteller, Bildhauer oder Maler seinen Lebensunterhalt bestreitet, ist nach dem Künstlersozialversicherungsgesetz versicherungspflichtig in der gesetzlichen Kranken-, Pflege- und Rentenversicherung. Als Mitglied der Künstlersozialkasse zahlt er die Beiträge allerdings nicht komplett aus eigener Tasche, sondern nur etwa die Hälfte. Den Rest übernehmen der Bund und Medienverwerter wie Verlage, Galerien und Musikgesellschaften.

Landwirtschaftliche Alterskasse: Alterssicherungseinrichtung für selbstständige Land- und Forstwirte. Von ihren monatlichen Einkünften zahlen sie unter anderem Beiträge für die Altersvorsorge. Sind sie nicht in der Lage, die Beiträge allein aufzubringen, können sie einen Zuschuss erhalten.

Langjährig Versicherte: Versicherte in der gesetzlichen Rentenversicherung, die mindestens 35 Versicherungsjahre auf ihrem

Konto haben. Sie können vorzeitig – ab dem 63. Geburtstag – in Rente gehen, müssen dafür aber einen Abschlag auf die Rentenleistungen hinnehmen. Wenn sie sogar 45 Versicherungsjahre vorweisen, können Sie unter bestimmten Voraussetzungen als „besonders langjährig Versicherter" je nach Geburtsjahr ab einem Alter von 63 Jahren in Rente gehen, ohne den Abschlag in Kauf nehmen zu müssen.

Mütterrente: Eltern (in den meisten Fällen die Mütter), deren Kinder vor 1992 geboren wurden, bekommen seit Juli 2014 zwei statt bisher ein Jahr Kindererziehungszeit angerechnet. Dank der Neuregelung können sie mehr Rente bekommen oder sogar erstmals einen Rentenanspruch haben.

Nachhaltigkeitsfaktor: Faktor, der 2005 in die Rentenformel eingefügt wurde. Er berücksichtigt das Verhältnis zwischen der Zahl der Rentner und der Zahl der Beitragszahler. Gibt es mehr Beitragszahler, führt der Nachhaltigkeitsfaktor zu Rentensteigerungen. Gibt es mehr Rentner, steigen die Renten weniger stark.

Nullrunde: Eigentlich werden die Rentenleistungen jährlich an die Lohnentwicklung angepasst und angehoben. Bei einer Nullrunde bleibt diese Rentenerhöhung aus.

Pflichtbeiträge: Arbeiter und Angestellte, aber auch ein Teil der Selbstständigen müssen Pflichtbeiträge in die gesetzliche Rentenversicherung einzahlen, da sie pflichtversichert sind.

Regelaltersrente: Anspruch auf eine Regelaltersrente haben Versicherte, wenn sie die Wartezeit von fünf Jahren erfüllen – zum Beispiel durch Zeiten, in denen sie angestellt beschäftigt waren, durch Kindererziehung oder durch Pflege eines Angehörigen. Das Eintrittsalter für diese Regelaltersrente steigt seit Anfang 2012 stufenweise von 65 auf 67 Jahre an.

Regelbeitrag: Selbstständige, die in der gesetzlichen Rentenversicherung pflichtversichert sind, können entweder einen Beitrag in Abhängigkeit ihres Einkommens zahlen oder den Regelbeitrag. Im Jahr 2014 beträgt er 522,59 Euro in den alten und 443,21 Euro in den neuen Bundesländern. Er errechnet sich auf Basis der Bezugsgröße. In den ersten drei Jahren der Selbstständigkeit ist es auch möglich, nur den halben Regelbeitrag zu zahlen. Er liegt 2014 bei 261,29 Euro in den alten und bei 221,60 Euro in den neuen Bundesländern.

Rentenantrag: Um eine Rente zu bekommen, muss der Versicherte bei der gesetzlichen Rentenversicherung einen Antrag stellen. Möglich ist ein formloser Brief, doch es ist besser, die offiziellen Antragsformulare zu nutzen. Ist vorher keine Kontenklärung mehr notwendig, reicht es, den Antrag drei bis vier Monate vor dem Rentenbeginn zu stellen.

Rentenartfaktor: Er ist Teil der Rentenformel und steht für die jeweilige Rentenart, etwa „Altersrente" oder „Erwerbsminderungsrente". Die Höhe des Faktors richtet sich danach, inwieweit die jeweilige Rente dazu dienen soll, den Lebensunterhalt zu sichern. Bei der Altersrente beträgt der Rentenartfaktor 1,0, ebenso bei der Rente wegen voller Erwerbsminderung. Bei der Rente wegen teilweiser Erwerbsminderung beträgt der Faktor 0,5.

Rentenberater: Unabhängiger, gerichtlich zugelassener Fachmann, der in Rentenangelegenheiten berät. Für die Beratung muss der Klient zahlen.

Rentenbescheid: Aus ihm geht unter anderem hervor, wie hoch die bewilligte Rente ist und wie die Rentenhöhe ermittelt wurde, welche Zeiten bei der Berechnung berücksichtigt wurden und wann die bewilligte Rente beginnt.

Rentenformel: Nach ihr wird die Höhe der monatlichen Rente aus der gesetzlichen Rentenversicherung errechnet. Die Zahl der persönlich erworbenen Entgeltpunkte wird unter anderem mit dem Rentenartfaktor und dem aktuellen Rentenwert multipliziert. Zudem wird berücksichtigt, ob der Versicherte wegen des frühzeitigen Beginns der Rentenzahlungen Abschläge hinnehmen muss oder Anspruch auf einen Zuschlag hat, weil er die Regelaltersrente nicht gleich mit Erreichen der Altersgrenze in Anspruch genommen hat.

Rentenniveau: Im Rentenniveau zeigt sich das Verhältnis der durchschnittlichen gesetzlichen Rente zum Durchschnittsverdienst der Erwerbstätigen – vor Steuern und ohne Berücksichtigung des Beitrags der Rentner zur Kranken- und Pflegeversicherung. Das Rentenniveau wird nach derzeitigem Stand in den kommenden Jahren immer weiter sinken – nach Annahmen der Bundesregierung soll es bis 2020 auf 46,6 Prozent sinken, 2030 soll es gut 43 Prozent betragen.

Rentensplitting: Seit 2002 können Ehepartner wählen, ob sie später einmal eine Hinterbliebenenrente in Anspruch nehmen wollen oder ob sie sich für ein Rentensplitting entscheiden – das heißt für die gleichmäßige Aufteilung ihrer in der Ehe erworbenen Rentenansprüche. Dafür ist eine gemeinsame Erklärung der Ehepartner notwendig. Das Rentensplitting soll vor allem Frauen, die in der Regel weniger Rentenanwartschaften während einer Ehe erworben haben als Männer, einen verstärkten eigenen Rentenanspruch sichern. Entscheiden sich Ehepartner für das Rentensplitting, entfällt der Anspruch auf eine Witwen- oder Witwerrente.

Rentenwert: Er wird regelmäßig neu festgelegt und gibt an, wie viel jeder einzelne Entgeltpunkt auf dem Rentenkonto wert ist. Bis Mitte 2015 beträgt der Rentenwert 28,61 Euro in den alten Bundesländern und 26,39 Euro in den neuen Ländern. Eine Veränderung ist zum 1. Juli 2015 möglich, sinken darf der Rentenwert nicht.

Statusfeststellungsverfahren: Möglichkeit, um bei der Deutschen Rentenversicherung klären zu lassen, ob jemand tatsächlich selbstständig oder doch abhängig beschäftigt ist.

Umlageverfahren: Nach diesem Verfahren funktioniert die gesetzliche Rentenversicherung: Die Beiträge der Erwerbstätigen sowie ein Zuschuss aus dem Bundeshaushalt werden verwendet, um die laufenden Rentenzahlungen zu finanzieren. Im Gegenzug erhalten die Versicherten für ihre Beiträge einen verfassungsrechtlich geschützten Anspruch auf Rente. Anders als etwa in der privaten Kapitallebens- oder Rentenversicherung bauen die Versicherten mit ihren Rentenbeiträgen also keinen individuellen Kapitalstock auf, aus dem später die Rente gezahlt wird.

Versichertenälteste: Ehrenamtliche Versichertenberater, die von den Gewerkschaften oder sonstigen in der Selbstverwaltung der Rentenversicherungsträger vertretenen Arbeitnehmervereinigungen vorgeschlagen werden. Sie beraten Versicherte und Rentner kostenlos, nehmen Rentenanträge entgegen oder helfen beim Ausfüllen der Formulare. Bei der Deutschen Rentenversicherung Bund heißen sie Versicherungsberater.

Versicherungskonto: Auf diesem Konto sind alle Daten gespeichert, die für die Berechnung der Rentenhöhe entscheidend sind – beispielsweise Beitragszeiten und die Höhe der gezahlten Rentenbeiträge. Das Konto wird unter einer bestimmten Versicherungsnummer vom Rentenversicherungsträger geführt.

Versorgungsausgleich: Er findet automatisch statt, wenn eine Ehe geschieden wird. Nur bei Ehen, die weniger als drei Jahre gedauert haben, ist dafür ein Antrag nötig. Mithilfe des Versorgungsausgleichs sollen Rentenansprüche, die während der Ehe erworben wurden, gleichmäßig auf die beiden Expartner verteilt werden.

Wartezeit: Anspruch auf eine Rente hat nur, wer eine bestimmte Zeit versichert war. Diese Mindestversicherungszeit wird als Wartezeit bezeichnet. Sie ist für die einzelnen Rentenarten unterschiedlich und beträgt beispielsweise für die Regelaltersrente fünf Jahre.

Zurechnungszeit: Um Versicherten, die in jungen Jahren vermindert erwerbsfähig werden und nur wenig Beitragszeiten auf ihrem Rentenkonto haben, eine höhere Rente zu sichern, wird ihnen eine sogenannte Zurechnungszeit angerechnet. Sie umfasst derzeit für neue Renten die Jahre bis zur Vollendung des 62. Lebensjahres. Wenn beispielsweise ein 18-Jähriger wegen eines Arbeitsunfalls zum Frührentner geworden ist, erhält er zu seinen wenigen Pflichtbeiträgen eine Zurechnungszeit von 44 Jahren. Das erhöht seine Rente, obwohl der Versicherte diese Versicherungszeit gar nicht erfüllt hat.

Zuschlag: Arbeitnehmer, die über die Regelaltersgrenze hinaus arbeiten, erhalten für jeden Monat Mehrarbeit einen Zuschlag von 0,5 Prozent auf ihre Rente bis ans Lebensende.

REGISTER

IMPRESSUM

© 2013 Stiftung Warentest, Berlin
2014, 2., aktualisierte Auflage

Stiftung Warentest
Lützowplatz 11–13
10785 Berlin
Telefon 0 30/26 31–0
Fax 0 30/26 31–25 25
www.test.de
email@stiftung-warentest.de

USt.-IdNr.: DE136725570

Vorstand: Hubertus Primus
Weitere Mitglieder der Geschäftsleitung:
Dr. Holger Brackemann, Daniel Gläser

Alle veröffentlichten Beiträge sind urheberrechtlich
geschützt. Die Reproduktion – ganz oder in Teilen –
bedarf ungeachtet des Mediums der vorherigen
schriftlichen Zustimmung des Verlags. Alle übrigen
Rechte bleiben vorbehalten.

Programmleitung: Niclas Dewitz
Autorin: Isabell Pohlmann
Projektleitung/Lektorat: Ursula Rieth
Mitarbeit: Karsten Treber

Fachliche Beratung:
Johann L. Walter, Rentenberater, München
Fachliche Unterstützung:
Ruth Bohnenkamp, Rechtsanwältin, Düren
Theo Pischke, Redaktion Finanztest
Korrektorat: Christoph Nettersheim
Titelentwurf: Susann Unger, Berlin
Layout: Pauline Schimmelpenninck Büro für
Gestaltung, Berlin
Grafik, Satz, Bildredaktion: Martina Römer, Berlin,
Anne-Katrin Körbi
Bildnachweis (Titel): plainpicture / Rainer Gollmer
Bildnachweis (Innenteil): Fotolia.com / auremar
(S. 116), contrastwerkstatt (S. 4, 5, 64, 80, 142);
ehrenberg-bilder (S. 4, 20); jd-photodesign (S. 162);
Kzenon (S. 5); Pavel Losevsky (S. 104); swed (S. 6)

Produktion: Vera Göring
Verlagsherstellung: Rita Brosius (Ltg.), Susanne Beeh
Litho: [bildpunkt] Druckvorstufen GmbH, Berlin
Druck: AZ Druck und Datentechnik GmbH, Berlin/
Kempten

Redaktionsschluss: September 2014

ISBN: 978-3-86851-365-3